本书得到北京市属市管高等学校人才强教计划
资助项目"世界史学术创新团队"的资助

世界史研究

RESEARCHES IN WORLD HISTORY **（第三辑）**

徐　蓝◎主编

人民出版社

策划编辑:鲁　静
责任编辑:李椒元
版式设计:徐　晖
责任校对:高　敏

图书在版编目(CIP)数据

世界史研究.第三辑/徐蓝主编.-北京:人民出版社,2010.1
ISBN 978-7-01-008554-8

Ⅰ.世…　Ⅱ.徐…　Ⅲ.世界史-文集　Ⅳ.K107-53

中国版本图书馆 CIP 数据核字(2009)第 229684 号

世界史研究
SHIJIESHI YANJIU
第三辑

徐　蓝　主编

人民出版社 出版发行
(100706　北京朝阳门内大街 166 号)

北京新魏印刷厂印刷　新华书店经销

2010 年 1 月第 1 版　2010 年 1 月北京第 1 次印刷
开本:700 毫米×1000 毫米 1/16
字数:200 千字　印张:17.25

ISBN 978-7-01-008554-8　定价:35.00 元

邮购地址 100706　北京朝阳门内大街 166 号
人民东方图书销售中心　电话 (010)65250042　65289539

目　　录

（Contents）

代序:回首30年世界史学科蓬勃发展 展望未来需再接再厉任重道远

——谨以此文纪念改革开放30周年①

徐 蓝

  1978 年底,中共中央十一届三中全会果断作出改革开放的重大决策,使国家的发展实现了历史性的伟大转折,从此改变了每一个中国人的命运,也改变了整个国家的面貌。就首都师范大学世界史学科来说,30 年来,它从最初的一个地方院校的小学科发展为国家重点学科的历程,从一个侧面见证了改革开放这一伟大决策的正确与辉煌。

  首都师范大学世界史学科始建于 1954 年,主要奠基人是齐世荣、戚国淦、田农、傅任敢、邵鼎勋等先生。他们以其深厚的中西学问的修养和炽热的爱国之情,成为这一学科的第一代学人。在他们的培养带动下,以陈曦文等教师为代表,成为这一学科的第二代学人。从 1954 年到 1976 年,他们在世界史领域拓荒耕耘,开设了各门断代史课程,参与编写了教育部委托的世界古代史、世界中世纪史、世界近代史和世界现代史教学大纲,参与了教育部主持的由周一良、吴于廑主编的 4 卷本《世界通史》及其资料集的编写工作,并翻译出版了《西方的没落》等世界名著,从而建立了一支在国内比较有成就的世界史教学队伍。但是受到当时的国际环境和国内相对封闭的政策的限制,特别是

---

  ① 本文写于 2008 年 3 月,是作者为首都师范大学校报《首都师大》征集的"我看改革开放30 年"所写的征文,其中约三分之一的内容刊登在《首都师大》2008 年 4 月 3 日第二版上。这本论文集的编辑正值纪念改革开放 30 周年,故以此文代为序。

各种政治运动的影响，发展世界史学科所必需的人才、图书资料以及国内外的学术交流等等条件基本都不具备，也没有形成本学科独特的学术特色。

1976 年"文化大革命"结束了。1977 年冬季，在中断高考 11 年之后，我和我的同学们从田间、山野、工厂、课堂走进高考考场。这突如其来的令人措手不及却又令人欢呼雀跃的高考热潮，成为全党全国思想解放、拨乱反正的最早一声春雷。当我们经历了不同的曲折而终于成为北京师范学院（首都师范大学前身）历史系 77 级的学生时，对邓小平的感恩之情真是难以用语言来表达。

1978 年底，传来中共中央十一届三中全会公报，公报要求"把全党工作的着重点和全国人民的注意力转移到社会主义现代化建设上来"，要求"对经济管理体制和经营管理方法着手认真的改革，在自力更生的基础上积极发展同世界各国平等互利的经济合作，努力采用世界先进技术和先进设备，并大力加强实现现代化所必需的科学和教育工作。"这些文字既引人注目又发人深省，一个改革开放的时代已经来临，我们将在社会主义现代化建设的大潮中再一次"开眼看世界"，而我们许多同学所喜欢学习的世界史也将大有用武之地。

1978 年，国家恢复了硕士研究生的招生，1979 年世界史学科就招收了第一批硕士研究生；1981 年国家又恢复了博士研究生的招生，而我们世界史学科作为全国第二批博士点，于 1984 年就获得了博士学位授权。20 世纪 80—90 年代，我们 77 级的一些同学在世界史学科的第一代和第二代学人的指导下，在这里继续攻读硕士和博士学位并从事教学与研究工作，从而成为本学科的第三代学人。今天，当我们回首往事的时候，我们清楚地看到，正是由于恢复了高考和在改革开放政策的指导下建立的中国学位制度，为首都师范大学世界史学科的发展奠定了人才基础。

随着改革开放政策的实施和经济的稳步发展,国家对哲学社会科学的发展规划和经济投入不断增加。这里仅举两个与世界史学科的发展有比较密切关系的例子说明。

第一,哲学社会科学研究规划及其研究项目的资助。1982 年,国家就正式启动了全国哲学社会科学的规划工作,从制定"六五"规划开始,对哲学社会科学的研究给以一定的资助,教育部也制定了同样的规划;1983 年北京市即开始制定哲学社会科学研究"六五"规划并给以资助,以后北京市委组织部、宣传部、北京市人事局、教委等各机构都有自己的人才培养计划和科学研究项目。至今为止,世界史学科共获得 17 项国家社科基金的资助,以及教育部和北京市的上百个项目的资助,这些资助金额已经超过 140 万元。

第二,重点学科和创新团队的评选和资助。1986 年教育部和北京市相继启动了重点学科的建设工作。1987 年世界史学科便被评为北京市第一批重点建设学科。我还清楚地记得,我们用北京市资助的经费购买了第一台复印机,使我们能够复印大量英文书籍,我们还复制了英国 30 年代的内阁会议记录和备忘录的缩微胶卷,以弥补当时所需各种外文图书资料的不足;90 年代初,我们又用北京市资助的经费开始购买国外最新出版的大型英国外交文件集《英国外交事务文件:来自英国外交部的机密报告和文件》,一下子就买了 90 卷,是当时国内唯一购买这种资料的学校。进入 21 世纪,随着国家经济的持续高速发展和财力的进一步提升,对人文社会科学的资助力度也不断加大。2002 年世界史学科被评为北京市重点学科,得到了北京市财政的连续 6 年的经费资助,再加上北京市 211 经费的投入和学校的其他投入,资助金额达 620 余万元。2005 年,世界史学科被评为北京市属市管高等学校人才强教计划资助项目世界史学术创新团队,其中 1 人被评为北京市拔尖创新人才,至今为止共获得经费资助 150 万元。

3

30 年来,世界史学科仅就上述所提到的经费资助就获得 910 余万元,平均每年 30 余万元。这些经费为世界史学科的各方面发展提供了根本的保证。最突出的有 5 个方面。

首先,使本学科的成员能够集中精力发展自己的优势,明显增强了开展学术前沿问题的研究能力,形成了中世纪和近代早期的欧洲、近现代国际关系史、宏观世界史等三个有特色的国内领先、国际上也有一定知名度的研究方向,并初步形成了古典希腊罗马史研究方向,取得了一批标志性的研究成果。如:《撷英集:英国都铎史研究》、《英国 16 世纪经济改革与政策研究》、《英国都铎王朝议会研究》、《英国中世纪教会研究》、《英国都铎时期经济研究》、《巨人的时代——文艺复兴时期的科学与技术》、《西欧中世纪社会史研究》、《世界中世纪史研究》、《绥靖政策研究》、《20 世纪的历史巨变》、《论中国抗日战争在第二次世界大战中的地位和作用》、《英国与中日战争 1931—1941》、《新外交·旧世界——伍德罗·威尔逊与国际联盟》、《英国对土耳其海峡政策的演变》、《近现代国际关系史研究》、《世界史》(全 6 卷)、《世界史》(全 4 卷)、《世界通史资料选辑·现代部分》(3 册)、《当代世界史资料选辑》(3 册)、《15 世纪以来世界九强的历史演变》、《畜牧王国的兴衰——美国西部开放牧区发展研究》、《世界史研究》、《世界五千年纪事本末》、《荷马社会研究》,等等。这些成果,共获得国家教委首届人文社会科学研究优秀成果二等奖 1 项,国家首届社科基金优秀成果三等奖 1 项,北京市哲学社会科学研究优秀成果一等奖 4 项、二等奖 3 项,青年奖 1 项,国家教委高等学校优秀教材一等奖 2 项,全国优秀图书奖 2 项,北京市优秀图书奖 1 项。另外,世界史学科的成员在教学方面也积极投入,获得了国家级教学成果二等奖 2 项(1 项合作),国家级教学团队 1 项,国家级精品课程 1 项,霍英东教育基金会全国青年教师奖 1 项,北京市教学名师奖 1 项。这些成就,为世界史学科的进一步发展奠定了坚实的基础。

其次,由于有了经费的支持,世界史学科开展了相当活跃的国内外学术交流,特别是国际学术交流,这是30年来变化最大和发展最显著的领域,对世界史学科来说,如果说改革开放的前20年主要是"送出去",那么后10年就是"送出去"与"请进来"并进。就"送出去"来说,我们的第一代学人和第二代学人只有少数人得到过1次出国出境进修访学的机会,但是第三代学人则每个人都得到过至少1次以上出国出境机会,不少人还得到过2次以上的出国出境进修、访学、参加国际学术会议、提供学术讲座等的机会,而我们的第四代学人也已经有不少人不止1次的出国。据不完全统计,30年来,至少有36人次出国出境进行各种学术交流,而其中的20多人次是在2001—2006年进行的。就"请进来"来说,变化更大。我还清楚地记得,80年代初校园里除了一些教外语的外籍教师之外,很少看到其他专业的外国专家的身影。当时齐世荣先生邀请美国著名的历史学家乔治·伊格尔斯夫妇讲学,不仅成了全系甚至是学校的一件大事,而且消息不胫而走,很快传到北京大学、北京师范大学等高校。讲座开始那天,许多外校学生早早就来到教室占领座位。2007年,当我们再次在首都师范大学见到这对已经80多岁高龄的老夫妇时,他们还指着当年留下的珍贵照片,说到了当时的学生和老师们挤满教室听课的情景。和那时相比,2005年,本学科召开了1次国际学术会议,邀请了来自美国、英国、俄国、法国等11位国外专家与会;仅2007年一年,我们就邀请了来自美国、意大利、英国、法国的学者8人来历史学院讲学,其中美国学者杰里·本特利教授是我们从2006年聘请的特聘教授,每年来讲学;我们还与法国巴黎高等师范学校建立了初步的学术交流关系。在国内学术交流方面,我们也取得了长足的发展。仅2005—2007年我们就邀请了40多位国内著名专家来讲学,我们设立的"博导论坛"已经成为首都师范大学世界史学科的重要品牌。这些学术交流,对提高本学科的学术研究水平并能够与国际接轨起到了不可替代的重要作用。

第三,科研条件不断改善。其一,图书资料大幅度增加,有了世界史学科自己的图书资料中心。刚刚改革开放时,本学科的第一代和第二代学人就建立了英国史和国际关系史的资料室,但仅有中外文藏书千余册,且多以论著为主,缺乏第一手的原始资料集。但是,通过近30年的再积累,2005 年,我们终于建立了自己的世界史资料中心,到2007 年该中心已经收藏中外文图书1.6 万余册,其中外文图书8000余册。包括许多重要的原始档案资料集,如《英国外交事务文件:来自英国外交部的机密报告和文件》(600 余卷)、《杜鲁门总统文件》(35卷)、《罗斯福总统文件》(25 卷)、《洛伊布丛书》(495 册)、《威尔逊文件》(69 卷)、《美国外交文件》(250 余卷)、有关英国内阁档案和外交部档案的缩微胶卷百余卷;以及有关中世纪史、英国都铎史、近现代国际关系史、世界通史、全球史等方面的图书。其二,为每位学科成员配备了数码设备,为专家设立了6 个专家工作室,建设了1 个学术报告厅,使他们都能通过互联网获得国内外最新研究动态和成果。这些硬件条件的改善不仅极大地提高了本学科成员的教学与科研的积极性,也提升了教学与科研的总体水平。

第四,随着改革开放的深入发展,首都师范大学世界史学科在为国家重大决策提供参考、宣传党的外交政策、普及世界历史知识、为经济建设特别是西部大开发提供历史借鉴、促进社会进步和文化发展等方面也作出了重要贡献。例如:本学科成员曾多次为中共中央领导人授课并撰写文章;通过参加学术会议、学术团体的活动,为政府的对外政策提供咨询服务;通过学术研究,如对美国西部开放牧区发展的研究,为我国西部大开发提供历史借鉴;通过参加国家和北京市哲学社会科学基金项目指南的研讨、制定、项目评审、成果评奖等工作,为繁荣社会主义文化服务;通过为本校和其他高校学生宣讲有关国内外形势的发展和我国的对外政策之间的关系的党课,为宣传党的对外政策服务;通过参加中央电视台《大国崛起》、《世纪战争》、《世界历史》等电视资料片的撰稿和拍摄;积极普及世界历史知识;通过主持和参加《全日制义务教育历史课程标准》和《普通高中历史课程标准》的修订,以及教育部高中示范教材《世界历史》的编写等工作,为国家的公民教育服务;通过坚持每年为北京中学教师硕士课程班授课,多次为北京中学教师作"学术前沿"讲座,参与中学教材的写作和咨询,为北京市和全国的中学历史教育教学服务。

第五,学术队伍得到稳步加强,人才培养取得可喜成绩。30年来,世界史学科的学术队伍健康发展,第三代和第四代学人已经继承了前两代学人的优秀学术传统,成为支撑学科发展的重要力量。目前本学科有教学研究人员17人,其中教授13人,副教授2人,具有博士学位者12人。我们还通过引进人才,进一步充实了学术队伍。这支拥有较强实力、年龄结构基本合理、具有高职称、高学历和较高学术水平的学术队伍,成为世界史学科发展的最基本的保障。不仅如此,通过改革开放政策的实施,也使我们深刻地认识到,随着我国国际地位的不断提升和国际化程度的不断提高,国家对世界各国历史文化知识的需求也日益增加,而世界史学科可以在这方面提供强有力的人才和智力支撑。于是,在各级领导的大力支持下,以本学科为支撑,我们从2000年设立了北京市级品牌建设专业——世界历史专业,进一步提高了本学科的人才培养能力,并形成了本科生、硕士生、博士生、博士后的多层次培养体系。30年来,我们通过认真学习邓小平同志"教育要面向现代化,面向世界,面向未来"的战略思想,树立全方位的科学培养观,坚持"高标准、严要求",注重提高学生的马列主义理论水平,把握人才培养的政治方向;坚持对学生进行严格的学术规范教育;训练正确的研究方法,为建设具有中国特色社会主义的创新型国家造就了一批优秀的管理、教学、科研及其他行业的高级人才。

30年时光荏苒,30年沧海桑田。我们这一代人不仅亲身经历了改革开放以来国家所发生的历史性的巨大变化和个人命运的根本转折,而且在党的改革开放政策的指引下亲身参与了这一新时期的伟大历史进程。从首都师范大学世界史学科的发展中,我们见证了胡锦涛在党的十七大报告中所总结的"新时期最鲜明的特点是改革开放","新时期最显著的成就是快速发展","新时期最突出的标志是与时俱进"的正确性,见证了改革开放政策的无限生命力。

回首已经走过的30年,我们心潮澎湃感慨万千,展望未来的发展道路,我们深感任重而道远。我们将继续在党的十七大报告精神的指引下,在中国特色社会主义的伟大实践中努力进行文化创造,通过继续推动世界史学科体系、学术观点和科研方法的创新,通过继续发挥世界史的社会文化建设功能和思想库作用,努力解放思想,更加自觉、更加主动地推动文化的大发展大繁荣。

演说家与希腊城邦政治

晏绍祥

引　言

　　1962 年,芬利发表他关于雅典民主的经典论文《雅典人民领袖》,强调雅典政治家特征上的一致性,认为从城邦形成到公元前 4 世纪的雅典政治领袖之间,并无本质区别。[①] 1971 年,康纳出版其著名的著作《公元前 5 世纪雅典的新型政治家》,观点在某种程度上正好与芬利相反,认为公元前 5 世纪末,随着雅典政治的变革,政治领袖的特点也发生了重大变化,政治家从原来主要依靠朋友和亲属,转向主要依靠说服人民,形成康纳所说的"新式民主"和"新型政治家",并且有意无意地把雅典在伯罗奔尼撒战争中的失败,与新式民主的特征联系起来。在康纳看来,新式民主的重要特征,就是演说家成为政治家。一些年轻人甚至在没有任何军功的情况下,仅仅因为具有演说能力,就取得了重大政治影响。[②] 两人都是西方古典学界重量级的学者,其论

---

　　① M. I. Finley, *Athenian Demagogues*, in M. I. Finely（ed.）, *Studies in Ancient Society*, London: Routledge, 1974, pp. 1 - 18. 哈丁的看法与芬利相近,他特别指出,在雅典,"虽然可以肯定,只有少数演员成为成功的政治家,但绝大多数政治家必须是好的演员,他们必须选择一种角色,创造一种形象。"并认为雅典演说家为诋毁对手而散布的假话、谎话,也是其政治运作过程中的一部分,有力地支持了芬利的看法。见 P. Harding, *Rhetoric and Politics in Fourth-Century Athens*, *Phoenix*, vol. 41（1987）, p. 36.

　　② W. Robert Connor, *The New Politicians of Fifth-Century Athens*, Indianapolis/Cambridge: Hackett Publishing Company, 1992, pp. 134 - 136.

点也都产生了重大影响。芬利的论文除收入他主编的《古代社会研究》外，还出现在他的名作《古代与近现代民主》的增订版中，①并出现在几乎所有关于雅典民主政治著作的参考文献中。而康纳的著作，在1971年初次出版后似乎就产生了重大影响，1992年又由哈克特公司出版，多次重印，反映了它受欢迎的程度。中国学者的观点更接近康纳，更具有批判意味。不少学者承袭亚里士多德的观点，认为公元前5世纪末以降，雅典人民不再尊重法律，只听那些煽动家的蛊惑，导致政治混乱，朝令夕改。② "民主派的首领堕化为 demurgogue（煽动家、蛊惑者）。他们讨好群众，愚弄群众，将公民大会变成他们争权夺利打击异己的工具。"③如果说"'人民领袖'还多少代表了雅典公民大多数人（山地派、海岸派）的利益，那么'蛊惑家'就逐渐失去了任何社会基础，而是利用公民的多数，钻营自己的私利了。……公民大会成了城市无产公民高谈阔论的场所，甚至连陪审法庭，由于经济的原因，只有老弱病残或者不务正业的人才去任职了"。④ 最近出版的一本专门讨论希腊政体和官制的书在谈到公民大会的局限性时，也提到了煽动家

---

① M. I. Finley, *Democracy Ancient and Modern*, London：The Hogarth Press, 1985. 此点承黄洋教授指出，特此致谢。

② 亚里士多德的《政治学》中所说的最后一种民主政体，可能就是伯里克利以后雅典的民主政治。在亚里士多德笔下，这种政体完全抛弃法制，以群众的决议取代法律的权威，而群众又受到平民领袖的左右，根本不能算是一种政体。近代学者虽努力为伯里克利以后的雅典民主正名，但他们或者如琼斯那样强调此后民主政治的温和性和中产阶级特征；或者如奥斯瓦尔德和汉森那样，强调法律的权威。但他们大多仍承认，伯里克利以后的民主政治，是某种程度的激进民主。见亚里士多德：《亚里士多德全集》第9卷，中国人民大学出版社1994年版，第128—130页；Charles Hignett, *A History of the Athenian Constitution to the End of the Fifth-Century B. C.* Oxford：Clarendon Press, 1952；A. H. M. Jones, *Athenian Democracy*, Oxford：Basil Blackwell, 1957；Mogens Herman Hansen, *The Athenian Democracy in the Age of Demosthenes*, Oxford：Basil Blackwell, 1991；M. Ostwald, *From Popular Sovereignty to the Sovereignty of Law*, Berkeley & Los Angles：University of California Press, 1986.

③ 汪子嵩等：《希腊哲学史》第2卷，人民出版社1993年版，第27页；范明生：《柏拉图哲学述评》，上海人民出版社1984年版，第6页。

④ 叶秀山：《苏格拉底及其哲学思想》，人民出版社1986年版，第25页。

问题，"在雅典民主的历史上，由于身为富人的领袖人物的煽动，经常出现公民大会通过错误决议的事。""由于蛊惑人民的政客的煽动，公民大会走向极端。"接着作者援引了亚里士多德《政治学》的一段论述作为证据。① 在他们的笔下，煽动家的出现，既是城邦衰落的原因，也是城邦危机的表征。这些学者心目中的煽动家，显然就是克列昂、许佩波罗斯、安提奥丰等民主派演说家，似乎正是这些演说家的蛊惑，才导致了雅典政治的败坏，以及雅典在伯罗奔尼撒战争中的最后失败。公元前 5 世纪末演说术在雅典的兴起，正好与民主政治趋向"极端"、政策上出现失误在时间上吻合，似乎为这种看法提供了证据。那么，公元前 5 世纪末以前雅典是否有演说家？ 如果有，他们和那些"新型政治家"之间有区别吗？ 更重要的是，其他希腊城邦的政治家是演说家吗？ 如果是，城邦政治为什么会产生演说家？

演说家不仅仅是所谓极端民主的产物

对古代希腊人来说，演说家显然不仅仅是所谓极端民主的产物。从辞源学角度看，希腊语中的"政治家"和"演说家"是同一个词。演说家一词首见于《伊利亚特》，写作 ρητηρ，指在公共场合发表演讲的人，但含义不特别明显。② 后来成为公共演说家的 ρητωρ，以及与此有关的术语如演说术等，可能迟至公元前 5 世纪中才在雅典产生，指那些政治上活跃、经常在公民大会上发表演讲的人，修昔底德、欧里庇德斯、阿里斯托芬等可能是第一批使用这些术语的人。后来，因为雅典的政治家同时必然是演说家，该词具有政治家的含义，甚至成为政治

---

① 杜平：《古希腊政体与官制史》，湖南师范大学出版社 2001 年版，第 158—160 页。

② Homer, *The Iliad*, IX, 443, The Loeb Classical Library, Cambridge: Harvard University Press, 1999.

家的同义词。① 最早把政治家和演说家联系起来的,可能是修昔底德。在谈到雅典人讨论西西里远征时,修昔底德批评了雅典人对该岛的无知和演说家的煽动,以及鼓吹该政策的人所隐藏的私人动机。当远征失败的消息被证实后,雅典人民"转而攻击那些赞成远征的演说家,好像他们自己没有表决赞成似的"。② 在评价伯里克利时,修昔底德更明确地谈到,伯里克利的伟大之处,不仅在于他个人的贤明和廉洁,更在于他"能够尊重人民的自由,同时又能够控制他们。是他领导他们,而不是他们领导他"。"但是他的继承人,彼此都是平等的,而每个人都想要居于首要的地位,所以他们采取笼络群众的手段,结果使他们丧失了对公众事务的实际领导权。……由于他们的不和,开始使国家的政策发生紊乱。"③修昔底德笔下忙于内部斗争和个人阴谋的领袖,显然就是那些演说家。对修昔底德来说,伯里克利之前的政治家同样可能是演说家,而伯里克利之后的演说家所以应受到谴责,不是因为他们是演说家,而是因为他们都是平等的,只知道讨好人民,追求私利,也就是说,是道德品质有问题的演说家。易言之,修昔底德并不否认伯里克利本人和他之前的政治家是演说家。与修昔底德大体同时的苏格拉底认为,作为一个将军,"除了具备其他资格之外,必须还是一个会演说的人"。"我们所借以认识生活的一切事物,都是通过语言学来的;我们所学得的其他一些有用的知识也都是通过语言学得的;最好的教师是最会运用语言的人;懂得最重要道理的人都是最会讲话

---

① Liddell, Scott & Jones, *A Greek-English Lexicon*, New Edition, Oxford: Clarendon Press, 1940, p. 1570; Josia Ober, *Mass and Elite in Democratic Athens*, Princeton: Princeton University Press, 1989, p. 105. 商务印书馆 2004 年出版的《古希腊语汉语词典》第 771 页关于 ρητωρ 的第一个释义是:"演说家,〔雅典〕(尤指)在公民大会上发表演说的政治家",充分反映了两者之间的联系。

② 修昔底德:《伯罗奔尼撒战争史》,谢德风译,商务印书馆 1978 年版,第 567 页。

③ 修昔底德:《伯罗奔尼撒战争史》,谢德风译,商务印书馆 1978 年版,第 150—151 页。

的人。"①在柏拉图笔下,雅典所有政治家都是演说家,但他们并不是"善良的和真正的艺术家",没有"使正义在公民的灵魂中扎根,从灵魂中消除不义,"只会讨好人民。所以,"我们不知道在这个城邦里有任何人可以被证明为是一名优秀的政治家"②。

把政治家和演说家等同起来的,还有希腊城邦的大理论家亚里士多德。在修辞学中,亚里士多德将演说划分为议事演说、法庭演说和展示性演说三类,其中的议事演说,根据亚里士多德的定义,"意在劝说或劝阻","目的在于阐明议事提案的利或弊,劝说者力陈提议的益处,劝阻者则力陈提议的害处,所有其他问题如公正与不公正、高尚与丑恶,都不过是附带牵涉到而已。"就涉及的具体问题而言,包括"赋税的征收、战争与和平、疆土的防卫、进口与出口以及立法方面的事务"。在这个意义上,"姑且把修辞术定义为在每一事例上发现可行的说服方式的能力。"③也就是说,在亚里士多德看来,要想把自己的设想变成国家的政策,首先必须说服民众。因此,政治家必然同时是演说家。德摩斯提尼一句民主政治是"一种以演说为基础的体制",④最清楚不过地道出了演说家和政治家之间的联系。

现代学者中,芬利可能是第一个强调演说家是雅典政治必然产物的学者。他从分析雅典政治体制的直接参与特征入手,指出公民大会乃民主政治的无冕之王。它的主权地位,决定了演说家、政治家和人民领袖之间的一致性。⑤ 奥贝尔以雅典流传下来的大量演说词为基

---

① 色诺芬:《回忆苏格拉底》,吴永泉译,商务印书馆1984年版,第92页。

② 柏拉图:《柏拉图全集》第1卷,王晓朝译,人民出版社2002年版,第398—414页。

③ 亚里士多德:《修辞术、亚历山大修辞学、论诗》,颜一、崔延强译,中国人民大学出版社2003年版,第8、16—17、19页。

④ Demosthenes, *On the Embassy*, 184. The Loeb Classical Library, Demosthenes, vol. II, Harvard University Press, reprinted 1999, p. 363.

⑤ M. I. Finley, *Athenian Demagogues*, pp. 1 – 18.

础,考察了雅典政治家和演说家之间的关系,指出"强调其演说能力与建议职能之类描述性话语的流行,暗示公共演说乃他们(即雅典政治领袖)领导角色的一个主要方面……称呼雅典政治积极分子的术语显示,直接的公共交流是雅典领袖(rhetor)希望行使权力、权威或者发挥影响的主要方面"。① 他们的看法在中国得到了部分学者的重视。郭小凌有关雅典民主的论述,并未把公元前 5 世纪末以后的雅典民主视为极端民主,肯定了演说家在公民大会中的作用,指出公民"大会保持着一种高度的辩论文明……力求以充足的论据和雄辩的论点感染和说服听众,发言逻辑严密,修辞恰到好处,见不到哗众取宠、言之无物的大话空话"。② 蒋保通过对演说术在雅典民主政治的决策、意识形态和司法诉讼中的作用,认为"在雅典民主政治中,政治领袖就是'平民领袖',而同时他们又是演说家,即那些公认的经常在公民大会上发表演说提出建议的人和在公共案件中与对手竞争的人。'平民领袖'和演说家只不过是从不同的角度对雅典政治领袖的称呼,'平民领袖'强调的是领导特性,演说家强调的是演说特性,他们所指代的是同一类人,即雅典政治领袖。显然,在雅典历史上,无论是梭伦、地米斯托克利、伯里克利,还是德摩斯提尼、许佩里德斯等,他们既是雅典历史上伟大的政治领袖,同时又是著名的演说家"。③

笔者完全赞同芬利等的看法。不过,他们的论证仍嫌不够充分。芬利重点分析的是雅典政治体制与人民领袖之间的关系,强调的是雅典政治领袖特征上的一致,演说仅仅是其中的一个方面,而且主要是学理上的推论,缺少深入具体的资料。奥贝尔的眼光集中在公元前 5

---

① Josia Ober, *Mass and Elite in Democratic Athens*, p. 107.
② 郭小凌:《古希腊的民主和共和制度》,施治生、郭方主编:《古代民主与共和制度》,中国社会科学出版社 1998 年版,第 190—191 页。
③ 蒋保:《演说术与雅典民主政治》,复旦大学 2005 年博士学位论文,第 99 页。

世纪末及其以后,对此前的时期涉及甚少。蒋保虽然提及伯里克利之前雅典的政治家是演说家的问题,但不曾提供任何证据,仍像芬利一样,停留在学理推测的层面。更重要的是,他们的结论几乎全部以盛期的雅典民主作为例证,不曾考虑到民主政治之前雅典以及其他希腊城邦的情况。因此,我们首先必须对雅典政治家和演说家的关系进行适当的追溯。

由于奥贝尔和蒋保的论著已经对伯里克利及其以后演说家和民主政治的关系进行过比较充分的讨论,笔者的探讨将从公元前5世纪中期开始。不过笔者还是希望指出,在雅典民主政治中,虽然非常活跃的政治人物,在一个时期可能数量不大,①但狄奥多托斯那样偶尔露峥嵘的人肯定不少。② 伊索克拉底就指出,专业的演说家有时长篇大论却抓不住要点,而一个名不见经传、平时默默无闻的人反倒有可能发表最恰当的意见。③ 戴维斯发现,公元前5世纪中期以后,雅典勒石公布的国家法令巨增。而这些法令,许多出自名不见经传的小人物的提议。④ 根据雅典公民大会的议事规程,这些人显然需要发表演说,以说服公民大会通过他的提议,在这个意义上,凡是曾经就雅典国事发表过见解的,某种程度上都是演说家。因此,雅典所以能产生众多的演说家,是因为有大量中小演说家的存在,成为演说技术提高最雄厚的基础。我们能见到的那些大演说家,只是众多演说家中最拔尖的人

---

① 汉森推测,在一个确定的时期,政治上活跃的人物可能不过12个甚至更少。从公元前403年到公元前322年,他们的数量不超过100个。见 Mogens Herman Hansen, *The Athenian Democracy in the Age of Demosthenes*, p. 144.

② 修昔底德:《伯罗奔尼撒战争史》,谢德风译,商务印书馆1978年版,第209—215页。

③ Isocrates, *Panathenaicus*, The Loeb Classical Library, Isocrates, vol. II, London: William Heinemann Ltd. 1929, p. 525.

④ 如特斯皮乌斯、吕萨尼阿斯等,均为文献中几乎不曾出现过的人物,但两人对同一个提案提出了修正意见,并且被接受,其中特斯皮乌斯的修正案还相当长。而要说服公民大会接受他的建议,所说的话应当更多,我们有理由把它视为一篇演说。见 J. K. Davies, *Democracy and Classical Greece*, Stanford: Stanford University Press, 1983, pp. 66 - 69.

物。历史文献证明了我们推测的正确性。色诺芬曾经提到，一个贵族子弟为了成为政治家，在家中努力练习演说技术。① 在修昔底德的著作中，先后发表过演说的雅典人有 13 个，其中除伯里克利、阿克比阿德斯、尼西阿斯、克列昂等知名人物外，还有狄奥多托斯、希波克拉特斯、德摩斯提尼（雅典将军）、福密俄等不那么知名的人物。值得注意的是，相当大部分演说出自使者、将军或者其他名不见经传的小人物之口。在斯巴达公民大会上阐述雅典帝国政策理由的，是我们根本不知道姓名的使者；著名的米洛斯对话中出现的雅典人，同样也是不知名的使者。② 这些演说中的相当大一部分，可能出自修昔底德的想象和杜撰，不可能完全真实。③ 但对我们的问题来说，这一点无关紧要，重要的是修昔底德以及古代希腊的读者们相信，使者们能够说出这样的话。所以，在阿里斯托芬的喜剧中，当狄开奥波里斯准备干扰公民大会关于战争的讨论时，他所想到的办法是"要求吵闹、来打岔、来痛骂那些发表演说的人，如果他们只谈别的，不谈和平"。④

必须承认，能够证明公元前 5 世纪中期以前雅典政治家同时是演说家的资料相当少，不过并非完全无迹可循。地米斯托克利可能是一个非常擅长演说的将军。在希罗多德笔下，他曾经多次舌战希腊众将，成功地贯彻了自己的战略意图。虽然希罗多德不像修昔底德那样

---

① 色诺芬：《回忆苏格拉底》，吴永泉译，商务印书馆 1984 年版，第 105 页。
② 修昔底德：《伯罗奔尼撒战争史》，谢德风译，商务印书馆 1978 年版，第 51—57、413—420 页。值得注意的还有，在阿里斯托芬的喜剧《骑士》中，腊肠贩为击败帕弗拉工，争取议事会和公民大会的支持，同样利用了演说。而且像其他演说家一样，采取的是讨好公民大会的方式。见《阿里斯托芬喜剧六种》，《罗念生全集》第 4 卷，上海人民出版社 2004 年版，第 95 页以下。
③ 关于这一点的争论颇多，其中某些演说无疑是真正发表过的，但对演说辞行文风格、逻辑结构以及内容的分析表明，有些内容肯定是虚构的。见科林武德：《历史的观念》，何兆武、张文杰译，中国社会科学出版社 1986 年版，第 34—35 页；Simon Hornblower, *Thucydides*, Baltimore: The Johns Hopkins University Press, 1987, pp 45–72.
④ 罗念生：《罗念生全集》第 4 卷，《阿里斯托芬喜剧六种》，上海人民出版社 2004 年版，第 41 页。

对演说有兴趣,但仍然记录了几段。当希腊人准备撤离撒拉米斯前往科林斯地峡时,正是地米斯托克利的演说,使希腊舰队留了下来。在遭到阿德曼托斯攻击时,"地米斯托克利就发表了长篇的演说,痛斥阿德曼托斯以及科林斯人,明白地给他们指出,要他们懂得,只要雅典人拥有200条满载乘员的舰只,那雅典人就是有城邦和比他们的领土还要大的领土"。关于演说的详情,希罗多德没有提供,但应当是非常有力的,因为海军统帅、斯巴达国王优利比亚德斯以及其他希腊将领终于同意留在撒拉米斯了①。与修昔底德的著作一样,在《历史》中,也出现了不少没有姓名的雅典演说家,他们有的是使者,有的则被笼统地称为雅典人。而他们的演说才能,看来并不在地米斯托克利之下,不仅能够把道理阐述清楚,而且能够引经据典,颇有雄辩家的风采。②从这些情况看,当时雅典人中具有演说能力者,可能不在少数。

由地米斯托克利上推,我们会看到公元前6世纪雅典的政治家如克利斯提尼、庇西特拉图和梭伦等人。可惜对于克里斯提尼争取雅典民众的演说,史传无书。但既然他的改革是在得到雅典民众支持下进行的,而且很可能由公民大会通过相关决议,所以,他很可能发表过相关演说。关于庇西特拉图,我们也没有他的演说词,不过亚里士多德提到,为解除雅典公民的武装,他曾经在提修斯庙举行公民大会,故意把说话的声音放低,而且"尽量花费时间,发表演说",同时让自己的属下将公民的武器搜集起来,锁到了提修斯庙中。③从这个事实看,庇西特拉图在公民大会发表演讲可能是经常的事情。梭伦是否可归入演说家存在疑问。公元前4世纪的不少雅典人都把梭伦作为民主政治

---

① 希罗多德:《历史》,王以铸译,商务印书馆1985年版,第582—583页。

② 例如出使斯巴达请求其派兵的雅典使者、普拉提亚战役中争夺军队一翼的统帅权时,发言的都是不知名的雅典人。见希罗多德:《历史》,王以铸译,商务印书馆1985年版,第624、634—635页。

③ 亚里士多德:《雅典政制》,《亚里士多德》,中国人民大学出版社1999年版。

之父，一个优秀的演说家。① 西塞罗似乎认为，梭伦是一个出色的演说家。② 据亚里士多德和普鲁塔克，为鼓动重开争夺撒拉米斯岛的战争，梭伦曾经佯装疯癫，在广场上朗诵自己的诗歌，从而促使雅典人废除了不合理的法律，重开对麦加拉的战争。据说这首诗的标题就是《撒拉米斯》，有100节，估计有一定长度。当然，这些诗歌可能是他事先创作好的，但无论如何，他是在广场上向公民们背诵的，可以认为他是在发表演说。③ 在完成对雅典政治与经济的改革后，许多人对梭伦表示不满，他仍然选择用诗歌来表达自己的改革目标和意图。④ 这些诗歌，也许仍然是用口头对公民表达的，其中某些篇章可能具有一定的长度，可以认为是诗歌体演说。在这个意义上，梭伦确实是演说家。

演说术并不是民主派政治家的专长，那些反对民主政治的人不仅擅长演说，而且是真正的煽动家。安提芬在公元前411年推翻民主政治的政变中发挥过重要作用。据修昔底德，"他是当时最能干的人之一……有最能表达自己思想的辩才……民主政治恢复之后，设立法庭来审判'四百人'的行为的时候，安提芬本人被控告，有帮助建立这个政府的罪行，因而受审判，有生命危险的时候，他的答辩词是自古到我这个时代最好的一篇答辩词。"另一个参与政变、后来成为三十僭主之一的特拉门尼"是一个有辩才、有计划的人"。⑤ 其他参与公元前411年政变的寡头分子，从修昔底德的行文看，也有善于演讲者，并且

---

① Josia Ober, *Mass and Elite in Democratic Athens*, pp. 106 – 107.
② 西塞罗：《论演说家》，王焕生译，中国政法大学出版社2003年版，第45页。
③ 在古典时代的演说中，理想状态是临时的口头演说，但部分演说显然是事先准备好的。参见 Mogens Herman Hansen, *The Athenian Democracy in the Age of Demosthenes*, pp. 141–145.
④ 亚里士多德：《雅典政制》，《亚里士多德》，中国人民大学出版社1999年版；普鲁塔克：《希腊罗马名人传》上册，黄宏煦主编，商务印书馆1999年版，第173页。后来的雅典人在法庭诉讼中，同样也是事先写好控告词或者答辩词，再在法庭上背诵，不过装作临时演说。如果我们承认法庭演说是演说，那就没有必要否认梭伦的诗歌是某种形式的演说。
⑤ 修昔底德：《伯罗奔尼撒战争史》，谢德风译，商务印书馆1978年版，第609—610页。

是在公民大会上发表演讲的。即使是废除民主政治的提议，首先也是在公民大会上讨论通过的。①

　　上述事实表明，至少自梭伦以来，雅典的政治家同时也是演说家。演说家的产生与发展，比我们所谓的激进民主要早得多，而演说家也不都是拥护民主政治的。修昔底德对雅典政治决策的描述，可以说是关于演说在政治中作用的经典表述。在批评雅典人试图改变有关米提林问题的决议时，他借克列昂之口说，雅典人"经常是演说的欣赏者；至于行动，你们只是从人家的叙述中听来的；如果将来需要做什么事情的时候，你们只是从听到关于这个问题的一篇好的演说词来估计可能性；至于过去的事情，你们不根据你们亲眼看见的事实，而根据你们所听到的关于这些事实的巧妙言辞评论……你们每个人的愿望是自己能够演说，如果你们不能做到这一点的话，其次最好的就是利用下面的方法来和那些能够演说的人竞赛。……你们是悦耳言辞的俘虏；你们像是坐在职业演说家脚下的听众，而不像是一个讨论国家事务的集会。"②修昔底德这段话批评的是伯里克利以后的雅典民主政治，不过我们可以相信，就演说在政治中的作用而言，对于梭伦以后的雅典政治，它大体适用。③ 因此，把演说家视为激进民主的产物，进而把演说家称为煽动家或者蛊惑家，宣称他们导致了雅典政治的混乱和衰落，于史无据。如果要到雅典历史上去寻找那些摇唇鼓舌的煽动家，发动公元前411年政变和在斯巴达扶植下建立起来的三十寡头，

---

① 修昔底德：《伯罗奔尼撒战争史》，谢德风译，商务印书馆1978年版，第607—609页。
② 修昔底德：《伯罗奔尼撒战争史》，谢德风译，商务印书馆1978年版，第206页。
③ 梭伦改革的基本措施，就是提高公民大会的地位，赋予它各种重要权力。而前述庇西特拉图在公民大会发表演说的事例也说明，梭伦以后，雅典政治的中心已经转移到公民大会。见 Charles Hignett, *A History of the Athenian Constitution to the End of the Fifth-Century BC*, Oxford: Clarendon Press, pp. 96 – 98; Victor Ehrenberg, *From Solon to Socrates*, London: Methuen & C. Ltd., 1968, pp. 65 – 66.

可以归入此列。

演说家并不都是雅典人

检阅史籍，我们发现在其他城邦，同样也是演说家在倡导各种政策。我们仍采取追溯的方式，简单罗列非雅典演说家的名单以说明问题。公元前 4 世纪中期底比斯最著名的军事家厄帕米农达可能就是个有名的演说家。奈波斯说他作为使者，在阿卡地亚人的集会上挫败了雅典使者、同时也是那个时代最有名的演说家卡利斯特拉图斯。在斯巴达，他作为使者在盟国代表大会上发言，攻击斯巴达人的专制，"其演说的感染力就像琉克特拉战役一样动摇了他们（即斯巴达人）的影响。"①色诺芬的《远征记》所记录的是公元前 4 世纪初万名希腊雇佣兵从两河流域北部返回希腊的经历。因为是雇佣兵，成员来自希腊不同地区，最能反映希腊城邦的一般情况。雇佣兵将领中最初有拉西第梦人克利尔库斯、叙拉古人索西斯、阿卡狄亚人阿基亚斯等。如果色诺芬的记载可信，则号称希腊言辞最简洁的斯巴达人克利尔库斯就很有表演和演说天赋，把本不愿追随居鲁士向苏萨进军的雇佣兵说服了。② 在雇佣兵将领被波斯诱杀、他们重新选举领袖时，不少人发表了演讲，其中既有雅典人色诺芬，还有斯巴达人克里索甫斯、国籍不明的阿波罗尼德斯、斯腾法利亚人阿加西亚、伊利斯人希罗尼穆斯、奥科美纳斯人克里安诺等。③ 这些城邦显然不都实行民主政治，但在色诺芬看来，所有希腊人都具有演说才能。

① 奈波斯：《外族名将传》，刘君玲等译，上海人民出版社 2005 年版，第 151 页。
② 色诺芬：《远征记》，崔金戎译，商务印书馆 1985 年版，第 9—10 页。在与波斯将领蒂萨弗尼谈判时，克利尔库斯同样表现出了一定的说服能力。不过那是在少数人的场合，不属公共演讲，见第 50—52 页。
③ 色诺芬：《远征记》，崔金戎译，商务印书馆 1985 年版，第 63—67 页。

在修昔底德笔下,先后发表过不同类型演说的共有 55 人次,其中雅典人的演说仅占 21 人次,不足全部演说的 40% ,也就是说,修昔底德保留下来的演说词,大部分并不出自雅典人之口。和雅典的情况一样,这些演说家中除一部分知名人物如叙拉古人赫尔莫克拉特斯外,相当大一部分根本没有姓名,仅有底比斯人、科林斯人、普拉提亚人等非常模糊的称呼。因此,他们可能是一般公民。值得注意的是,向来以拙于言辞著称的斯巴达人,在修昔底德的著作中,像在色诺芬笔下一样,非常善于发表演讲。先后出现在修昔底德笔下的斯巴达演说家有老成持重的国王阿基达马斯、急于宣战的监察官斯特尼拉伊达、老奸巨猾的伯拉西达。伯拉西达尤其值得注意,因为他既非国王,亦非监察官或长老,不过是个普通的公民。但他的演说能力可谓一流。在卡尔西狄斯的战斗中,重要城邦如安菲波里斯等,实际上是靠他的花言巧语、而不是武力攻陷的。[1] 另外一些城邦如科西拉、米洛斯等的使者与代表,也无不巧舌如簧,演说很具煽动性。确实,修昔底德说过,他所记录的演说词,有些是他亲自听到的,有些是听别人转述的,还有些是他认为那些人在那个场合应当说的,也就是说,至少部分演说词是他自己杜撰出来的。[2] 但无论这些演说词的真实性如何,修昔底德认为人们会相信,而且把自己的观点借这些人之口说出,说明演说在当时确是普遍现象。在希腊人看来,历史的主要功能,首先是发现人们实际说了什么,其次是弄清人们所说所做的成败之因,"好的建议意味着成功的政策,读者可由此学习。因此,演说是所有政治生活的根本"[3]。流风所及,修昔底德以后的历史学家,纷纷在自己的著作中写

① 修昔底德:《伯罗奔尼撒战争史》,谢德风译,商务印书馆 1978 年版,第 331—350 页。

② 参见 Simon Hornblower, *Thucydides*, pp. 45 - 72.

③ Frank W. Walbank, *Selected Papers: Studies in Greek and Roman History and Historiography*, Cambridge:Cambridge University Press,1985,p. 243.

入大量演说词，其中绝大部分是杜撰。演说词的存在，成了希腊史学的一个基本特征。① 连悲剧作家欧里庇德斯，也让他的剧中人长篇大论，犹如演说家。

另外一个值得注意的现象，是公元前 5 世纪那些来到雅典的智者中，绝大多数不是雅典人。希庇亚斯来自伊利斯，高尔吉亚来自西西里，普罗太戈拉来自阿布德拉，阿那克萨哥拉来自克拉佐美尼。② 柏拉图笔下出现的其他智者，大多也不是雅典公民。虽然他们自己的祖国未必实行民主政治，但他们在雅典主要是教授演说术，而且是政治演说术。高尔吉亚对演说术的定义是：用话语"去说服法庭上的法官，议事会的议员、公民大会的民众或其他任何公民集团"。③ 由此观之，我们似乎可以说，演说技术，在当时只能是政治演说技术的成熟，最初可能不是在雅典，而是在其他城邦。④

希罗多德以及更早的作家所提供的资料，证明我们的看法不无道理。在斯巴达人于公元前 6 世纪末召开的伯罗奔尼撒同盟大会上，科林斯代表索克列斯做了长篇发言，从本国的历史谈到僭主政治的可恶，要求斯巴达人不要对希腊政治进行革新，不要恢复雅典的僭主政治。其他城邦的代表随后发言，反对恢复雅典的僭主政治。由于伯罗奔尼撒同盟大小城邦至少几十个，那么这些人的发言，在某种意义上都可以说是就国家对外政策发表演讲，属于亚里士多德所说的议事演

---

① Frank W. Walbank, *Selected Papers, Studies in Greek and Roman History and Historiography*, pp. 242 - 261.

② Robert W. Wallace, *The Sophists in Athens*, in Deborah Boedeker and Kurt A. Raaflaub, eds. *Democracy, Empire, and the Arts in Fifth-Century Athens*, Cambridge: Harvard University Press, 1998, pp. 203 - 222.

③ 柏拉图:《柏拉图全集》第 1 卷，王晓朝译，人民出版社 2002 年版，第 326 页。

④ 西塞罗援引亚里士多德的话说，演说技术首先出现在西西里的叙拉古，其最早的创造者乃替西亚斯和科拉克斯。转引自 George A. Kennedy, *A New History of Classical Rhetoric*, Princeton: Princeton University Press, 1994, p. 11.

说,而且是现场发表的。米利都僭主阿里斯塔哥拉斯也曾在雅典的公民大会上发言,说服雅典人同意援助小亚细亚希腊人的起义。他演说的时间似乎相当长,因为他"谈到了亚细亚的富藏,又谈到了波斯人怎样习惯于在作战时既不带盾牌、又不带长枪,因而是很容易战胜的。他说了这一番话之后,又说米利都人是从雅典移居过去的,……他用一切办法来保证他的恳求的诚意,直到最后他把雅典人说服的时候"①。虽然希罗多德没有把他的演说词保留下来,但篇幅应相当长,很有鼓动性,否则他也无法说服此前少有海外作战经验的雅典人同意派兵。在普拉提亚战役中,希罗多德仅把特该亚人的演说记录了下来。这篇演说虽然篇幅不大,但从古代的传说,一直说到他们最近的勇敢,以证明他们完全有资格占据阵线的一翼。② 可以肯定,在希腊联军中,由于经常需要讨论军事和政治战略问题,发表演说是联军会议上的经常现象。

有关文献记载表明,希腊演说的发展,可能像希腊城邦一样古老。其最初的萌芽,可以追溯到荷马时代。作为阿克琉斯的老师,福尼克斯的职责是,"使你(阿克琉斯)成为会发议论的演说家,会做事情的行动者"③。涅斯托尔被称为"声音清晰的演说家"。奥德修斯和麦涅拉俄斯在演说上各有特点,"在他们当着众人编制言辞和策略时,墨涅拉俄斯发言流畅、简要又清楚,他不是好长篇大论或说话无边际的人"。奥德修斯则是另一种风格,海伦称,"在他从胸中发出洪亮的声音时,他的言辞像冬日的雪花纷纷飘下,没有凡人能同奥德修斯相比,尽管我们对他的外貌不觉惊奇。"④海伦的话看来不是完全没有道理,

① 希罗多德:《历史》,王以铸译,商务印书馆 1985 年版,第 391 页。
② 希罗多德:《历史》,王以铸译,商务印书馆 1985 年版,第 633—634 页。
③ 荷马:《伊利亚特》,罗念生、王焕生译,人民文学出版社 1995 年版,第 230 页。
④ 荷马:《伊利亚特》,罗念生、王焕生译,人民文学出版社 1995 年版,第 75、98 页。

因为在《奥德赛》中，他多次捏造各种故事，而且在法埃西亚人那里时，他长篇叙述了自己在特洛伊战争后的经历，把所有在场的人都吸引住了，成功地让人们相信，他那样一个曾赤身裸体、一文不名的人，确实是一个有着辉煌经历、足智多谋的英雄，不仅使法埃西亚人同意送他返乡，而且为自己赢得了大量礼物。在《荷马史诗》中，能够发表演说的，还有奥德修斯的儿子特勒马科，求婚人的领袖安提诺奥斯，求婚人列奥克里图斯，奥德修斯的朋友埃格普提乌斯和门托尔等。值得注意的还有，神灵，包括宙斯在内，也需要通过演说来说服众神。作为一介平民的特尔西特斯，也会在公民大会上发表演讲，批评阿伽门农的所作所为。① 所以，遇到重大问题时，希腊人需要开会讨论后作出决定。在这样的会议上，总是有人出来发表演说。根据阿伽门农的看法，"当有人站起来发言时，应该听他说话，不要打断他，否则甚至会难住雄辩家。在一片吵嚷声中有谁能演说或听讲？即使嗓音洪亮的演说家也会为难"②。这里重要的是希腊人讨论问题的方式，即演说家发表意见，大众进行表决。从埃格普提乌斯和特勒马科的话看，发表演说与提出公共议案是紧密联系在一起的，③因此，对荷马来说，演说的存在，是当时的普遍现象。一个缺少财富的英雄固然不足以成为英雄，但一个不会发表演说的英雄，同样也不能成为英雄。④ 当然，荷马时代的演说可能还比较原始，像奥德修斯那样发表长篇演说的人不多。在公民大会上演说时，更多地像领袖之间争吵，与后世规范的演说有较大

---

① 荷马：《伊利亚特》，罗念生、王焕生译，人民文学出版社1995年版，第36—38页。
② 荷马：《伊利亚特》，罗念生、王焕生译，人民文学出版社1995年版，第504页。
③ 埃格普提乌斯提出的问题之一是：他"或是想发表演说，提出公共议案"。特勒马科答道："也不想发表什么演说提出公共议案"。见荷马：《奥德赛》，王焕生译，人民文学出版社1997年版，第21—22页。
④ 晏绍祥：《荷马时代巴赛列斯权力的社会基础》，载《史学集刊》2002年第2期。蒋保：《演说术与雅典民主政治》，复旦大学2005年博士学位论文，第23—28页。

差距。

城邦政治需要演说家

上述追溯说明,演说是希腊世界相当普遍的现象。从社会阶层来说,上至将军和政治家,下到使者乃至普通公民,都具有一定的演说能力。从地域上看,不仅雅典拥有许多知名的演说家,其他希腊城邦也有;从时代的发展看,它上可追溯到荷马时代,下则延续到亚历山大大帝时期及其以后。事实上,罗马的许多政治家和军人,同时也都是赫赫有名的演说家。① 对于这种相当普遍的现象,我们必须提出适当的解释。

芬利曾经指出,在分析雅典政治时,有四点是我们必须注意的:一是它是直接民主;二是空间的狭小性;三是公民大会是这一制度的王冠,拥有做出决议的权力;四是公民大会是几千人的露天集会,其心理和行动原则都与近代的内阁或者代议制议会不同。此外,政治家们缺少现代意义的政党的支持,能否得到支持,取决于他能否通过演说取得足够的支持。② 芬利主要是从雅典的情况立论。但在我们看来,他的分析框架同样适用于整个希腊世界。空间的狭小性乃公认事实,可置而不论。在其余三项中,考虑到希腊城邦政治体制的多样性,我们需要把第一项修改为:城邦实行主权在民、直接参与体制,并且把它和第三项即公民大会的作用结合起来分析,因为主权在民是城邦政治制度的基本原则,而公民大会做出决议的权力是它的具体表现。这样,我们的论述将集中在两个问题上,即城邦的主权在民原则和公民大会

---

① 西塞罗提到,罗马人对演说非常痴迷,而且产生过不少知名演说家,见西塞罗:《论演说家》,王焕生译,中国政法大学出版社 2003 年版,第 11—25 页。

② M. I. Finley, *Athenian Demagogues*, pp 9 - 10.

的议事机制。

首先，几乎所有的希腊城邦，都实行公民直接参与国家管理的政治体制。虽然在个别地区，如中希腊的比奥提亚、希腊化时代的埃托利亚和阿凯亚同盟中，可能存在某种形式的代议制政府，在伯罗奔尼撒同盟和提洛同盟那样的超城邦联合中，也有某些代议制的因子。[①]但总体上说，希腊城邦的政治体制是直接参与式的，即全体公民直接参与国家管理，政治具有一定程度的公开性和民主性。由于斯巴达历来被视为寡头政治的典型和领袖，因此我们以斯巴达为例，说明希腊城邦制度中的民主因素以及公民大会的主权地位。

在讨论斯巴达政治制度时，亚里士多德倾向于认为，斯巴达的政治体制是混合型的。在谈到斯巴达的民主因素时，亚里士多德只提到监察官，没有涉及公民大会。[②] 而斯巴达最古老的政治文献瑞特拉中，只表示人民有集会和表决权，不能提出议案，似乎也不能修改，只能就长老们的意见进行表决。普鲁塔克还提到，为防止人民通过增减字句的办法对决议进行修改，国王波吕多罗斯和提奥庞普斯给瑞特拉增加了一条：公民大会如果通过歪曲的决议，长老和国王可以休会，[③]实际上是不批准公民大会的决议。公元前 499 年爱奥尼亚人暴动时，米利都使节直接晋见国王克列奥美涅斯。在决定是否援助米利都的过程中，一直是国王克列奥美涅斯出面，并在没有咨询任何机构的情况下，他把米利都使节打发走。于是有了希罗多德的名言："看来，真好像欺骗许多人比欺骗一个人要容易些，因为他不能欺骗一个人，即拉凯戴

---

① J. A. O. Larsen, *The Representative Government in Greek and Roman History*, Berkeley and Los Angles: University of California Press, 1966, pp. 47 – 105.

② 亚里士多德：《亚里士多德全集》第 9 卷，中国人民大学出版社 1994 年版，第 47、61 页。

③ 普鲁塔克：《吕库古传》，见普鲁塔克：《希腊罗马名人传》上册，商务印书馆 1999 年版，第 93—94 页。

梦的克列奥美涅斯,但是他却能欺骗三万名雅典人"①。公元前 479 年,监察官们在没有征求任何人意见的情况下,决定派出军队前往中希腊与波斯人作战。② 所有这一切给人的印象,是斯巴达的政制是地道的寡头政制。民主因素,至少是公民大会可有可无。

可是,仔细分析历史遗留的资料,也许会让我们得出不同的结论。亚里士多德的结论很可能是根据公元前 4 世纪的情况做出的。当时斯巴达公民队伍已瓦解,富有阶层崛起,其政治制度中的寡头因素显然有所增强。公元前 4 世纪前期到中期国王亚偈西劳的强势地位,加深了人们的这种印象。但在整个古典时代,斯巴达制度中的民主因素绝不容忽视。从斯巴达制度的整体设计来说,如芬利指出的,公民的相互平等是其理想之一。③ 斯巴达公民自号平等者,是这种理想的反映。尽管在历史上,斯巴达制度的理想和实际之间存在众多的不协调,但不能因此完全否定理想的存在及其影响。斯巴达的官制反映了公民集体的主权地位。虽然国王是世袭的,但国王有两个,相互制约,限制了他们的专权。按照亚里士多德的看法,只有在离开本国作战时国王才拥有全权。④ 长老会诚然是终身制,但他们和监察官一样,由公民大会选举产生。为了当选,他们必须争取公民的好感,"参选的人必须四处奔走游说,"让注重才德的亚里士多德感到很不满意。⑤ 监察官则是任何公民均可当选,而且每年 5 人,一年一任,亚里士多德明确将其视为政体中的民主因素。在批评斯巴达选举制度时,亚里士多德还提到,由于对财产资格不加限制,不少贫穷者当选监察官,导致他们

演说家与希腊城邦政治

---

① 希罗多德:《历史》,王以铸译,商务印书馆 1985 年版,第 391 页。
② 希罗多德:《历史》,王以铸译,商务印书馆 1985 年版,第 625—626 页。
③ M. I. Finley, *Sparta*, in M. I. Finley, *The Use and Abuse of History*, London: the Penguin Group, 1990, pp 161–177.
④ 亚里士多德:《亚里士多德全集》第 9 卷,中国人民大学出版社 1994 年版,第 105 页。
⑤ 亚里士多德:《亚里士多德全集》第 9 卷,中国人民大学出版社 1994 年版,第 61 页。

接受贿赂，①反映确实有穷人当选监察官。

其次，斯巴达政体中代表寡头和君主制的因素，可能有意无意地被夸大了。刘易斯的研究表明，国王的地位并不稳定，被罚款、放逐，乃至被剥夺王位者，代不乏人，其数量可能比遭到处罚的雅典将军还要多。从公元前480—公元前432年，阿吉亚家族成年国王在位的时间不超过15年，优里庞提德家族国王的作用也不明显。② 在系统考察过公元前6世纪—前4世纪斯巴达国王的政治作为后，安德鲁斯强调，在有文献可考的范围内，绝大多数国王实际没有发挥过多少政治影响。作为给公民大会准备议案的长老会，确实可能会拒绝把某些问题提交给公民大会，但公民大会的决议遭到长老会和国王否决的事情，在有关文献记载中从来没有出现过。由长老会单独做出的重要决定，在斯巴达历史上难得一见。③

第三，亚里士多德认为，"有的城邦没有平民的地位，没有公民大会，只有一些偶然的集会，诉讼案件由各部门的官员分别审理，例如在斯巴达，监察官审理契约方面的讼案，在他们内部又有分工，而长老负责审理杀人案，其他案件由其他官员分别审理"④。有些时候，斯巴达的长老和国王可能根本不将有关问题提交公民大会讨论。但是，像在荷马社会一样，如果上层内部不能达成一致，则事情必须提交公民大会。由于斯巴达制度的设计，国王、长老、监察官之间矛盾重重，许多重要问题，至少是有关和战的重大问题，需要提交到公民大会上讨论。⑤ 至于公民大会的自由程度，似乎也不像我们以为的那么低。公

① 亚里士多德：《亚里士多德全集》第9卷，中国人民大学出版社1994年版，第60页。
② D. M. Lewis, *Sparta and Persia*, Leiden: E. J. Brill, 1977, pp. 43 – 44.
③ A. Andrewes, *The Government of Classical Sparta*, in E. Badian, ed. Ancient Society and Institutions: Studies Presented to Victor Ehrenberg's 75th Birthday, Oxford: Basil Blackwell, 1966, pp. 3 – 5.
④ 亚里士多德：《亚里士多德全集》第9卷，中国人民大学出版社1994年版，第75页。
⑤ D. M. Lewis, *Sparta and Persia*, p. 49.

元前 432 年有关是否向雅典宣战的大会,修昔底德根本没有提到长老会的任何活动。国王阿基达马斯要求斯巴达人谨慎的演说,并没有从根本上扭转公民投票的取向。[①] 斯巴达人援助叙拉古、入侵雅典和设防狄凯里亚的决定,可能也是在阿克比阿德斯发表演讲后,由公民大会临时做出的。[②] "监察官和其他行政长官虽然准备派遣代表到叙拉古去,阻止叙拉古人和雅典人妥协,但是不愿意给予任何军事援助。"[③]但在阿克比阿德斯演说后,斯巴达人"决心设防狄凯利亚和马上派遣军队往西西里去"。[④] 克列奥美涅斯确实拒绝了米利都使节,但我们往往忘记了克列奥美涅斯当时所说的话,"如果你说你要把拉凯戴梦人从海岸引向内地走 3 个月的话,那他们是不会听从你的计划的。"[⑤]也就是说,克列奥美涅斯认为,斯巴达人肯定不会批准对波斯战争的动议,所以提前代表斯巴达人把米利都使节打发走。同样,波斯派到雅典的使节,也是在议事会被雅典人拒绝的。[⑥] 但我们并不能因此认定,公民大会的作用无足轻重。

第四,斯巴达的政治文化强调服从,用普鲁塔克的话说,"吕库古将自己的同胞训练成既没有独立生活的愿望,也缺乏独立生活能力的人,倒像是一群蜜蜂,孜孜不倦地使自己成为整个社会不可缺少的一部分,聚集在首领的周围,怀着近乎忘我的热情和雄心壮志,将自身的一切皆隶属于国家"[⑦]。因此,芬利怀疑那些一向在战场和生活中纪律严明、以

---

① A. Andrewes, *The Government of Classical Sparta*, pp. 1 – 18;David M. Lewis, *Sparta and Persia*, pp. 27 – 40.

② D. M. Lewis, *Sparta and Persia*, pp. 37 – 38.

③ 修昔底德:《伯罗奔尼撒战争史》,谢德风译,商务印书馆 1978 年版,第 486 页。

④ 修昔底德:《伯罗奔尼撒战争史》,谢德风译,商务印书馆 1978 年版,第 490 页。

⑤ 希罗多德:《历史》,王以铸译,商务印书馆 1985 年版,第 366 页。

⑥ 希罗多德:《历史》,王以铸译,商务印书馆 1985 年版,第 623 页。

⑦ 普鲁塔克:《吕库古传》,见普鲁塔克:《希腊罗马名人传》上册,商务印书馆 1999 年版,第 117 页。

服从为天职的士兵，到公民大会的会场时，是否会改变自己服从上司的习惯，行使作为公民的权利。① 但公元前 418 年对国王阿吉斯的处置证明，斯巴达人是能够把两种角色区别对待的。作为士兵，斯巴达人服从了阿吉斯撤军回国的命令。但在回国后，斯巴达人决心追究阿吉斯战争指挥失当的责任，"他们不像平常那样的镇静，这次被情感冲动了，打算把阿吉斯的房屋拆毁，并处以一万德拉克马的罚款。……斯巴达人毕竟没有科他以罚款，也没有拆毁他的房屋，但是当时大家制定了一个过去所没有的法律，规定推选 10 名斯巴达公民做他的军事顾问，阿吉斯没有得到这些军事顾问的同意而率领军队离开斯巴达城，是非法的"②。

最后，斯巴达是一个城邦，而且是一个重视口碑的城邦。公民舆论的压力，是任何人都不能忽视的。虽然亚偈西劳操纵了对福伊比达斯和斯福德里亚斯的审判，但两案同时表明，在斯巴达，强势如亚偈西劳，也不能不考虑公民的感情。③ 毫无疑问，斯巴达不是雅典，斯巴达政治制度的原则，也与雅典存在重大的差别。我们希望强调的是，作为一个城邦，斯巴达制度中有一定的民主成分，表现了希腊城邦政治的一个基本特点，"城邦不论是哪种类型，它的最高治权一定寄托于'公民团体'，公民团体实际上就是城邦制度"④。

由直接参与所导致的另一个特征，是希腊城邦缺少近代意义的政党和政府，公民大会是最高权力机关。古代希腊确实存在着许多名目的官职，而且绝大多数城邦有议事会，但几乎所有的官职都是集体职务，而且以一年一任者居多。雅典是其中最显著的例子，斯巴达也不例外，其国王由两人担任，而且权力平等；长老会 28 人（不包括两名国王），

① M. I. Finley, *Sparta*, p. 170.

② 修昔底德：《伯罗奔尼撒战争史》，谢德风译，商务印书馆 1978 年版，第 400 页。

③ A. Andrewes, *The Government of Classical Sparta*, pp. 16 – 17.

④ 亚里士多德：《政治学》，吴寿彭译，商务印书馆 1983 年版，第 129 页。

监察官5人。对其他城邦的情况,我们资料有限。但它们显示,从原则上说,都是任期有限制和职务集体制,少有一人专任或独裁现象发生。与集体职务并行的,是官职任期的短暂。一般来说,官职任期为一年,而且不能连选连任(只有将军和国库官等极少数需要专业知识的官职例外;斯巴达的国王和长老是另一个例外)。即使是这些任期有限的官员,也处在公民大会不同程度的监督之下,缺少独立行动的权利。所以,一个希望自己的建议变成法律或者政策的政治家,必须同时具备说服他人接受自己提议的能力。然后,是使公民大会通过自己的建议,而且是当天做出决定。因为雅典是民主政治的典型,学者们往往以雅典史实为证。不过,以民主政治的发展和程度而论,雅典是个极端的例子,不一定能反映所有希腊城邦的实际,而且已经得到芬利等比较深入的分析。这里我们着重探讨其他希腊城邦公民大会的情况。由于斯巴达常被视为寡头政治的典型,我们仍以斯巴达为重点加以说明。

如前所述,斯巴达的公民大会具有相当权威,[1]其议事程序和雅典并无不同。它同样由主持会议者事先提出问题,然后相关人士发表演说,提出各种不同方案,最后由公民大会表决通过。典型的例子是公元前431年决定向雅典宣战的会议。在那次会议上,斯巴达人好像并无定见,也不曾有任何预先准备好的议案提交。伯罗奔尼撒同盟各国的代表首先发言,控告雅典的侵略。接着雅典使节发言,阐述雅典建立和维持帝国的理由。随后斯巴达人进行讨论,国王阿基达马斯发言,要求斯巴达人谨慎从事。监察官斯特尼拉伊达简短的发言,鼓吹战争,并且直接把宣战问题提交公民大会表决。为明确区分人数的多少,监察官改变了呼声表决的方式,而要斯巴达人分作主张宣战和反

① David. M. Lewis, *Sparta and Persia*, pp. 37 - 49.

对宣战的两部分，"大多数的人认为和约是已经被破坏了"①。于是斯巴达人再将同盟国的代表请进会场，宣布他们的决定。

从以上的资料看，斯巴达人的公民大会同样是通过会场上的辩论阐述政策，而且即使是向雅典宣战这样重大的问题，也是在当天就做出决定。所不同者，可能是在斯巴达人的公民大会上，普通公民发言的机会较少，至少历史没有传下斯巴达普通人发表演说的资料。以修昔底德而言，这是他的写作风格使然，因为即使在雅典，如著名的米提林辩论中，他也只让克列昂和狄奥多托斯两个人发言，实际发言的可能要多得多。所以，在公元前431年的公民大会上，发言的可能也不止国王和监察官，修昔底德告诉我们，在盟国代表退席后，"他们自己（即斯巴达人）讨论当前的形势。大多数人都倾向于一个结论——即雅典既已实行侵略，应当马上宣战"②。也就是说，斯巴达人中存在明显的意见分歧，虽然多数人主战，但反对战争的人并不是没有，而且这些意见在公民大会上也都得到了表达。只是在经过国王阿基达马斯和监察官斯特尼拉伊达发言后，公民大会才进行表决。在表决中，仍有不少人反对宣战。准此而论，斯巴达人公民大会上的讨论应当具有相当的自由度。这就不难理解，以说话简洁著称的斯巴达人，居然产生了伯拉西达之类的演说家。

在其他城邦，我们也看到公民大会就有关和战的重大问题做出决议。当伯拉西达进攻卡尔息狄斯半岛时，阿坎修斯等城邦所以倒向斯巴达一边，斯巴达的武力固然起了作用，伯拉西达的演讲对公民大会的影响具有更大的意义。在对待斯巴达人问题上，阿坎修斯人明显分成两派，最后阿坎修斯人"允许伯拉西达进城，出席公民大会"。③ 伯

---

① 修昔底德：《伯罗奔尼撒战争史》，谢德风译，商务印书馆1978年版，第62页。
② 修昔底德：《伯罗奔尼撒战争史》，谢德风译，商务印书馆1978年版，第57页。
③ 修昔底德：《伯罗奔尼撒战争史》，谢德风译，商务印书馆1978年版，第317—319、336—337、342页。

拉西达演讲完毕后，"阿坎修斯人经过双方面发言讨论之后，举行秘密投票。一部分因为他们受了伯拉西达演说的影响，一部分因为他们担心他们郊外的果实，大部分人都赞成叛离雅典"①。在安菲波里斯，只有在大多数人觉得应该接受斯巴达人时，城邦才和伯拉西达签订了协议。②

希腊城邦政治上的这种特性，在它们发布的铭文上有所表现。罗德斯在研究过希腊城邦公布的国家法令后指出，"在一个国家中，公民大会一般是拥有最终决策权的机关（也许在雅典那样的城邦中，要服从法庭的权力，如果它裁定一个决议非法）"③。从希腊国家发布的这些命令看，大多数城邦的公民大会有定期集会的制度，虽然每年举行会议的次数，在不同的城邦有很大的不同。有些城邦为鼓励公民参与公民大会，实行了给出席者以津贴的制度。议事会提交给公民大会的法令草案，有些显然是在公民大会经过激烈辩论后才通过的，一部分法令明显经过重要的修正。④ 它们表明，雅典之外希腊城邦的民主程度，可能比我们过去习惯认为的要大得多。

城邦的集体参与制度、公民大会的主权地位和议事机制，决定了城邦政治的公开性。在这样一种制度下，所有问题，势必首先在一定范围内讨论，然后再提交给公民大会，所以，政治家几乎必然同时是演说家。作为民主政治的典范，雅典公民大会的权威是众所周知的。在其他希腊城邦，每月举行一次公民大会是惯例。有些城邦可能为4

① 修昔底德：《伯罗奔尼撒战争史》，谢德风译，商务印书馆1978年版，第319页。
② 修昔底德：《伯罗奔尼撒战争史》，谢德风译，商务印书馆1978年版，第331—332页。
③ P. J. Rhodes with the late David M. Lewis, *The Decrees of the Greek States*, Oxford: Clarendon Press, 1997, p. 502.
④ 在那些实行联邦制的地区，如比奥提亚等，有联盟全体公民出席的大会。给出席公民大会以津贴的有伊利索斯、罗德斯等。士麦尔纳等地的法令表明，有些决议是在经过辩论、修改后，在第二次会议上通过的。有关讨论见 P. J. Rhodes with the late David M. Lewis, *The Decrees of the Greek States*, pp. 503–513.

次,最少者,每年也有两次。① 在任何一个阶段,都涉及公开辩论。一个希望获得影响或者保持影响的政治家,如果希望保持自己在城邦政治和公民大会中的影响,必须不断发表演说。当有关问题被提交到公民大会后,他必须当时走上前来,提出恰当的建议,努力说服公民大会通过他的议案。由于无论问题大小,当天必须做出决定,所以要求政治家不能有任何犹豫,必须当时做出反应。同时,在一个数达几千甚至上万人的集会上,他的演说还需要充分的吸引力。否则,他可能当场被反对派或者公民们轰下台来。② 在荷马社会那样原始的或者主要由贵族控制的城邦中,虽然人民大会没有正式的辩论,演说者也很少向人民呼吁和寻求支持,甚至没有正式的表决,但"与会的民众能够即使不是表达意见,但至少可以对贵族们提出的观点做出反应;在选择支持两者之一的同时,他们可以改变国王的决定,或甚至反对这些决定"。③ 所以,希腊城邦的政治家,不仅必然是演说家,而且是反应迅速的演说家。④ 由此我们不难理解,德莫斯提尼为提升自己的演说能力,面对咆哮的大海练习演说。同样,在法庭中,无论是原告,还是被告,都需要把自己的意见用口头演说表达出来。于是,在阿里斯托芬的喜剧中,我们看到那个希望学习的老者说,"我要学习说话。"⑤无论

---

① P. J. Rhodes with the late David M. Lewis, *The Decrees of the Greek States*, p. 503.

② P. Harding, *Rhetoric and Politics in Fourth-Century Athens*. 西塞罗讨论演说技巧时,多次谈到演说家要注意听众的反映。虽然他主要从罗马的情况立论,而且讨论的主要是司法演说,但无疑具有与希腊演说相同的特征。事实上,无论是民主派的政治家,还是寡头派的煽动者,在演说时都不可能不考虑公民的感受。见西塞罗:《论演说家》,王焕生译,中国政法大学出版社 2003 年版,第 87、157、295 页。

③ 克琳娜·库蕾:《古希腊的交流》,广西师范大学出版社 2005 年版,第 24 页。

④ M. I. Finley, *Politics in the Ancient World*, Cambridge: Cambridge University Press, 1983, pp. 76－83.

⑤ 阿里斯托芬:《云》,见罗念生:《罗念生全集》第 4 卷,上海人民出版社 2004 年版,第 164 页。不过罗念生把"说话"译成"逻辑"。事实上在希腊语中,logos 不仅有逻辑之意,更多的是"话语"的意思。

是政治,还是生活,都需要演说的技术。①

在希腊人的邦际交往中,演说也是一门必不可少的技术。首先,有关和战的重大问题,不是由个别官员或者机构,而是由公民大会表决,因此,使者们面对的,是有关城邦的公民大会。伯罗奔尼撒战争前夕,科林斯和科西拉的使者为争取雅典的支持,先后在雅典公民大会上发表演说;在斯巴达人决定是否向雅典宣战的公民大会上,雅典、科林斯等邦的使者,纷纷向斯巴达人阐述政策,希望达到自己的目的。即使是拙于言辞的斯巴达人,为向雅典求和,也不能不向雅典公民大会提出自己的主张。② 由于希腊诸邦之间的敌友关系变更频繁,在相关国家公民大会上发表演说的机会也相当多。可惜除修昔底德外,古典作家们保存下来的此类演说数量不大。

邦际交往需要演说的另一个场合,是城邦联盟的大会。我们知道,在古代希腊两个最著名的城邦联盟——伯罗奔尼撒同盟和提洛同盟中,都存在由加盟各国代表参加的同盟大会,事关全同盟的大事,主要是宣战和媾和方面的问题,要在同盟大会上讨论。③ 为说服其他盟友接受自己的建议,代表们也需要发表演说。公元前 6 世纪末,斯巴达打算在雅典重树僭主政治。当有关建议被提交给同盟大会时,科林

---

① 对演说家在城邦政治中的具体作用,奥贝尔以雅典为例进行了分析,大体包括五个方面:表达人民潜在的愿望、反映人民的主张;出现意见分歧时,提出经过精心思考的建议供人民选择;在人民面临危险时保护人民;赞美和批评人民,特别是批评人民的错误;危机时充任领袖。其他城邦的演说家作用可能不如雅典那样明显,但基本的职能应无太大区别。限于篇幅,这里不再一一罗列,参见 Josia Ober,*Mass and Elite in Democratic Athens*,pp. 314 – 323.

② 参看修昔底德:《伯罗奔尼撒战争史》,谢德风译,商务印书馆 1978 年版,第 26—35、47—57、386—387 页。值得注意的是,在订立盟约或者条约时,修昔底德都提到,使者们出席了公民大会,向公民大会阐述他们的建议。

③ 关于伯罗奔尼撒同盟的组织结构,参看 Jakob A. O. Larsen,*The Constitution of the Peloponnesian League*,*Classical Philology*,XXVIII(October,1933),pp. 257 – 276,XXIX(January,1934),pp. 1 – 19;关于提洛同盟的组织,参看 R. Meiggs,*The Athenian Empire*,Oxford:Clarendon Press,1992,pp. 42 – 49.

斯代表索克列斯做了长篇发言,让斯巴达人的计划流产。① 伯罗奔尼撒同盟对雅典的宣战,大概也经过了同盟代表大会,虽然修昔底德给人的感觉,是同盟直接把决议提交给了斯巴达的公民大会。关于雅典领导下的提洛同盟的代表大会,我们不清楚其具体的组织,但一般认为接近于伯罗奔尼撒同盟。修昔底德明确提到,"同盟金库设在提洛岛上,同盟代表大会也在这地方的神庙中举行。领导权是属于雅典的,但是同盟者是原来独立的国家,它们在代表大会中通过它们的决议。"②也就是说,至少在同盟存在初期,同盟需要举行代表大会。此外,在以德尔斐为中心的近邻同盟以及其他类似的同盟中,可能也都有这样的代表大会存在。在这样的大会上,我们可以想象,演说必然是其中一个有机组成部分。

邦际交往需要演说的第三个场合,是不同城邦临时召开的大会。公元前 425 年,西西里的城邦为防止外来干涉,召开了全岛城邦的大会。据修昔底德,"在西西里,首先是卡马林那人和机拉人商定了一个休战和约。后来其他西西里各城邦的代表们都在机拉集合,讨论各城邦是否可以和解的问题。代表们发表了许多不同的看法,对于他们认为没有得到公平处理的各项问题,都提出了他们的控诉和要求。"③最后是叙拉古人的发言得到通过。不过,在整个古典时代,希腊人这样召开的会议为数不多,至少我们不清楚具体的情况,但可以肯定的是,希波战争期间,参与抵抗波斯的希腊同盟经常开会商讨对策。从希罗多德的记载看,出兵腾皮和温泉关、在萨拉米斯与波斯决战,都经过同盟大会的讨论。④ 甚至到希腊化时代后期,希腊人仍保存了举行全体

---

① 希罗多德:《历史》,王以铸译,商务印书馆 1985 年版,第 384—390 页。

② 修昔底德:《伯罗奔尼撒战争史》,谢德风译,商务印书馆 1978 年版,第 68 页。

③ 修昔底德:《伯罗奔尼撒战争史》,谢德风译,商务印书馆 1978 年版,第 300 页。

④ 参见 P. A. Brunt, *Studies in Greek History and Thought*, Oxford: Clarendon Press, 1993, pp. 47－74.

大会讨论问题的习惯。① 虽然到那时候,希腊人即使面对罗马这个共同敌人的威胁,也已经不可能联合起来了。

口传传统及其启示

上述事实表明,城邦的政治体制和邦际交往的需要,是演说在希腊得以发展最为重要的原因。不过,在古代世界,演说并不是纯粹的希腊现象。希腊的近邻罗马的演说也相当发达,西塞罗、恺撒无疑是鼎鼎大名的演说家。虽然其中有希腊人影响罗马人的因素,但根据西塞罗的论述,在罗马与希腊大规模接触之前,罗马的演说已经产生,演说术是"任何人都可以理解的,可以说人们在日常生活和谈话中都在运用它"。"在我们的国家,人们研究其他各种学科也从来没有像研究演说术那样认真。确实的,在确立了对各个民族的统治权,长时期的和平保证了安宁之后,几乎没有哪一个渴望获得荣誉的青年不认为应该以巨大的热情研究演说术。"②而在西塞罗《论演说家》中出现的那些讨论演说性质与技术的人物,有些并不是第一流的政治家。③ 作为一个城邦,罗马的政治生活中包含着许多民主成分。到共和国后期,民主成分甚至占优势。④ 因此,演说在罗马共和国的流行,也许可以为

① 马其顿的腓力五世为说服希腊人向埃托利亚人宣战,于公元前 220 年举行全体希腊希腊国家的大会。见威廉·弗格逊:《希腊帝国主义》,晏绍祥译,上海三联书店 2005 年版,第130—131 页。

② 西塞罗:《论演说家》,王焕生译,中国政法大学出版社 2003 年版,第 10—11 页。

③ 如主要发言人克拉苏斯、恺撒(并非共和国末期的独裁者恺撒)、科塔等,虽然很有影响,但他们对罗马政治的影响,显然在当时的格拉古兄弟、马略等人之下。见西塞罗:《论演说家》,王焕生译,中国政法大学出版社 2003 年版,第 17—21 页。

④ 有关罗马共和国政治的特点,人们一般认为罗马名义上是混合政体,实际上是贵族掌握政权。但米拉 80 年代以来先后发表的 4 篇论文对此提出了疑问。见 Fergus Millar, *Rome*, *the Greek World and the East*, vol. I, Chapel Hill and London:The University of North Carolina Press, 2002, pp. 85 - 182.

希腊城邦的情况提供某些辅助证据。但从塔西佗的记载看，帝国时代，罗马的演说传统继续保持，上至皇帝，下到元老，掌握演说技术的大有人在。[①] 这就不是用城邦制度可以解释的。因此，我们必须到城邦制度之外寻求答案。

不可否认的是，在古代希腊，书面文献固然发挥着相当大作用。各种不同类型铭文的传世、官方和私人文书的流传、陶片放逐法的实行、成文法典的颁布，以及希腊雇佣兵在埃及的涂鸦，暗示整个希腊世界的普通人具有相对较高的识字率。"古风时代的希腊是近代意义上的文字社会，事实上是我们拥有详尽的合理资料的第一个文字社会。"[②] 在雅典那样的城邦中，法律是成文的；公民大会的命令勒石公布；公元前 5 世纪末，雅典建立了国家档案馆，法庭也经常采用书面证据。至少自公元前 5 世纪中期以来，随着智者大批来到雅典，那里可能建立了不少学校。在学校教育中，可能有不少使用书面文字资料进行教学，公民应具有比较高的文化水平。"到公元前 5 世纪，普通雅典男性公民显然具有读、写能力。"[③] 但雅典并不是希腊，绝大多数希腊城邦的普通人，大概不会有太高的文化水平。在斯巴达那样的城邦中，上至国王和监察官，下到普通公民，仅仅具有最起码的识字能力。[④] 连他们的法律，都是不成文的。即使号称希腊学校的雅典，其公民的文化水平恐怕也不宜估计过高。毫无疑问，贵族家庭的子女会得到相

---

① 如皇帝克劳狄和他的大臣维提里乌斯，都是不错的演说家，塔西佗记录了他们各自的一篇演说。见塔西佗：《编年史》，王以铸、崔妙因译，商务印书馆 1983 年版，第 338—340、355 页。

② Oswyn Murray, *Early Greece*, London: Fontana Press, 1993, pp. 97 - 98.

③ Oswyn Murray, *Early Greece*, p. 98; F. D. Harvey, *Literacy in the Athenian Democracy*, *Revue des etudes grecque*, 1966, vol. 79. pp. 585 - 635.

④ 普鲁塔克说，"至于读书识字，他们仅仅学到够用而已。"现代研究也表明，斯巴达人的文化水平确实不高。见普鲁塔克：《希腊罗马名人传》上册，黄宏煦主编，商务印书馆 1999 年版，第 107 页；Paul Cartledge, *Spartan Reflections*, London: Duckworth, 2001, pp 39 - 55.

对较好的教育,但普通公民、尤其是农村居民的识字情况显然不容乐观。① 诚然,阿里斯托芬的喜剧表明,如果愿意的话,普通公民也可以入学,进入苏格拉底的智慧所学习。阿里斯托芬笔下的老农先是自己去学习,然后送儿子去学习的事例,也说明雅典人对于学校教育的重要性已经有了一定的认识。但它也说明,这样的事例毕竟不经常,因为阿里斯托芬笔下的老农是为了赖账才去学习的。也就是说,此前他并无这样的兴趣。而苏格拉底的智慧所最后被烧毁以及苏格拉底的怪异形象,也说明当时相当一部分雅典人对学校教育并不认同。② 至于住在乡村中的农民,识字率可能更低。阿里斯提德帮助一个老农投票的故事,说明至少有部分人不识字。③ 在雅典卫城发现的准备好的大量写好名字的陶片,很可能是某些政治集团事先准备的,但也可能是为那些不识字的人准备的。④ 如果雅典如此,其他城邦公民的识字水平可想而知。

制约古代文化水平的另一个因素,是利用书面文献存在多种限制。由于缺乏印刷技术,所有的文献,要么是刻在石头和金属上,要么抄写在莎草纸上(羊皮纸可能是公元前 3 世纪的发明)。前者耗时而费力,一般来说是国家法令、私人墓志铭等重要文件。后者的原料来自埃及,价格不菲,非一般家庭能够负担。公元前 5 世纪,雅典开始有

---

① Rosalind Thomas, *Oral Tradition and Written Record in Classical Athens*, Cambridge: Cambridge University Press, 1992, pp 30 – 31.

② 《阿里斯托芬喜剧六种》,《罗念生全集》第 4 卷,上海人民出版社 2004 年版,第 157 页以下。

③ 陶片放逐法的实行,显然必须以相当数量的公民具有基本读写能力为前提,但并不意味着所有人都具有此种能力。见普鲁塔克:《希腊罗马名人传》上册,黄宏煦主编,商务印书馆 1999 年版,第 320 页。

④ P. J. Rhodes, *A Commentary on the Aristotelian Athenaion Politeia*, Oxford: Clarendon Press, 1993, p. 271.

图书出口到黑海地区。① 不过，这并不意味着雅典已经成为书面文献占主导地位的社会，因为到公元前5世纪后期，"书籍虽非不为人所知，但仍然稀少，只属于欧里庇德斯那样'好书'的人物。"② 此外，对书面文献的利用也存在多种限制，如果雅典人希望查找有关文献，要么去国家档案库，要么到文献所在的现场，要么查找有关书籍。但所有这些，都不是一般人能够做到的。与此相适应，在从事政治或者诉讼活动时，一般人也没有利用书面文献的习惯。书面文献的稀少及其使用上的限制，也让希腊社会难以变成一个纯粹依赖书面记载的社会。其他文化不那么发展的城邦，在利用文献上的限制更多。

在这样的社会中，口传文化显然占有重要地位。以雅典社会而论，它的口传特征主要体现在四个方面：文学作品大多属于口传性质，公元前5世纪以前少有作品写成定本，因此许多作品完全失传。有些作品传了下来，但极不完整，因为极少有人会费心把一篇作品全部背诵下来，并不间断地传给后人，直到它被完整地书面记录下来；学校教育、哲学教导在很大程度上依靠口头传授。柏拉图笔下的智者，大多是口头传授自己的知识。苏格拉底出场时，没有一次手中拿着书籍或者书面讲稿，而总是进行口头交谈。在《法律篇》中，有关政体优劣及理想政体的讨论，是在路途中进行的。政治生活很大程度上也依赖口头辩论。从决议在议事会提出，经过公民大会上的辩论，到最后形成决议，几乎都是口头进行。③ 在公民大会上，当需要有人提出建议时，希望发言的人问的是："有人讲过话没有？"而传令官的回答则是："有

---

① N. G. L. Hammond & H. H. Scullard, eds. *The Oxford Classical Dictionary*, 2nd ed. Oxford: Oxford University Press, p. 173.

② Rosalind Thomas, *Oral Tradition and Written Record in Classical Athens*, p. 19.

③ 蒋保：《演说术与雅典民主政治》，复旦大学2005年博士学位论文，第17—23页。

谁要讲话?"①只有在正式决议通过后,才会勒石公布。相应地,希腊人对书面证据的态度也表现了口传社会的特征:重口头证据而轻视文本证据。仍以文化水平最高的雅典为例。长期以来,雅典缺少作为官方标准的国家档案馆。有关国家的各种信息,贮存在演说家们的大脑中。所以,苏格拉底考问格劳孔有关雅典国家的财政、防务知识时,是随口提出的。② 公元前5世纪以前,书面证据甚至不被采信。商人之间签订书面契约可能是公元前4世纪的现象。即使到那时,仍需要口头证人宣誓作保。③ 在法庭诉讼中,证人即使事先写好了讼书,也需要像是临时发表那样现场背诵;而有关的证据,包括引用法律条文,也都不是展示文本,而由秘书口头宣读。总体上看,希腊人始终认为,写成书面的东西,最多也就是个记忆的帮手,不能成为唯一的、甚至是主要的记忆手段。④

*　　*　　*　　*　　*　　*

基于上述理由,我们也许可以认为,演说家的存在,是雅典乃至整个希腊城邦历史的要求。城邦的直接参与体制,决定了所有政策都必须在公共集会上、通过公开的辩论决定。城邦内部政治的公开性和某种程度的民主性,公民大会的主权地位,频繁的邦际交往和多邦出席的大会,都给演说家发挥才能提供了场所。古代社会总体文化水平的低下,书面文献传播途径与使用范围的有限性,使口传文化在古代文

---

① 在阿里斯托芬和欧里庇德斯所描写的公民大会中,演说都是其有机组成部分,欧里庇德斯还把平等的发言权视为民主政治的根本标志之一。见罗念生:《罗念生全集》第4卷,上海人民出版社2004年版,第41页;欧里庇德斯:《欧里庇德斯悲剧集》,中国对外翻译出版公司2003年版,第1215页。

② 色诺芬:《回忆苏格拉底》,吴永泉译,商务印书馆1984年版,第104—110页。

③ Rosalind Thomas, *Oral Tradition and Written Record in Classical Athens*, pp. 35 - 42.

④ Rosalind Thomas, *Literacy and Orality in Ancient Greece*, pp. 32 - 33. 与中国的比较也许不无意义。在刘邦攻占咸阳时,萧何将秦朝的律令、图书全部收藏,对刘邦最后的胜利发挥了重要作用,说明文字在中国社会可能发挥着更大的作用。不过司马迁也承认,萧何是当时的特例,不是普遍现象。见司马迁:《史记》,中华书局1959年标点本,第2014页。

明时期仍然具有巨大的重要性。所以，口头演说、主要是公共演说的流行，不是雅典而是整个希腊的现象。借用韦尔南的话说，"城邦的特征是社会生活中最重要的活动都被赋予了完全的公开性。……这种公开化的要求使全部行为、程序和知识逐渐回到社会集团的手中，置于全体人民的目光之下……知识、价值和思想技巧在变为公共文化的组成部分的同时，也被带到公共广场上去接受公众的批评和争议，它们不再被当作权力的保障而秘藏在家族传统中；它们的公开化引来了各种各样的注解、阐释和激烈争论。从此，讨论、辩论和论战就成了思想和政治的游戏规则"。"城邦的法律与君主的绝对权力相反，要求国家行政机构和精神创造全都'交出账目'，它们不能再把某种个人威信或宗教威信的力量强加于人，而必须通过论证的方法来证明自己的正确性。"①在这个意义上，雅典既体现了作为民主制城邦的特殊性，更体现了她与希腊世界其他城邦之间的共性。"雅典肯定不是一个典型的城邦，但它在古代希腊世界也不是独一无二的，许多其他城邦也大体上经历了与雅典相似的政治史，具有与雅典相似的制度机构和社会结构。"②如果说雅典有它的特殊性，那么它的特殊性在于，那里的民主政治得到了最充分的发展，最为稳定，保持的时间最长。更重要的是，那里留给后世的文献最多。不过前述罗德斯和刘易斯对希腊国家

---

① 均见让—皮埃尔·韦尔南：《希腊思想的起源》，秦海鹰译，三联书店 1996 年版，第 39 页。

② 玛丽琳·卡兹语，见保罗·卡特里奇主编：《剑桥插图古希腊史》，郭小凌等译，山东画报出版社 2005 年版，第 102 页。值得注意的是，学者们已经呼吁要打破以雅典为中心的希腊史框架，更多地注意雅典以外的城邦及其在希腊世界的共性。在 2005 年 8 月于复旦大学召开的第三届世界古代史国际学术研讨会上，伊利诺伊大学巴克勒教授做了《雅典中心主义的幻影》的发言，指出"雅典中心主义观只能说代表了现代古典文献学和历史学中最为有害的理论之一，它不仅短视，而且事实上阻碍和实际上歪曲了对古代希腊人成就任何恰当的评价。因他们的生活、经历和思想对历史贡献如此丰富，我们的赞美要给予全体希腊人，而不仅仅是雅典人。"见 John Buckler, The Mirage of Athenocentricity，载《第三届世界古代史国际学术研讨会会议论文汇编》，（复旦大学，2005 年 8 月），第 189 页。

法令的研究提醒我们,历史文献毕竟不等于历史,不能因为其他城邦不曾有大量的演说传世,就认为那里无演说存在。① 明乎此,我们大可不必因为伯里克利以后的演说家们不再像他们的前辈那样彬彬有礼而谴责他们(事实上,面对数达几千、而且不那么安静的听众,如果演说家不声嘶力竭,谁会听见他的演说!),不用因为他们意图讨好民众②而把他们称为蛊惑家,更没有必要把雅典在伯罗奔尼撒战争中的失败、乃至雅典最终的衰落,归罪于演说家。当然,先秦中国的说,如触龙说赵太后、商鞅说秦孝公、苏秦说六国连横等,也都具有高度的技巧,论证非常周密。但他们大多是为了说服君主或者掌握政权的人物,听众往往人数很少,甚至只有一个,估计谈话人会彬彬有礼。在这个意义上,公共演说发达与否,演说家是否需要亮开嗓子,让成百上千的民众听到和评判,是政治是否公开和民主、城邦是否存在的一个重要指标。

参考书目

1. Andrewes, A. , "The Government of Classical Sparta", in E. Badian, ed. *Ancient Society and Institutions*: *Studies Presented to Victor Ehrenberg's 75th Birthday*, Oxford: Basil Blackwell, 1966.

---

① 希腊戏剧的历史也许是另一个类似的例子。今天流传下来的剧本和作家的资料,几乎全部是雅典的。但各城邦剧场的遗迹,以及雅典三大悲剧作家中,埃斯库罗斯死在西西里;欧里庇德斯死在马其顿,他们在那些地区仍继续创作悲剧的史实,提醒我们不要忘记其他希望城邦的戏剧创作和表演。实际上,如果没有雄厚的群众基础,雅典那样高水平的戏剧岂不失去了基础!

② 修昔底德的话表明,即使伟大如伯里克利,在演说中也不能不照顾公民的情绪。在雅典阵亡将士国葬典礼上,伯里克利已经指出发表此类演说的困难,说得太好,会让人嫉妒,说得不够,会遭人抨击。事实上,伯里克利很少会不顾及雅典公民的情绪,否则修昔底德就不用说"事实上他这样崇高地受人尊敬,以致于他可以对他们发出怒言,可以提出反对他们的意见"了。见修昔底德:《伯罗奔尼撒战争史》,谢德风译,商务印书馆1978年版,第119—120、150页。

2. Brunt, P. A. , *Studies in Greek History and Thought*, Oxford: Clarendon Press, 1993.

3. Cartledge, Paul, *Spartan Reflections*, London: Duckworth, 2001.

4. Connor, W. Robert, *The New Politicians of Fifth-Century Athens*, Indianapolis/Cambridge: Hackett Publishing Company, 1992.

5. Davies, J. K. , *Democracy and Classical Greece*, Stanford: Stanford University Press, 1983.

6. Demosthenes, *On the Embassy*, The Loeb Classical Library, Demosthenes, vol. II, Harvard University Press, reprinted 1999.

7. Ehrenberg, Victor, *From Solon to Socrates*, London: Methuen & C. Ltd. , 1968.

8. Finley, M. I. , *Athenian Demagogues*, in M. I. Finely (ed.), *Studies in Ancient Society*, London: Routledge, 1974.

9. Finley, M. I. , *Democracy Ancient and Modern*, London: The Hogarth Press, 1985.

10. Finley, M. I. , *Sparta*, in M. I. Finley, *The Use and Abuse of History*, London: the Penguin Group, 1990.

11. Finley, M. I. , *Politics in the Ancient World*, Cambridge: Cambridge University Press, 1983.

12. Hammond, N. G. L. & Scullard, H. H. eds. , *The Oxford Classical Dictionary*, 2nd ed. Oxford: Oxford University Press, 1966.

13. Hansen, Mogens Herman, *The Athenian Democracy in the Age of Demosthenes*, Oxford: Basil Blackwell, 1991.

14. Harding, P. , *Rhetoric and Politics in Fourth-Century Athens*, Phoenix, vol. 41 (1987).

15. Harvey, F. D. , *Literacy in the Athenian Democracy*, Revue des

etudes grecque, 1966.

16. Hignett, Charles, *A History of the Athenian Constitution to the End of the Fifth-Century B. C.* Oxford: Clarendon Press, 1952.

17. Homer, *The Iliad*, The Loeb Classical Library, Cambridge: Harvard University Press, 1999.

18. Hornblower, Simon, *Thucydides*, Baltimore: The Johns Hopkins University Press, 1987.

19. Isocrates, *Panathenaicus*, The Loeb Classical Library, Isocrates, vol. II, London: William Heinemann Ltd. 1929.

20. Jones, A. H. M., *Athenian Democracy*, Oxford: Basil Blackwell, 1957.

21. Kennedy, George A., *A New History of Classical Rhetoric*, Princeton: Princeton University Press, 1994.

22. Larsen, J. A. O., *The Representative Government in Greek and Roman History*, Berkeley and Los Angles: University of California Press, 1966.

23. Larsen, Jakob A. O., *The Constitution of the Peloponnesian League*, *Classical Philology*, XXVIII (October, 1933), XXIX (January, 1934).

24. Lewis, D. M., *Sparta and Persia*, Leiden: E. J. Brill, 1977.

25. Liddell, Scott & Jones, *A Greek-English Lexicon*, New Edition, Oxford: Clarendon Press, 1940.

26. Meiggs, R., *The Athenian Empire*, Oxford: Clarendon Press, 1992.

27. Millar, Fergus, *Rome, the Greek World and the East*, vol. I, Chapel Hill and London: The University of North Carolina Press, 2002.

28. Murray, Oswyn, *Early Greece*, London: Fontana Press, 1993.

演说家与希腊城邦政治

29. Ober，Josia，*Mass and Elite in Democratic Athens*，Princeton：Princeton University Press，1989.

30. Ostwald，M.，*From Popular Sovereignty to the Sovereignty of Law*，Berkeley & Los Angles：University of California Press，1986.

31. Rhodes，P. J.，*A Commentary on the Aristotelian Athenaion Politeia*，2nd ed.，Oxford：Clarendon Press，1993.

32. Rhodes，P. J.，with the late David M. Lewis，*The Decrees of the Greek States*，Oxford：Clarendon Press，1997.

33. Thomas，Rosalind，*Oral Tradition and Written Record in Classical Athens*，Cambridge：Cambridge University Press，1992.

34. Walbank，Frank W.，*Selected Papers：Studies in Greek and Roman History and Historiography*，Cambridge：Cambridge University Press，1985.

35. Wallace，Robert W.，*The Sophists in Athens*，in Deborah Boedeker and Kurt A. Raaflaub，eds. *Democracy*，*Empire*，*and the Arts in Fifth-Century Athens*，Cambridge：Harvard University Press，1998.

36.《阿里斯托芬喜剧六种》,《罗念生全集》第 4 卷,上海人民出版社 2004 年版。

37.《古希腊语汉语词典》,商务印书馆 2006 年版。

38. 柏拉图:《柏拉图全集》,第 1 卷,王晓朝译,人民出版社 2002 年版。

39. 杜平:《古希腊政体与官制史》,湖南师范大学出版社 2001 年版。

40. 范明生:《柏拉图哲学述评》,上海人民出版社 1984 年版。

41. 威廉·弗格逊:《希腊帝国主义》,晏绍祥译,上海三联书店 2005 年版。

42. 郭小凌:《古希腊的民主和共和制度》,载施治生、郭方主编:

《古代民主与共和制度》,中国社会科学出版社 1998 年版。

43. 荷马:《奥德赛》,王焕生译,人民文学出版社 1997 年版。

44. 荷马:《伊利亚特》,罗念生、王焕生译,人民文学出版社 1995 年版。

45. 蒋保:《演说术与雅典民主政治》,复旦大学 2005 年博士学位论文。

46. 科林武德:《历史的观念》,何兆武、张文杰译,中国社会科学出版社 1986 年版。

47. 克琳娜·库蕾:《古希腊的交流》,广西师范大学出版社 2005 年版。

48. 奈波斯:《外族名将传》,刘君玲等译,上海人民出版社 2005 年版。

49. 欧里庇德斯:《欧里庇德斯悲剧集》,中国对外翻译出版公司 2003 年版。

50. 普鲁塔克:《希腊罗马名人传》上册,黄宏煦主编,商务印书馆 1999 年版。

51. 色诺芬:《回忆苏格拉底》,吴永泉译,商务印书馆 1984 年版。

52. 色诺芬:《远征记》,崔金戎译,商务印书馆 1985 年版。

53. 塔西佗:《编年史》,王以铸、崔妙因译,商务印书馆 1983 年版。

54. 汪子嵩等:《希腊哲学史》,第 2 卷,人民出版社 1993 年版。

55. 西塞罗:《论演说家》,王焕生译,中国政法大学出版社 2003 年版。

56. 希罗多德:《历史》,王以铸译,商务印书馆 1985 年版。

57. 修昔底德:《伯罗奔尼撒战争史》,谢德风译,商务印书馆 1978 年版。

58. 亚里士多德:《修辞术、亚历山大修辞学、论诗》,颜一、崔延强译,中国人民大学出版社 2003 年版。

59. 亚里士多德:《雅典政制》,商务印书馆 2005 年版。

60. 亚里士多德:《亚里士多德全集》第 9 卷,中国人民大学出版社 1994 年版。

61. 亚里士多德:《政治学》,吴寿彭译,商务印书馆 1983 年版。

62. 晏绍祥:《荷马时代巴赛列斯权力的社会基础》,载《史学集刊》2002 年第 2 期。

63. 叶秀山:《苏格拉底及其哲学思想》,人民出版社 1986 年版。

(作者晏绍祥,首都师范大学历史学院教授;本文发表于《历史研究》2006 年第 6 期)

《神学大全》中对女性形象的神学建构

刘文明

近年来,随着女权主义在西方的兴起,以托马斯·阿奎那神学思想为代表的传统神学体系受到了冲击与挑战。女性主义学者通过对早期基督教史的研究和对基督教经典的重新诠释,试图对传统基督教进行女性主义的神学重构,剔除神学中的父权主义因素,把基督教改造成真正男女平等的宗教。在她们看来,导致西方基督教社会中妇女地位低下的主要原因,应归咎于传统基督教对女性的歧视。波伏娃早在其《第二性》中就指出:"基督教的观念形态对压迫女人起了不小的作用。"①根据西方女性主义的社会性别(gender)理论,性别的社会地位差异是社会文化建构的结果。那么,中世纪后期的女性形象是如何在基督教文化中被建构起来的? 笔者在此以阿奎那的《神学大全》为例来进行探讨,对《神学大全》中反映的性别观念及其所建构的女性形象做一初步分析。

一 "女人是为男人而造的"

阿奎那从上帝造人这一神话来理解"女人"的含义,这是其神学女性观的基本出发点。根据基督教经典《旧约圣经·创世记》记载,人是

---

① 西蒙娜·德·波伏娃:《第二性》,陶铁柱译,中国书籍出版社 1998 年版,第 112 页。

由上帝创造的,上帝照着自己的形象造男造女。祂先用地上的尘土造了男人亚当,然后又从亚当身上取下一条肋骨,造成一个女人夏娃。祂把夏娃领到亚当跟前,亚当便说:"这是我骨中的骨,肉中的肉,可以称她为'女人',因为她是从'男人'身上取出来的。"①根据这一记载,阿奎那解释说,上帝所造的人,是由理性灵魂与肉体两部分构成的,理性灵魂部分按照非物质的上帝形象而造成,肉体部分则用物质造成。上帝用地上的尘土造成了亚当,却用亚当的肋骨来造夏娃,这就使得拥有相同理性灵魂的亚当与夏娃,造就肉身的材料却大不一样,因而亚当把夏娃称为"女人"。这样,人也就有了男女之别,这种区别不在于其理性灵魂,而在于其物质性的身体,性别差异只存在于物质性的肉体层面。那么,上帝为何要把夏娃造成"女人"? 阿奎那认为,上帝创造夏娃的主要目的,是为了给男人亚当生儿育女。他说:"正如圣经所说,造一个女人来做男人的帮手是必要的,但并不是像一些人所说的那样,用于帮助他劳动,因为一个男人而非女人在劳动上帮助他会更合适,而是在繁衍后代的事情上帮助他。"②

为了进一步阐明夏娃受造作为"女人"的功能与意义,阿奎那运用了亚里士多德的生物学理论。亚里士多德认为,植物与动物的再生产,都是通过主动的雄性功能与被动的雌性功能相结合而实现的,但植物的雌雄两种功能存在于一体之中,而高级动物与人类则是雌雄分开的。阿奎那根据这一原理,提出必须有异性的结合才能生育后代,这就是为何上帝造男又造女的主要原因。他说:"这样我们可以想象得到,发生于男女之间的性交,就像存在于植物之中的雌雄两种功能之间的结合,尽管其中一方在某些情况下支配着另一方。人类注定有

---

① 《旧约圣经·创世记》第一章,第26—27节,第2章,第7—23节。
② Thomas Aquinas, *The Summa Theologica*, Translated by Fathers of the English Dominican Province, Benziger Bros. edition, 1947. I. 92. 1.

更高尚的生命机能——智力知识,这就是人类这两种功能分别开来的重要原因,女人受造分离于男人,虽然他们可以为生育后代而结合;这也是为什么《创世记》中在讲了女人受造之后,立即进一步说'二人成为一体'。"①由此可见,在阿奎那看来,上帝创造夏娃之目的,就是在繁衍子孙这一工作中帮助亚当,女人是上帝为男人而造的。

二 "女人是发育不健全的人"

阿奎那对"女人"的理解,除了对上帝造人这一神迹进行诠释外,还借助于亚里士多德的生理学,提出女人是不完善的人,并且在理智方面也远不如男人。

首先,阿奎那以男性作为标准,称女人是"发育不健全的人"(mas occasionatus,意即 misbegotten male 或 male manqué,从其所用含义来看,意思是"在生育时没有成功成为男人的人")。他说:"女人是有缺陷的人和发育不健全的人,因为男性精子的活力倾向于生育出与男性相似的完善的人,而女孩的出生则来自于活力不足,或是身体不适,或是外部影响——如哲学家亚里士多德所说的潮湿的南风。"②这句话似乎表明,男人才是正常生育的结果,而女人则由于各种因素的影响,是人类正常生育中的偶然性例外。关于这一点,我们不能简单地将其理解为阿奎那对生理学的无知。实际上,阿奎那还根据亚里士多德的目的因,从另一角度对此进行了阐释。根据目的因,任何事物在本性上都追求完美,而当这一目的不能达到时,便退而求其次,女人的降生就是如此。他说:"任何事物都会因为与自然本性的第一目的相背离

① Thomas Aquinas, *The Summa Theologica*, I. 92. 1.
② Thomas Aquinas, *The Summa Theologica*, I. 92. 1. ad 1.

而适应第二目的,从而违背自然本性。因此,根据亚里士多德的观点,一切堕落、缺陷、衰老都是违背自然本性第一目的的,因为它的目的是使生命达到完美。但它们并不违背自然本性的第二目的,因为当自然本性不能在一事物之中保持生命时,就会从第一目的失败中寻求在别的事物之中保持它。因此,当自然本性不能使一事物达到完美时,就会退而求其次,例如,当它不能促成生育男性时,就会生育出一个女性,她也就是亚里士多德所说的'没有成功成为男人的人'。"①因此,阿奎那从亚里士多德生理学与哲学出发,认为男人才是完善的人,是自然本性追求完美的结果,而女人则一来到世间便是"次等物",是事物本性第二目的的结果,与自然本性相违背。

其次,由于女性在肉体上低人一等,而这种肉体上的卑微又影响到理智方面,使得女性在理智上也不如男人。他认为,夏娃之所以会被蛇引诱而首先犯罪,是因为女人的灵魂更易受其女性肉体的影响,使她失去节制,缺乏理智的判断。他说:"人的灵魂是肉体的形式,它通过肉体器官而具有某种能力。这些器官活动在某种程度上促成无肉体履行的活动,即智力与意志的活动,因为智力来自官能,意志受感官欲望所致情感的促进。因此,女人就肉体而言,体质脆弱,以致大多不能牢牢地把握事物,尽管有(极少)几个相反的例子,但《箴言》第31章第10节说'才德的妇人谁能得着呢?'由于女人把细微之事当做没有,亚里士多德认为女人缺乏稳定的理智判断力,尽管有几个女人的例子不是如此。他说,'我们不认为女人是节欲的,因为她们优柔寡断',理智脆弱而容易受感情的诱导。"②由此可见,女人肉体上的缺点是导致其心智脆弱的重要因素。正是因为认为女性在智力上不如男

---

① Thomas Aquinas, *The Summa Theologica*, supplement, 52.1.
② Thomas Aquinas, *The Summa Theologica*, II—II.156.1. ad 1.

性,阿奎那把女人与小孩及白痴归为一类,说"缺乏推理能力,就像小孩、白痴与女人"。①

从以上分析不难看出,阿奎那头脑中的性别形象,一方面基于他对上帝造人的神学理解,另一方面也基于他对女性"不健全"的生理学理解,并由此出发,认为女人在理智上也不如男人。

三 "女人的罪孽比男人更深重"

原罪说是基督教的基本教义,是基督教所宣扬的人类需要救赎的一个基本出发点。原罪来自于人类始祖亚当与夏娃的犯罪。《旧约圣经·创世记》中记载,亚当与夏娃受造之后,共同为上帝看守伊甸园,上帝吩咐他们不可吃那"分别善恶树上的果子"。但是,由于蛇的引诱,夏娃与亚当先后违背了上帝的禁令,"女人见那棵树的果子好作食物,也悦人的眼目,且是可喜爱的,能使人有智慧,就摘下果子来吃了,又给她丈夫,她丈夫也吃了。"夏娃与亚当偷吃了禁果,受到了上帝的惩罚。上帝对夏娃的处罚是:"我必多多加增你怀胎的苦楚,你生产儿女必多受苦楚。你必恋慕你的丈夫,你丈夫必管辖你。"②因此,由于上帝的惩罚,女人有了生育的痛苦,而且要终生受丈夫的管辖。最后,上帝将亚当与夏娃逐出伊甸园,使他们脱离了永生状态而沦为短暂生命的死亡之躯。这就是基督教所宣扬的人类苦难的根源。

在人类原罪中,夏娃扮演了一个什么样的角色? 她应负什么样的责任? 这是阿奎那所探讨的一个重要问题。他认为,魔鬼的诡计使人类陷入了犯罪,而这一诡计又是利用人性的弱点来达到目的的。"人

① Thomas Aquinas, *The Summa Theologica*, II - II. 70. 3.
② 《旧约圣经·创世记》第 3 章,第 5—6、16 节。

由理智的与感觉的双重本性构成，因而魔鬼在诱惑人的时候，利用了两种犯罪刺激物。就理智而言，许诺人通过获得知识就能像上帝一样，这正是人出于本性欲望想拥有的；就感觉而言，魔鬼利用那些与人最有亲缘关系的感官事物，一面是通过同一族类中与男人有亲缘关系的女人来引诱他，一面是通过同一种类中与他们有亲缘关系的蛇来引诱女人，再一面是通过怂恿他们吃禁果，这禁果也在最接近的种类中与他们有亲缘关系。"①由此可见，魔鬼利用人的双重本性，在精神与肉体方面都对人进行了诱惑，夏娃便是魔鬼对亚当进行肉体感官诱惑的工具。所以，在亚当与夏娃的堕落犯罪中，夏娃充当了魔鬼的工具，由于她的中介作用，才使亚当陷入了罪孽。

阿奎那在分析人类原罪的根源时，继承了奥古斯丁的观点，认为人类的犯罪源于骄傲之心。但当他解释亚当与夏娃应负的罪责时，更强调夏娃的罪孽，认为夏娃的罪孽要比亚当深重得多。在《神学大全》的第二编之二第163个论题中，他专门讨论了这一问题："就骄傲的种类而言，女人犯罪更重，理由有三：首先，因为她比男人更骄傲自大。女人相信蛇的劝诱之言，即上帝禁止他们吃那树上的果子，是生怕他们变得与上帝一样；所以，怀着吃了禁果之后变得与上帝一样的希望，她的骄傲之心膨胀起来，渴望得到某种有违上帝旨意的事物。另一方面，男人却没有对此信以为真，因而他并没有以违抗上帝旨意来达到与上帝一样：但他的骄傲在于希望通过自身的力量达到这一目的。其次，女人不仅自己犯罪，而且建议男人犯罪；因而她既是对上帝犯罪，也是对邻人犯罪。第三，男人的罪孽因这一事实而减轻了，即如奥古斯丁所说的：'他同意犯罪是出于一种友好的善意，它使男人有时宁愿冒犯上帝而不愿得罪朋友。上帝公正的宣判表明了他本不应该如此

---

① Thomas Aquinas, *The Summa Theologica*, II - II. 165. 2.

做.'由于以上原因,显然,女人的罪孽比男人更深重。"①

由此可见,在阿奎那的头脑中,女人要负人类原罪的首要责任,罪孽比男人深重。他提出的这三条理由,似乎同时也在为男人开脱罪责,说明男人为何犯罪较轻。其中第三点理由,他引用了奥古斯丁的话,认为亚当犯罪是出于对夏娃的友爱与忠诚,这似乎表明,他是出于无奈才违背了上帝的禁令,"宁愿冒犯上帝而不愿得罪朋友",而夏娃却非如此,她的犯罪纯粹是自私的结果。正因为夏娃有如此深重的罪孽,上帝在对人类始祖进行处罚的时候,对女人的处罚也重得多,除了赐予她生育的痛苦外,还规定要受男人的管辖。

四 "女人不能担任圣职和公开讲道"

基督教自其产生之日起,便自称是一种人人平等的宗教,提倡一切信徒都是兄弟姐妹,在灵魂救赎上机会均等。然而,在现实中,这种平等只是虚幻的,尤其对于妇女而言,她们的宗教活动受到诸多限制。阿奎那对妇女担任神职与讲道这两个问题的看法,便是男尊女卑观念在宗教生活中的反映。

阿奎那在论述教会圣礼时,提出妇女不能接受圣职礼。他认为,神职授任的有效性应具备两个必要条件:一,这人已受洗礼,二,这人应是男性。这就把女性排斥在担任神职之外了。为何女性不能担任神职?阿奎那在《神学大全》的增补部分作了解释,答案便是女性缺乏理智的运用和严重的身体缺陷。为了说明女性不能接受圣职礼,他从圣礼的有效性与合法性所应具备的条件,以及圣礼因此是否具有现实性这一角度,对此进行了分析。他说:"为使圣礼有效,在圣礼接受中

---

① Thomas Aquinas, *The Summa Theologica*, II-II. 163. 4.

某些条件是必需的，如果缺少了这种条件，一个人就不能接受圣礼，圣礼也不具有现实性。然而，另一些与圣礼相符的条件也是必需的，它不是为了使圣礼有效，而是为使圣礼合法；如果一个人无这些条件而接受圣礼，它也没有现实性。因此，我们必须说，不仅在第二种情况，而且也在第一种情况中，接受圣职必需男性。因而，即使一个女人经历了授职圣礼仪式，她也不算接受神职，因为圣礼是一种象征，在一切圣礼活动中，所需要的不仅是这件事，而且是这事的象征含义；所以我在前面说过，终缚礼必须有一个病人，以便为了象征痊愈的需要。因此，由于女性不可能体现神职身份的高贵，因为女人处于屈从地位，结果便是她不能接受圣职礼。"①由此可见，只有接受圣职礼者为男性时，圣礼才是有效的和合法的，因而也才是现实的。即使一个女性接受了圣职礼，但她因地位的卑微而不能体现这种圣礼的象征性意义，这圣职礼也不具有现实性。所以，对男性的需要，是圣礼的本质要求。

关于女人讲道方面，阿奎那提出，妇女只能在私人场合讲道，而不能公开布道。为了反对女人公开讲道，他引用了圣保罗关于妇女屈从地位及妇女不能讲道的言论之后，又提出了自己的三点原因：一是由于女人在男女关系中处于屈从地位，二是女人讲道有引起男性听众性欲的危险，三是女人缺乏智慧。他说："讲道可以有两种方式：一种方式是私下的，只对一个人或少数几个人，与谈话相似，从这一方面来说，讲道的恩典可降临于女人；另一种方式是公开的，由一个人向整个会众宣讲，不允许女人这样做。首要的原因，是由于女人所处的地位，她得屈从于男人，正如《创世记》第 3 章第 16 节所说。现在在教会中公开布道不属于屈从者，而是属于高级教士（尽管屈从者如果受托则可以做这些事，因为她们的屈从不是其自然性别的结果，而是一些偶

① Thomas Aquinas, *The Summa Theologica*, supplement. 39. 1.

然发生的事情的结果）。其次，以免男人的思想受到诱惑而产生性欲，因为圣经上说：'她的讲话像火一样燃烧。'第三，因为女人没有作为统治者那样的完善智慧，不适宜委以公开讲道。"①

由上可见，阿奎那反对女性任神职与公开布道，实际上是反对女性在基督教的救赎工作中发挥积极作用。阿奎那限制女性宗教权利的主要原因，在于女性肉体上的屈从地位，这种屈从是女性担任神职与公开布道的障碍，这也决定了女性在教会中不能起主导作用。

五 "妻子要服从丈夫"

基督教是一种倾向于禁欲的宗教，鼓励信徒独身禁欲、出家修行，以利于灵魂的净化与得救。然而，生存于世俗社会中的基督教，不可能脱离现实而不食人间烟火，于是又不得不承认婚姻。一是出于避免淫乱，正如圣保罗所言："与其欲火攻心，倒不如嫁娶为妙。"二是为了人类繁殖，奥古斯丁与阿奎那都把生育视为婚姻带来的三大好处之一。这样，婚姻在基督教文化中也成了合理合法的事物。既然如此，那婚姻生活中的男女关系应是怎样的？

阿奎那认为，丈夫是一家之主，妻子在家庭生活中应该服从丈夫。他引用亚里士多德《政治学》中对家庭关系的分类，提出家庭中存在着三种关系，即丈夫与妻子、父亲与子女、主人与奴隶。总的来说，由于父亲掌握着家庭财产大权，也就是家庭的主人，妻子、子女和奴隶都对他有一种从属关系。② 为何家庭中的男女关系是一种主从关系？究其原因，一方面当然与上述阿奎那的男尊女卑观念有关，另一方面，是因

① Thomas Aquinas, *The Summa Theologica*, II-II. 177. 2.
② Thomas Aquinas, *The Summa Theologica*, II-II. 57. 4. c.

为阿奎那认为，妻子在生儿育女的过程中只起辅助与次要的作用。

阿奎那认为，婚姻的主要目的是为了繁衍后代，只有通过婚姻，人类才得以延续。然而，在这种男女的结合中，由于男女受造的目的不一样，他们的功能与作用也不一样。在人类的繁衍过程中，女人只起辅助的作用，上帝创造她，是为了让她在生育方面帮助男人，以履行上帝对人类"生养众多，遍满地面"的嘱托。同时，根据亚里士多德的生理学，女人在生育中只是处于一种被动的接受状态，只有男子才是积极的、活跃的力量；人的胚胎来自于男人的精子，借母体而降生，女人在这一工作中所能做的，只是接受精子、培育由精子演变而成的胚胎而已。因此，女人在生育中只起辅助与次要的作用，正是这种功能与作用，决定了她在家庭生活中的屈从地位。

由上可见，阿奎那把妻子视为婚姻家庭中的"二等公民"，主要原因在于神学视野中的女人，在受造、犯罪、受罚的过程中，肉体比男子低贱，罪孽比男子深重，所受处罚比男子严厉，而且上帝明确规定：妻子要受丈夫的管辖。所以妻子天生要服从丈夫。

综上所述，阿奎那从上帝造人这一神话来理解男女关系，认为女人受造自男人，而且也是为男人而造的，她作为"女人"的价值，在于帮助男人生儿育女；在人类原罪中，女人是罪魁祸首，因而她天生要受男人的管辖，这是上帝对她的判决；在生理上，他根据亚里士多德的生理学，认为女人是发育不健全的人，而且在理智上也不如男人；在宗教生活中，他反对女人担任神职与公开讲道；在婚姻生活中，他要求妻子顺服丈夫。《神学大全》中所建构起来的这一女性形象，伴随其神学思想而长期渗透于西方社会之中，成为西方基督教文化传统中歧视女性的重要思想来源之一。

参考书目

1. St. Thomas Aquinas, *The Summa Theologica*. Translated by Fathers of the English Dominican Province, Benziger Bros. edition, 1947.

2.《圣经》,南京中国基督教协会(1995 年)。

3. 西蒙娜·德·波伏娃著:《第二性》,陶铁柱译,中国书籍出版社 1998 年版。

（作者刘文明,首都师范大学历史学院教授）

世界史研究（第三辑）

SHIJIESHI YANJIU

析"乡绅入侵"

——对英国都铎王朝议会选举中"异常现象"的解读

刘新成

对于重大历史事件,史学家总是极力探究其发生原因,对于 17 世纪英国革命亦如是。既然这场革命以议会与王权冲突的形式发轫,此前都铎时期的议会便被视为蕴藏着革命发生原因的"富矿",都铎议会选举中的"异常现象"——"乡绅入侵"也成为研究者谈论不已的热门话题。众说纷纭中虽不乏卓见,也有"误读"存焉。本文拟对"乡绅入侵"试作分析,重新解读都铎议会选举中发生的这种"异常现象"。

一

1413 年英国议会法规定,各选区选举人和被选举人必须是"本地"居民。[①] 1445 年议会再次颁布法律,重申城市议员须"出自本地居民"的原则。[②] 尽管有着明确的法律规定,但是城市选举的结果却常常与之相悖,许多城市议员不是本地市民,而是外地乡绅,这一现象即被称为"乡绅入侵"（gentry invasion）。

---

① Chris Given-Wilson（ed.）,*The Parliament Rolls of Medieval England*,Vol. IX,1413 – 1422,London：The Boy Press,2005,pp. 14 – 15.

② Anne Curry（ed.）,*The Parliament Rolls of Medieval England*,Vol. XI,1432 – 1445,London：The Boy Press,2005,p. 499.

　　"乡绅入侵"的社会基础是中世纪的遗存——领主附庸关系。16世纪时,这种关系已经与封土无关,亦不具有法权性质,但是起着社会纽带作用,主从双方互相承担无形的责任与义务。领主通常是贵族和官员,附庸则是经济富足但社会政治地位亟待提升的乡绅。后者仰赖前者的荫庇,前者则通过提携后者炫耀权势,扩大社会影响。这种关系比较松散,附庸随时可能改换门庭,这样会使领主感到颜面无光,所以领主总是想方设法满足附庸的要求,提携其为议员便是满足他们的方法之一。

　　领主为附庸寻找议员席位的最理想的地点就是城市,因为许多领主拥有城市议员提名权。领主提名权的来源有三。其一,在那些位于贵族领地上而尚未实现完全自治的城市里,贵族特权得以保存,其中就包括议员提名权。德文伯爵领地上的普利斯顿市和威洛比勋爵领地上的牛津市等都属于这种情况。埃尔兹伯里市位于帕金顿伯爵领地,该市 1572 年议员登记表背面书有这样的字样:"本人,多罗西·帕金顿女伯爵,埃尔兹伯里市的领主和拥有者,郑重推荐忠诚的托马斯·利奇菲尔德和乔治·伯德两位先生为该市议员。"①其二,有些贵族用出让土地或提供资金的方式换取议员提名权。拉特兰伯爵把市郊一块地产赠予东雷特福市,1586 年该市致函伯爵:"承蒙惠赠,感激曷胜。兹请为本市举荐议员一名,倘获慨允,本市民众将深感荣幸。"②奇切斯特家族将庄园城堡卖给巴恩斯特布尔市,随后也取得了该市的议员提名权。③ 甚至在城市投资办学也可以换取议员提名权。其三,

————————

　　① Mark A. Kishlansky, *Parliamentary Selection：Social and Political Choice in Early Modern England*, Cambridge：Cambridge University Press, 1986, p. 42.

　　② Mark A. Kishlansky, *Parliamentary Selection：Social and Political Choice in Early Modern England*, p. 47.

　　③ Mark A. Kishlansky, *Parliamentary Selection：Social and Political Choice in Early Modern England*, p. 42.

通过担任城市"总管事"（High Steward）获取议员提名权。16 世纪，伴随着经济发展，申请自治的城市日益增多；为顺利得到国王的批准，城市往往要请达官贵人代为向国王呈递请愿状，而国王在批复诏书中就会封这位达官贵人为该市"总管事"。有些古老城市因对议会缺乏兴趣，其派遣议员权长期闲置以致废止；这些城市若想恢复权利，也要请达官贵人代为申请，达官贵人也就因此而成为"总管事"。还有些高官显宦，因利用职权为城市进言办事，也成为了城市的"总管事"。"总管事"虽非行政实职，但在该市享有某些特权，其中就包括 1—2 名议员提名权。① 都铎时期，城市"总管事"提名议员的情况非常普遍，例如 1584 年，伊丽莎白一世的远亲凯里为纽波特、雅茅斯和新镇三市向女王请求自治，获准后他在这 3 个城市各获得 1 名议员提名权。1601 年凯里致函雅茅斯市："请你们一如既往地把选举令状交给我，以便我为你们填报最佳人选。"②同年他还写信给新镇市，称"由于我的从中斡旋，你市的种种诉求方才得以实现，所以应将你市空白选举令状寄给我，以便我推荐合适人选。"③1584 年莱斯特伯爵函告安多弗市："因为我是你市'总管事'，所以我坦诚地要求给予我一名议员提名权……假若你们愿意把另一名额也给予我，我将十分感谢。"④兰开斯特公爵领的大法官（Chancellor）托马斯·哈尼哥是索尔兹伯里市的"总管事"，他在 1593 年致该市的信函中写道，议会即将召开，"由于我是本

---

① 英国史学家洛赫不同意这一观点。她指出，在某些选邑拥有议员提名权的贵族和官僚，当初对于这些城市申请选邑资格非但没有助益，而且还持反对态度（J. Loach, *Parliament: A ' New Air'*? in C. Colleman and D. Starkey（eds.）, *Revolution Reassessed*, New York: Oxford University Press, 1986, p.131）。但洛赫所说的毕竟只是个别现象（详见下文，并参阅 A. D. K. Hawkyard, *The Enfranchisement of Constituencies, 1509 - 1558, Parliamentary History*, vol.10（1991）, pt.1, pp.20 - 21.

② J. E. Neale, *Elizabethan House of Commons*, London: Jonathan Cape Ltd., 1949, p.136.

③ P. W. Hasler（ed.）, *The House of Commons, 1558 - 1603*, London: Her Majesty's Stationery Office, 1981, vol.1, p.50.

④ J. E. Neale, *Elizabethan House of Commons*, p.137.

市官员并对这个城市满怀热忱,因此请允许我——一个真诚希望本市繁荣昌盛的人——提名一名议员,我将选择一位信仰虔诚、当之无愧的议员,就像你们自己选出的人一样适合为本市服务。"①

尽管城市承认达官显贵的议员提名权,但这并不意味着城市同意他们提名外地人担任城市议员,因为这种做法与法律相抵牾。所以,当领主将其乡绅附庸推荐为城市议员时,常常会遇到阻力。1558 年剑桥市向"总管事"诺福克公爵表示,他们实在无法接受后者的推荐,因为只有本市市民才能当选该市议员。② 莱斯特伯爵提名的候选人在雷丁、大雅茅斯和金斯林三市都被抵制。③ 1581 年,坎特伯雷市迫于压力不得不接受一名外地议员,但随即便做出了"下不为例"的决定。④ 拉特兰伯爵在格兰瑟姆、诺威奇主教在大雅茅斯、亨廷顿伯爵在莱斯特也都有过铩羽而归的经历。⑤ 城市抵制"乡绅入侵"大抵出于两个理由:其一是"不甘其辱",如约克市就曾宣布:"像本市这样历史悠久的城市,如果选个外乡人作为议会代表,那简直是奇耻大辱。"⑥其二是认为外地人不了解本市情况,以此为由的多为新兴工商业城市,如赫里福德市就曾"发誓坚拒外地人"。⑦ 一般来说,城市越大,乡绅越难"入侵";伦敦、布里斯托尔、巴斯、勒德洛和武斯特等市就从未选过乡绅议员,约克市和索尔兹伯里市也仅只出让过一次议席。

① M. A. R. Graves, *Elizabethan Parliaments*, 1559 - 1601, London: Longman Inc., 1987, p. 91.

② J. Loach, *Parliament and the Crown in the Reign of Mary Tudor*, New York: Oxford University Press, 1986, p. 26.

③ J. E. Neale, Elizabethan House of Commons, p. 202.

④ P. W. Hasler (ed.), *The House of Commons*, 1558 - 1603, vol. 1, p. 51.

⑤ Mark A. Kishlansky, *Parliamentary Selection: Social and Political Choice in Early Modern England*, p. 48.

⑥ Mark A. Kishlansky, *Parliamentary Selection: Social and Political Choice in Early Modern England*, p. 32.

⑦ Mark A. Kishlansky, *Parliamentary Selection: Social and Political Choice in Early Modern England*, p. 32.

但是从"乡绅入侵"的严重程度来看，多数城市不会拒绝贵族的提名。这里既有政治原因，也有经济方面的考虑。城市议员出席议会期间的全部费用，包括每人每天 2 先令生活补贴、差旅费、注册费、提案成本费等等，均须由城市负担。1558 年埃克斯特市为其一名议员支出的会议费用多达 59 英镑 13 先令 4 便士。遇到"宗教改革议会"（1529—1536 年)那样为时漫长的议会，城市为每名议员支出的费用可能超过 70 英镑。[①] 这对于中小城市，比如年基金收入不足 50 英镑的邓威奇市或是连每年应向国王缴纳的 26 英镑税金都支付不起的贝德福德市来说，确实是难以承受的负担。[②] 而"入侵"的乡绅却不向城市索要分文。1539 年南安普敦伯爵向吉尔福德市推荐候选人时特别声明，该候选人如果当选，将无须该市任何补贴；于是该市欣然接受了他的推荐。50 年代拉特兰伯爵为林肯市提名的议员也总是表示"无偿为该市服务"；结果该市不仅出让了议员提名权，还向伯爵馈赠礼品以示感谢。[③]奇切斯特家族推荐的乡绅担任巴恩斯特布尔市议员长达 20 年之久，后者反而因长期"减少一名议员负担"而对其深怀感激。[④]米涅海德市长期以来一直靠自掏腰包的乡绅担任市议员，1601 年当他们不得不自选议员并负担费用时，竟然不知所措。[⑤]

但是，并非所有穷困城市都甘愿接受乡绅的"入侵"。1535 年，林肯市一名市民议员"出于对该市的热爱和激情"，自愿将津贴从 11 镑

---

①   J. Loach, *Parliament under the Tudors*, New York：Oxford University Press,1991,p. 30.

②   P. W. Hasler (ed.), *The House of Commons*,1558 – 1603, vol. 1, pp. 48 – 49；S. T. Bindoff (ed.), *The House of Commons*：*1509 – 1558*, London：Secker & Warburg Publishers,1982, vol. 1, pp. 30 – 31.

③   J. Loach, *Parliament under the Tudors*, p. 30.

④   Mark A. Kishlansky, *Parliamentary Selection：Social and Political Choice in Early Modern England*, p. 42.

⑤   Mark A. Kishlansky, *Parliamentary Selection：Social and Political Choice in Early Modern England*, p. 43.

3 先令 4 便士减少到 7 镑。出席亨利八世第一届议会的怀康布市市民议员宣布不要津贴。① 雷丁市尽管也在穷困之列,但还是在 1539 年作出了每届议会必须选一名市民出席议会的决定。② 南安普敦因经济衰落,曾多次请求女王减免年租,但并未因此放弃议会出席权;1509—1558 年该市选派的 11 名议员中,只有一名来自外地。③ 以上事实表明,"穷困"并不能必然地让这些城市出让提名权,他们接受"乡绅入侵"应该是另有苦衷。

这个"苦衷"就是不敢违抗权贵。以下事例很有代表性。蒙哥马利伯爵曾威胁卡斯尔镇镇长:"如果你们不选择(我推荐的)普利先生……别以为我会不在乎……今后你们有求于我时,我会以牙还牙的!"④1563 年兰开斯特公爵领上的城市利物浦拒绝接受公爵领大法官提名的人选,大法官当即宣布要对该自治市的合法性进行审查。⑤ 1572 年登比市在选举结束后才接到莱斯特伯爵的推荐信,因此无法从命;然而伯爵勃然大怒,不仅下令该市重新选举,还斥责说:"要知道,我是你们的领主! 你们岂能对我如此无礼……假如你们不选我指定的人,别指望我今后善待你们。"⑥对于骄横的高官显贵,城市常常显得无可奈何。1553 年斯坦福市已经将两个提名权分别给予了两位贵族,但又收到某大臣要求提名议员的信件,这让他们"深感为难"。同年,后来升任首席大臣的威廉·塞西尔要求在格兰瑟姆市提名两个议

① Stanford E. Lehmberg, *The Reformation Parliament*, 1529 – 1536, Cambridge: Cambridge University Press, 1977, p. 33.

② S. T. Bindoff (ed.), *The House of Commons*: *1509 – 1558*, vol. 1, pp. 34 – 35.

③ S. T. Bindoff (ed.), *The House of Commons*: *1509 – 1558*, vol. 1, pp. 101 – 102.

④ Mark A. Kishlansky, *Parliamentary Selection*: *Social and Political Choice in Early Modern England*, p. 43.

⑤ J. E. Neale, *Elizabethan House of Commons*, pp. 146 – 147.

⑥ A. Kishlansky, *Parliamentary Selection*: *Social and Political Choice in Early Modern England*, 1986, p. 43; P. W. Hasler (ed.), *The House of Commons*, 1558 – 1603, vol. 1, p. 49.

员，但该市此前已把一个提名权出让给了拉特兰伯爵；该市只好在表示"完全赞成"塞西尔提名的一个人选的同时，诚惶诚恐地为未能完全满足其要求而深表歉意。① 1586 年东雷福特市市政会议给拉特兰伯爵的回函，代表了大多数城市当局面对权贵压力的态度："经过反复斟酌和慎重考虑，我们认为在（议员提名）这件事以及其他更重要的事情上，必须充分满足您的要求。所以，只要您愿意选择或提名，我们一定遵命不敏。"②

都铎时期，地位显赫的大贵族往往控制众多选邑。如历代诺福克公爵先后获得了刘易斯、肖拉姆、布兰伯、赖盖特、霍尔舍姆、金斯林、卡斯尔雷辛、大雅茅斯、斯特宁和加通等 10 个选邑的议员提名权。③ 温切斯特主教控制着汤顿、当顿和欣登三个城市的议员选举。④ 伊丽莎白时期权倾一时的莱斯特伯爵曾在安多弗、普尔、南安普敦、雅茅斯、登比、考文垂和利奇菲尔德等 7 个城市提名议员。埃塞克斯伯爵一度兼任伊普斯威奇等 12 个城市的"总管事"，并掌握所有这些城市的议员提名权。⑤ 贝德福德伯爵的势力范围包括康沃尔、德文和多塞特三个郡，三郡许多城市的选举都被他控制，1559—1584 年的五次议会选举中，由他指定的议员人数分别为 24 名、29 名、30 名、35 名和 20 名，占三郡市议员总数的 39%、44%、43%、49% 和 26%。⑥ 1597 年下院有近 30 名议员是枢密大臣罗伯特·塞西尔的附庸，1601 年他为了

---

① J. Loach, *Parliament under the Tudors*, p. 30.

② J. E. Neale, *Elizabethan House of Commons*, p. 145.

③ Stanford E. Lehmberg, *The Reformation Parliament*, 1529 – 1536, p. 30; J. Loach, *Parliament under the Tudors*, p. 29.

④ S. T. Bindoff, (ed.), *The House of Commons*: 1509 – 1558, vol. 1, p. 14.

⑤ J. E. Neale, *Elizabethan House of Commons*, pp. 137, 147, 156, 159 – 174, 201 – 202, 224 – 226, 263.

⑥ P. W. Hasler, (ed.), *The House of Commons*, 1558 – 1603, vol. 1, p. 62.

运送其附庸议员赴会甚至需要借用两艘船只。①

　　都铎时期，"乡绅入侵"的程度十分严重。按规定，下院中乡绅与市民之比应为 1∶4，实际情况却是 4∶1。② 伊丽莎白朝（1558—1603 年）的 10 次选举中，平均有 66% 的城市议席被乡绅所"侵占"。③ 1584 年下院议员总计 447 人，按规定其中应有 357 人是来自城市的市民，但实际上市民只有 53 人。④

二

　　对于都铎时期"乡绅入侵"如此严重的原因，西方学者有两种解释。一种是"贵族政治论"。这种解释来自英国"辉格史学"的正统学说，将议会视为政治斗争的舞台，将"乡绅入侵"视为高官显贵（甚或王室）结党的表现，其目的是在议会中结成政治集团，以争取自己在政治斗争中的优势。⑤第二种是"政府管理论"。这种解释属于"修正史学"，持这种看法的学者从"修正"正统学说出发，认为都铎时期的议会并非政治斗争场所，而是立法机构，其中心任务是制定法律；为提高立法效率并在立法中贯彻君主的意志，政府希望下院以律师、官吏等"高素质"人士为主体；而"乡绅入侵"就是政府为遴选"高素质"人士担任下议员而采取的必要措施。为佐证其观点，修正派学者不仅指出多例"乡绅入侵"与枢密大臣直接插手选举有

----

① J. Loach, *Parliament under the Tudors*, p. 159.

② G. R. Elton, *Tudor Constitution : Documents and Commentary*, Cambridge : Cambridge University Press, 1982, p. 249.

③ P. W. Hasler,（ed.）, *The House of Commons*, 1558 – 1603, vol. 1, p. 58.

④ J. E. Neale, *Elizabethan House of Commons*, p. 147.

⑤ J. E. Neale, *Elizabethan House of Commons*; J. E. Neale, *Elizabeth I and Her Parliaments*, 2vols, London : St. Martin's Press, 1953 – 1957.

关，而且指出，出让提名权的多是在王室领地或王畿之内新近设立的新选邑，这说明，"较之谋求提携附庸的贵族和渴望参与国家政治的乡绅，国王对新选邑的需求更为迫切"，因之可以断定，"乡绅入侵"乃是政府的"管理行为"。①

以上两种解释似乎不无道理，但深究就会发现，二者均无充足的论据。

从都铎王朝议会史料中，迄今未能发现足够的证据可以说明下议员的当选背景与其议会表现之间的联系，因此不能断定贵族举荐的乡绅一定会在议会中贯彻贵族的政治意图。换言之，正统派学者主张的"贵族政治论"具有明显的推测性质。新西兰史学家格雷夫斯据此提出了完全相反的意见，他认为附庸议员只是领主"形式上的盟友"，"他们未必按照（领主的）愿望表态或表决。都铎议会中没有'政党的仆从'，他们仍是有独立意志的个人"。②

修正派学者将"国王积极设置新选邑"作为重要论据，但是史料同样不足以证明这一点；相反倒有材料表明，当时君主对大批设置新选邑并不满意。1579 年纽瓦克市的选邑申请被伊丽莎白女王断然拒绝，因为她"认为选邑已经太多，正在考虑取消一些"。③ 此事发生在女王

---

① 埃尔顿详细描述了枢密大臣威廉·塞西尔在 1571、1572、1586、1589 年 4 届议会上"精心安置"议员的行为（G. R. Elton, *The Parliaments of England*, 1559 – 1581, New York: Cambridge University Press, 1986, p. 13.）；位于王室领地上的新选邑包括：亨利八世时期的纽波特、查梅福德、格拉彭、波塞尼、萨尔塔什、威斯特卢、兰开斯特、埃斯特卢、利物浦、塞特福德、威根、普雷斯顿；爱德华六世和玛丽一世时期的阿尔德巴勒、里彭、内尔兹巴勒、巴勒布里奇、希海姆弗雷尔斯；伊丽莎白时期的克利瑟罗、斯托克布里奇、萨德伯里、牛顿等等；王畿（非王室领地，但受王室控制）内的新选邑包括班伯里、汤顿、比绍普斯堡等；洛赫指出，政府对这些城市的选举历来十分"关注"（C. Colleman, and D. Starkey, (eds.), *Revolution Reassessed*, pp. 131 – 132）。

② M. A. R. Graves, *The House of Lords in the Parliaments of Edward VI and Mary I*, Cambridge: Cambridge University Press, 1981, p. 284, f. 3; *The Tudor Parliaments: Crown, Lords and Commons*, 1485 – 1603, London: Longman Inc., 1985, p. 113.

③ A. F. Pollard, *The Evolution of Parliament*, London: Longmans, Green & Company, 1926, p. 159.

在下院的主要代理人威廉·塞西尔转入上院、政府急需在下院安置新代理人之际，因此与"政府积极设置新选邑、鼓励'乡绅入侵'以便安插代理人"的修正派解释正好相悖。事实上，伊丽莎白女王对"乡绅入侵"很不以为然。1571年枢密院致信地方官员，称女王陛下希望选举了解当地实际情况又善于建言献策的本地人为议员；言外之意即鼓励选举本市市民，而不赞成选举外地乡绅。① 1597年枢密院重申女王这一意向，责令郡守务必选择能为"本地服务的合适人选"；并且声称，对于违旨抗命者将追究责任。②

既然"贵族政治论"和"政府管理论"均因论据不足而难以成立，那么可以说，西方学者对"乡绅入侵"这一都铎时期议会选举中"异常现象"的解释乃是对历史的"误读"。之所以发生"误读"，是因为他们往往以发现17世纪革命原因为目的，用现代政治学理论解读都铎时期的议会选举，而忽视了英国传统政治文化的影响。

那么，都铎时期"乡绅入侵"的真正原因是什么呢？笔者以为，解答这一问题，需要返回当时的历史文化语境，正确理解都铎时期下议员的身份和议会选举的性质。

在都铎时期，下议员享有极高的声誉和地位。这表现在三个方面。首先，下议员被视为"替天行道"的上帝代言人。16世纪的议会仍是全国最高法庭，下议员兼有法官和律师(lawyers)的身份。按照时人的政治理念，各级法官或律师都是上帝派遣到人世间来主持正义的。伊丽莎白时代的政论家托马斯·史密斯则认为，上帝把世人分为两种：权力阶层和劳工阶层；构成下议员主体的乡绅和市民属于权力阶层，他们被上帝赋予了统治劳工阶层、管理社会的责任，他们出席议

---

① M. A. R. Graves, *Elizabethan Parliaments*, 1559 - 1601, pp. 91 - 92.
② M. A. R. Graves, *Elizabethan Parliaments*, 1559 - 1601, p. 89.

会就是为了履行这一责任。① 某些细节也可以说明这一点：在下院创议的法案中，"秉承上帝意志"、"依据上帝的律法"、"不制定该法律，上帝的怒火将会降临这块土地"等字眼频繁出现；②议员们常常以"问心无愧"（be on one's Conscience）自励，而在宗教改革后的新教字典里，所谓"问心无愧"即指主动自觉地奉行上帝的旨意。③ 其次，君主不遗余力地褒扬下议员。国王的"议会召集令"每每称下议员为"明智、通达、博学之士"；④有"铁腕女王"之称的伊丽莎白一世也曾让上院议长向下院转达其心意："虽然对议会讨论的所有事情女王都可以独断专行，但是出于对下院耆老贤达的充分信任，她不愿就任何未经下院认真审议和充分辩论的重要事项作出决定。"⑤伊丽莎白还经常表示，下议员乃是"国家栋梁"，⑥他们与政府大臣共同构成君主的"左膀右臂"。⑦再次，与君主的期许和社会的尊崇相应，下议员们也自视甚高。由于他们掌握制定法律的权力，而法律是用来约束全体臣民

---

① Norman Jones, Parliament and the Political Society of Elizabethan England, in Dale Hoak, (ed.), *Tudor Political Culture*, Cambridge: Cambridge University Press, 1995, pp. 228 - 229; Mary Dewar, ed. *De Republica Anglorum by Sir Thomas Smith*, Bristol: Cambridge University Press 1982, pp. 64 - 77.

② *Statutes of the Realm*, vol. 4, 5. Eliz. I, c. 14. 1, (p. 443); 13 Eliz. I, c. 8. 4, (p. 342); David Dean, *Law-Making and Society in Late Elizabethan England*, Melbourne: Cambridge University Press, 1996, p. 15; Sir Simonds D'Ewes, *A Compleat Journal of the House of Lord and House of Commons Throughout the Whole Reign of Queen Elizabeth*, London, 1708, pp. 660 - 661.

③ David Dean, *Law-Making and Society in Late Elizabethan England*, p. 18; Sir Simonds D'Ewes, *A Compleat Journal of the House of Lord and House of Commons Throughout the Whole Reign of Queen Elizabeth*, p. 631.

④ Mark A. Kishlansky, *Parliamentary Selection: Social and Political Choice in Early Modern England*, p. 13.

⑤ Norman Jones, Parliament and the Political Society of Elizabethan England, in Dale Hoak, (ed.), *Tudor Political Culture*, p. 238; T. E. Hartley (ed.), *Proceedings in the Parliaments of Elizabeth I*, 1558 - 1581, Leicester: Micheal Glaier Inc., 1981, pp. 33 - 34; Sir Simonds D'Ewes, *A Compleat Journal of the House of Lord and House of Commons Throughout the Whole Reign of Queen Elizabeth*, p. 524.

⑥ Mark. A. Kishlansky, *Parliamentary Selection: Social and Political Choice in Early Modern England*, p. 45.

⑦ David Dean, *Law-Making and Society in Late Elizabethan England*, p. 18;

的,于是他们便认为自己的地位高于"被约束的下等人";①他们自诩为"雕琢"法律的"能工巧匠"和疗治国家创伤的"良医",②擅长"慎思明辨",因此是出席议会"这样庄严隆重会议"的合适人选。③ 1566 年,下院议长甚至在下院会议上宣称,下院的议员们是"在女王陛下的花园中盛开的奇葩"。④

都铎时期的下议员也具有人民代表的身份,但是他们的代表性与现代议员的代表性不同。简而言之,他们作为"社会贤达、民族精英",是代表英国国民形象和整体利益的,而不是作为部分民众的代言人仅仅代表这部分民意。都铎时代的人对此有着非常清晰的描述。1593年曾担任下院议长的著名政论家爱德华·科克说:"虽然议员由各个选区推选,但是一经推选出来并出席议会,他们就是为整个国家服务的。因为,正如'议会召集令'所说的,议员是出于为公众谋利益的目的参加议会的。"⑤托马斯·史密斯则指出,在议会中,下院议员与上院议员相互配合,反映"英国民众的整体心声"。⑥

都铎议员的这种身份决定了选举的性质。既然议员的基本属性是"社会贤达、民族精英",选举便以"拔尖选优"为宗旨。正如史学家

---

① David Dean, *Law-Making and Society in Late Elizabethan England*, 1996, pp. 16 - 17; Sir Simonds D'Ewes, *The Journals of All the Parliament during the Reign of Queen Elizabeth*, London 1682, pp. 489 - 90, 646.

② David Dean, *Law-Making and Society in Late Elizabethan England*, p. 15.

③ J. H. Hexter, *Parliament and Liberty: from the reign of Elizabeth to the English Civil War*, Stanford: Stanford University Press, 1992, p. 88; T. E. Hartley, (ed.), *Proceedings in the Parliaments of Elizabeth I: vol. I, 1558 - 1581*, pp. 225 - 226.

④ Norman Jones, Parliament and the Political Society of Elizabethan England, in Dale Hoak (ed.), *Tudor Political Culture*, p. 237; T. E. Hartley (ed.), *Proceedings in the Parliaments of Elizabeth I: vol. I, 1558 - 1581*, p. 126.

⑤ Edward Coke, *The Fourth Part of the Institutes of the Laws of England: Concerning the Jurisdiction of Courts*, London, 1644, p. 14.

⑥ David Dean, *Law-Making and Society in Late Elizabethan England*, p. 17; Mary Dewar (ed.) *De Republica Anglorum by Sir Thomas Smith*, p. 79.

基什兰斯基所言,都铎时期的议会选举与其说是选举(election),毋宁称之为"选拔"(selection)。①为保证"选拔"质量,都铎时期的选举奉行Free Election 原则。"Free Election"一词可以译为"自由选举",但是15、16 世纪的"自由选举"与现代意义上的自由选举并不相同。"free"虽然是"强迫"的反义词,但其更主要的含义是"发自内心的"、"慷慨的",与"election"搭配则转义为"无可争议的选举"或是"一致赞成"。也就是说,这里的"自由"是有特定意义的,即"非全票通过"就含有"强迫"反对者接受选举结果的意味,因此是"不自由"的;而所谓"自由选举",就应当是"一致赞成"选举的结果。② 1604 年萨福克伯爵责令萨弗仑沃尔登市民选举其附庸,明明是"强迫",却又让市民们"give free consent",这里"free"的意思显然不是"自由",而是"一致"。③

都铎时期议会选举名为"自由"、实为"一致"的实质,给所有涉事者都造成心理压力。对主持选举者而言,1406 年议会法规定,保证"一致通过"(free election)是郡守的职责,④这意味着郡守必须千方百计使选民的意见高度统一,否则就可能导致选举无效;1597 年约克郡的选举"不幸"陷入了选民对立局面,约克大主教便禀报枢密大臣,说主持选举的郡守"像毛头孩子一样不称职"。⑤对选民而言,他们丢下工作专程赶到郡府参加选举,如果选举无效,不仅这次奔波成了"无用功",今后重新选举还得再奔波一次,这是他们极不情愿的。对候选人

---

① Mark A. Kishlansky, *Parliamentary Selection：Social and Political Choice in Early Modern England.*

② Mark A. Kishlansky, *Parliamentary Selection：Social and Political Choice in Early Modern England*, p. 62.

③ Mark A. Kishlansky, *Parliamentary Selection：Social and Political Choice in Early Modern England*, p. 11.

④ B. Wilkinson, *Constitutional History of England in the Fifteenth Century*, London：Longmans, Green & Co. Ltd. ,1964, p. 289.

⑤ Mark A. Kishlansky, *Parliamentary Selection：Social and Political Choice in Early Modern England*, p. 54.

而言,能否"全票"当选更是兹事体大。既然"下议员"已成为公认的身份地位"符号",那么能否当选便关乎个人的名声和荣誉。1601年候选人哈林顿声称,如不能当选便无颜面对父老乡亲,唯有远走他乡,看来并非虚言。[1]甚至"非全票当选"都是难以接受的,因为在他们看来,被人瓜分选票无异于名誉受到玷污,即使当选也脸上无光;曾有候选人放言:"我虽对郡议员梦寐以求,但绝不愿为此伤和气。"[2]所谓"伤和气",就是出现竞争对手。现代选举中的"竞选",在都铎时人看来实在有失体面。

试以郡选举为例,剖析其运作模式。由于在所有涉事者中,候选人的心理压力最大,因此他们行事最谨慎,只有在充分进行私下沟通并对得票率确有把握之后,他们才会公开其参选意向。最常用的沟通方式是私人通信。1584年选举前夕亨利·科克在致友人的信中写道:"我知道自己在本郡的声望尚不足以在如此重要的角逐中稳操胜券,因此恳请您助一臂之力。"[3]收信人通常会复信表态;如果应允支持对方,选举时肯定恪守承诺,因为在当时上流社会中,言而无信为人所不齿。[4] 最主要的沟通对象是本郡贵族。其原因,一者自中世纪以来,贵

---

[1]　J. E. Neale, *Elizabethan House of Commons*, p. 25.

[2]　Mark A. Kishlansky, *Parliamentary Selection：Social and Political Choice in Early Modern England*, p. 24.

[3]　Mark A. Kishlansky, *Parliamentary Selection：Social and Political Choice in Early Modern England*, p. 30.

[4]　在1584年哈福德郡选举中,候选人亨利·科宁斯比遇上了承诺者中途变卦的情况,尽管后者在选举举行之前就来信告知并深表歉意,但他仍对此"背叛"行为不能容忍。他在复信中斥责道:"如果你们的承诺如此廉价,言而无信,朝三暮四……我要郑重地告诉你们,永远不要再指望我做你们的朋友或与你们交往。"(Mark A. Kishlansky, *Parliamentary Selection：Social and Political Choice in Early Modern England*, p. 30.);1588年,白金汉郡乡绅约翰·坦普尔答应福蒂斯丘先生支持其提名人后,又接到格雷·希尔顿爵士的来信,让他支持另一个候选人,考虑到格雷·希尔顿是他"首先应该效忠的人",约翰·坦普尔只好改变支持对象,并致函福蒂斯丘请求原谅。但后者非但不予谅解,反而斥责约翰·坦普尔是"毫无君子之风"的"不义之徒"。(Mark A. Kishlansky, *Parliamentary Selection：Social and Political Choice in Early Modern England*, p.64.)

族一直享有提名政府官吏的特权,而都铎时期下议员亦被视为官吏的一种,所以依照惯例,贵族可以在郡选举中提名候选人;二者作为当然的上院议员,他们在下议员选举中态度超脱;三者更重要的是,贵族拥有大量地产,因而能操纵众多佃农选票;同时,在等级分明的 16 世纪,处于社会最上层的贵族在地方上往往有着一言九鼎的威势,不仅主持选举的郡守会秉承贵族的指示安排选举事项,为其提名人创造条件,而且普通选民也会盲目追随贵族,对其提名人投票赞同。因此,正如枢密院指出的,各地"头面人物的尽心尽力"乃是郡选举顺利进行的关键。① 既然贵族的支持是获得选举成功最重要的保证,候选人便把向贵族请托作为竞选的关键一环,而领主——附庸关系是他们请托的基础。出于对附庸的宠信,贵族受托之后往往亲自出马为之努力。1584年选举前夕,蒙塔古勋爵致信苏塞克斯郡郡守:"我想应该通知您,我和我熟识的贵族们以及众多乡绅都认为,罗伯特·塞克威尔先生和托马斯·沙利先生最适合担任(苏塞克斯郡议员)……请将我的意见转告选民们。"②同年,安东尼·高迪在给其同胞兄弟巴辛鲍尼的信中写道:"我谨代表威廉·德鲁里并以我个人的名义,请你出面动员 Suffolk郡所有你能动员的自由地持有者(支持我所提名的候选人),我会为你如此善待我的朋友而衷心感激你。"③1603 年选举前夕,出身于北安普敦的枢密大臣罗伯特·斯潘塞表示:"(某君)和我深怀桑梓之情,如蒙家乡父老错爱,将(提名候选人)的权利授予我们,我们必当不负重托。"他的请求显然得到了满足,因为不久他即为此再次致信家乡父老

---

① Mark A. Kishlansky, *Parliamentary Selection: Social and Political Choice in Early Modern England*, p. 25.

② J. Loach, *Parliament under the Tudor*, p. 151.

③ Mark A. Kishlansky, *Parliamentary Selection: Social and Political Choice in Early Modern England*, pp. 29 – 30.

表示感谢。① 一旦贵族提名候选人,此后的选举过程就成了过场戏。如此,许多地方的议席都被本地贵族所把持,予取予求,如臂使指。如格洛斯特郡的议席由武斯特伯爵和钱德男爵控制,1509 年至 1558 年当选的 13 名郡议员全部出自他们提名。② 再如兰开斯特郡,1529 年至 1601 年该郡两个议席一直由格雷和哈斯廷斯两大家族分享。③

城市选举与郡选举是同一模式,只是郡选举中的附庸(候选人,多为本地乡绅)——郡守——领主(贵族)"轴心",变成了附庸(候选人,外地乡绅)——市长——领主(贵族)"轴心"。有意参选者同样需要首先进行"私下沟通",方式同样是写信请托。某乡绅曾致函赫里福德郡的枢密大臣克罗夫特:"我……属意下院席位,因此不揣冒昧,谦恭地请求您提携,请在贵郡您认为适当之处提名我为市议员。"1586 年乡绅巴奇纳尔写信给拉特兰伯爵:"如果您手中还有某市议员提名权的话,我恳求您记着我,因为我对此期望已久。"④1558 年,乡绅尼古拉斯·莱斯特兰奇先是谋求剑桥市的议席,但未能如愿,于是向其领主、第四代诺福克公爵求助。诺福克公爵为满足其要求,先想方设法使卡斯尔雷辛市成为选邑,而后利用自己因此而获得的该市议员提名权将其选入议会。⑤ 1601 年,乡绅爱德华·伦顿在写给枢密大臣罗伯特·塞西尔的信中说:"恳请阁下拨冗致函(威康布市)市政会议,让他们推选我为该市议员。因为,尽管(有人说我是)诺里斯的追随者,但是阁下明鉴,我对阁下忠心耿耿,从未追随他人。"⑥通常在这样写信请

① Mark A. Kishlansky, *Parliamentary Selection: Social and Political Choice in Early Modern England*, p. 28.

② S. T. Bindoff(ed.), *The House of Commons: 1509 – 1558*, vol. 1, p. 92.

③ J. Loach, *Parliament under the Tudors*, p. 26.

④ J. E. Neale, *Elizabethan House of Commons*, pp. 143 – 144.

⑤ A. D. K., Hawkyard, "The Enfranchisement of Comsttuencies, 1509 – 1558," *Parliamentary History*, vol. 10(1991), pt. 1, p. 20.

⑥ J. Loach, *Parliament under the Tudors*, p. 50.

托之后，与郡选举过程相似的选举"过场戏"就开演了，于是出现了本文第一部分描述的"乡绅入侵"的结果。

综上所述，在都铎时期，贵族的提名举荐是保证议员质量和选举过程顺利的唯一可靠的"选举"方式。正由于其可靠性，因此尽管这种方式与法律规定的"议员须出自本地居民"相抵牾，二者仍能并行不悖。况且，"出自本地"的规定实质上是为了使议会税得到各地代表的认可，从而有利于征收；而经验证明，自14世纪以来，虽然外地议员代表城市的情况频频出现，①但从未出现有碍议会税征收的情况；所以，硬行坚持"出自本地"原则事实上已无必要。总而言之，外地乡绅作为城市代表出席议会这一现象，如果放在都铎时期政治文化的背景下来审视，完全是正常的现象；称之为"入侵"并且视之为"异常"，乃是出于现代政治理念对这一历史现象的"误读"。

三

然而，正常现象中未必没有潜藏的危机。

---

① "乡绅入侵"现象早在14世纪即已出现。金雀花王朝（1216—1399年）早期议会的城市代表中，就有一部分并非市民。（R. Butt, *A History of Parliament : the Middle Ages*, London : Constable & Company Ltd. ,1989, p. 584. ）15世纪这种现象更为普遍，以至有史家认为，"可以说议会成分发生了革命"。（M. McKisack, *The Oxford History of England : The fourteenth Century*, London : Oxford University Press, 1985, p. 113. ）1422年议会召开之际，几乎每个选邑派出的议员中都有并非出自本市者。（J. S. Roskell, *The Commons in the Parliament of 1422*, Manchester : Manchester University Press, 1954, pp. 48 – 49. ）1440年，"乡绅入侵"的比例达到30%。（David Loades, *Tudor Government*, Oxford : Blackwell Publishers Ltd. ,1997, p. 39；A. R. Myers, ' Parliament 1422 – 1509 ', in R. G. Davies and J. H. Denton（eds. ）, *The English Parliament in the Middle Ages*, Philadelphia : University of Pennsylvania Press, 1981, p. 163. ）1478年，在代表100个选邑的202名议员中，至少半数以上是乡绅。（M. , McKisack, *The Oxford History of England : The fourteenth Century*, pp. 106 – 116. ）在爱德华四世时期的全部城市议员中，乡绅所占比例超过了50%。（J. S. Roskell, *The Commons in the Parliament of 1422*, p. 113；C. Colleman and D. Starkey（eds. ）, *Revolution Reassessed*, p. 121. ）

危机起源,还是议员代表性问题。如前所述,都铎时期下议员的属性是代表全体国民的"社会贤达、民族精英",而不是"某些地方选民的代言人"。但是,"全体国民"只是抽象的概念,"地方选民"却是真实的存在;身为"某市议员",即使不必对该市选民负责,议员自己肯定也会有"该市民众代表"的自我意识。事实证明了这一点。在下院辩论时,议员经常声明,自己所言并非"一己之见",而是代表"一方民众",挟选区或选民以自重。① 1584—1585 年议会中,某议员提交议案时特别强调,该议案乃是应某些地区民众之呼请而提出。1593 年议会税方案出台后,许多议员代表"家乡父老"抱怨负担过重。1601 年,在就一份有争议的议案组建专案委员会时,枢密大臣罗伯特·塞西尔力主让伦敦市议员参加,因为他料定,此议案事关伦敦市利益,若不充分听取该市议员意见,该议案在通过或贯彻过程中势必遇到麻烦。② 凡此种种,皆说明当时人们已经初步具有了议员乃"地方民意代表"的概念。因此,选民寄希望于议员在议会中反映地方民意,也是顺理成章。再者,议员是作为"高素质"的"社会贤达"和"民族精英"被推选出来的,而当时所谓"高素质",不仅仅是德高望重,声誉卓著;也不仅仅是饱读诗书,学识丰富;更重要的,还必须洞明世事,体察民情。1593 年,米德尔塞克斯郡议员罗伯特·罗斯以"缺弦的琴奏不出悦耳的音乐"作比喻,表达他对议员整体素质的希望,即议员不仅要来自四面八方,所代表选区覆盖全国各地;还应该见多识广,真正了解各地方的民生民情。③ 伊丽莎白时期曾多次出席议会并热衷研究议会制度的弗朗西斯·奥尔福德议员则认为,各选区议员的搭配,应当既有满腹经纶、足

---

① J. H. Hexter, *Parliament and Liberty:from the reign of Elizabeth to the English Civil War*, p. 90;T. E. Hartley (ed.), *Proceedings in the Parliaments of Elizabeth I:1558 – 1581*, p.238.

② David Dean, *Law-Making and Society in Late Elizabethan England*, p.14.

③ J. H. Hexter, *Parliament and Liberty:from the reign of Elizabeth to the English Civil War*, p. 90.

智多谋之士，也有对地方事务和民生民情了如指掌的人；他说，只有这样才能满足议会立法的需要。① 总而言之，都铎时期的议员虽非"地方民意代表"，但是无论政府还是地方民众，都对他们抱有期望，期望他们了解和反映本地社情民意，期望他们能够代表和争取本地的利益。

既然如此，由外地人担任本地议员便有所不妥。这种"不妥"，在都铎王朝以前尚不明显；而在都铎王朝，由于社会经济情况发生变化，渐渐地凸显出来。

都铎王朝正处于英国社会经济剧烈转型时期。市场空前扩大，但发育尚未成熟，管理亦不尽有序；机会空前增多，但是自由竞争和封建垄断并存，二者互相矛盾；地区之间、行业之间、经营者之间，既有相互依存，又有利益冲突。这样复杂的社会经济状况，迫切需要一种强有力的协调机制，而议会恰好能够发挥这样的作用。自中世纪以来，英国议会一直具有立法职能；16 世纪 30 年代宗教改革期间，英国脱离罗马教廷、建立真正主权国家的过程始终以议会立法的形式推进，议会本身也在这个过程中成为主权国家的化身，议会制定的法律是不容置疑的最高法，议会作为全国最高法庭，依据议会法裁决各类上诉。②都铎时期议会地位之高乃是空前的，都铎议会立法也因之呈现三个特点：

其一，社会经济方面的提案和立法数量大幅增加。以 1536—1545

---

① Norman Jones, "Parliament and the Political Society of Elizabethan England," in Dale Hoak（ed.）, *Tudor Political Culture*, p. 237；T. E. Hartley（ed.）, *Proceedings in the Parliaments of Elizabeth I, 1558 - 1581*, p. 230.

② 关于宗教改革对议会地位提高的影响，参见刘新成：《英国议会史上的一次重大变革》，《北京师范学院学报》1991 年第 1 期；I. Archer, *The London Lobbies in the Later Sixteenth Century*, *The Historical Journal*, Vol. 31（1988）, No. 1, pp. 27 - 28；39.

年为例,在这 10 年制定的全部议会法中,社会经济类立法占到 75%;①而通常立法数不到提案总数的一半,也就是说,还有一倍以上社会经济类提案未曾进入立法程序便已"流产"。②

其二,议案与地方利益和群体利益密切相关。以伦敦市提交的议案为例:该市成衣制造商协会为获取充足的原料并防止进口服装竞争,于 16 世纪 60—80 年代多次提出禁止肯特和索福克两郡衣料出口的提案;③该市鱼商协会则提出禁止外地鱼商到伦敦市售鱼的提案;④该市锡镴制品商协会提出限制本国锡出口的提案;⑤男装制造商协会、火器制造商协会和饰品制造商协会分别提出禁止该类产品进口的提案;⑥木工协会提出"禁止码头业主垄断木材进口贸易"的提案;⑦酒业协会为获得进口酒类出售权而提出"废除酒类专卖法"提案、为赚取高额利润提出废除"酒类限价法"提案;⑧为扩大销售,帽业协会提案要

① J. Loach, *Parliaments under the Tudors*, p. 86.

② 1559—1581 年,议会立法 221 件,而同期审议的提案高达 885 件。(G. R. Elton, *The Parliaments of England*, 1559 – 1581, p. 52.)爱德华六世(1547—1553)、玛丽一世(1553—1558)和伊丽莎白一世(1558—1603)时期,立法与议案之比分别是 36∶100;45∶100;28∶100。(M. A. R. Graves, The Management of the Elizabethan House of Commons, *Parliamentary History*, Vol. 2(1983), p. 14.)

③ T. Vardon and T. E. May (eds.), *Journals of the House of Commons*, London1803, vol. 1, p. 90;T. E. Hartley (ed.), *Proceedings in the Parliaments of Elizabeth I*, vol. 1, pp. 208, 253, 531, 533, 545;*Journals of the House of Lords*, London1846, vol. 2, pp. 161, 163.

④ I. Archer, The London Lobbies in the later sixteenth Century, *in The Historical Journal*, vol. 31 (1988), No. 1, pp. 25, 38.

⑤ T. Vardon and T. E. May (eds.), *Journals of the House of Commons*, vol. 2, pp. 1 – 2, 8, 12, 18 – 21;*Journals of the House of Lords*, vol. 1, pp. 418, 421;I. Archer, The London Lobbies in the later sixteenth Century, *in The Historical Journal*, vol. 31(1988), No. 1, p. 21.

⑥ I. Archer, *The London Lobbies in the later sixteenth Century*, The Historical Journal, vol. 31 (1988), No. 1, pp. 21, 38;T. E. Hartley(ed.), *Proceedings in the Parliaments of Elizabeth I*, vol. 1, p. 372.

⑦ Sir Simonds D'Ewes, *The Journals of All the Parliament during the Reign of Queen Elizabeth*, pp. 518, 520.

⑧ G. R. Elton, *The Parliaments of England*, 1559 – 1581, p. 84;T. Vardon and T. E. May (eds.), *Journals of the House of Commons*, vol. 1, pp. 76 – 78.

求"逢星期日国人必须戴礼帽"，火器制造商协会则提案要求"税金逾10镑的家庭必须置备胸甲和新式枪支"；①凡此种种，不胜枚举。其他地区类似议案虽不及伦敦市多，数量亦很可观。

其三，地方利益集团高度关注议会事务，为促成或抵制与之有关的立法，议会内外同时运作，相互呼应。例如，汉普郡的毛纺织工场以生产宽幅粗呢为主，工场主们对制定限制呢绒幅宽的法律极为不满，1536 年该郡议员便串联其他五郡的议员，在议会上共同对该法律发起猛烈抨击。②再如，1553 年 10 月 7 日议会开幕前夕，林肯市专门派人飞马赶至伦敦，将一份提案送交该市议员。③ 1563 年约克市政府得知即将召开的议会将审议与该市利益攸关的《学徒工法案》，立即开会商议对策，并部署该市议员在会上依计行事；这次议会结果对约克市不利，于是此后 10 年，每逢议会召开该市都精心策划，提交要求修改该法律的议案。④ 1576 年，以渔业城市拉伊市为首的 28 个沿海城镇联合提案，呼吁禁止外国渔民到英国入市售鱼，以保障本国渔民利益；⑤这一联合行动显然是有计划有组织有"预谋"的。每当议会审议社会经济法案时，议会大厅外总是聚集着众多利益相关者，他们与议员保持联络，或打探情况，或传递信息，或出谋划策，或切磋商议，有时利益不同者还会在大厅外辩论甚或冲突。地方利益集团的高度关注对议员形成巨大压力。曾有议员感叹，如果议会结束后，除让地方上承担赋税外别无所获，那他们简直"无颜面对江东父老"。⑥

① I. Archer, "The London Lobbies in the later sixteenth Century", *in The Historical Journal*, vol. 31(1988), No. 1, p. 21.

② S. T. Bindoff (ed.), *The House of Commons:1509 - 1558*, vol. 1, p. 57.

③ J. Loach, *Parliament and the Crown in the Reign of Mary Tudor*, p. 35.

④ G. R. Elton, *The Parliaments of England*, 1559 - 1581, pp. 85, 264.

⑤ G. R. Elton, *The Parliaments of England*, 1559 - 1581, p. 77.

⑥ J. Loach, *Parliament under the Tudors*, p. 18.

与上述特点相应,都铎时期很多申请选邑资格的城市都抱有明确的功利目的。例如毛纺织业城市德罗威奇,该市原来对议会并无兴趣,但是1534年议会颁布的"禁止个体户私自生产毛线法"使其受益匪浅,此后不久他们就递交了选邑申请并得到国王批准。牛津市与阿尔德伯里市水路相连,两市的水上运输业竞争激烈,与此相关的立法直接影响着两市运输业的命运;1571年阿尔德伯里市率先成为选邑,不久就通过议会立法扭转了竞争中的劣势;此事深深地刺痛了牛津市,几年后,当牛津的选邑申请也被批准时,市民们额手相庆。位于瓦什河两岸的波士顿和林恩也是为了争取商业竞争的优势而相继成为选邑的。①

抱着功利目的争取选邑资格,说明城市对议会的期望值增加。如此一来,城市议员肩负的责任也加重了,对他们的责任心和能力的要求也随之提高。都铎君主及其政府对议会的关注主要集中在批准其征收赋税,以及通过少量有关政治与宗教改革的"政府提案",而对议员们提出的有关社会经济的"私议案"兴趣不大;所以国王常常在政府提案通过之后便宣布散会,从而使大量私议案未及讨论便"胎死腹中"。在这种情况下,一份事关城市或地方团体利益的"私议案"能否被宣读、审议、表决通过并得到国王批准,完全取决于议案提交者的经验、能力和手段,包括游说政府要员、贿赂收买议员、拉帮结派、利用客观情势等等"高超的议会运作技巧"。② 更重要的是,议案提交者必须具有为争取提案成功想方设法、竭尽全力、百折不挠、在所不惜的高度责任感;而这种"不达目的誓不罢休"的高度责任感,很大程度上来自

---

① A. D. K. Hawkyard, *The Enfravchisement of Constituencies*, *1509 – 1558*, *Parliamentary History*, No. 1, Vol. 10(1991), p. 18.

② 参见刘新成:《都铎王朝的经济立法与英国近代议会民主制的起源》,《历史研究》1995年第2期。

于该议案与提交者的切身利益紧密有关,来自于提交者对议案内容有着亲身体验和深切理解。以下事例可以证明这一点。1529 年,布里德波特市制绳匠们为实现垄断经营,推选本行业协会的成员弗罗克为议员;后者在议会上热情洋溢地赞颂该市制绳匠"对英国造船业的巨大贡献",痛心疾首地陈诉竞争给他们造成的"无法忍受的苦难折磨";他满怀深情的演说是如此地打动人心,结果议会通过了在该市周围 5 英里范围内禁止任何"外人"销售麻线、麻绳及其他麻制品的法律。①布里斯托尔市的商人分为两个集团,一个经营外贸运输业,一个经营小商品零售;前者与宫廷关系密切,加入了王室支持的外贸公司并在伊丽莎白统治初期获得了"专利法"的保护,该法律禁止布里斯托尔市的其他商人染指外贸业务;而后者则认为,该法律严重损害自己的利益。零售商们意识到,竞争对手之所以能够获得"专利法"的保护,与其把持着该市的议员席位有关;要想修订或废除这一法律,必须让自己的代言人进入议会。于是他们竭尽全力,终于在 1571 年使本行业协会的成员当选为议员,当年就在议会中成功地修改了"专利法",极大地削弱了外贸运输业集团的垄断权。类似事例还曾发生在埃克塞特、施鲁斯伯里、切斯特和纽卡斯尔安德莱姆等城市。② 事实说明,地方利益集团越来越重视议会选举,希望通过推选自己的代言人担任议员来捍卫自身利益;在这种情况下,由外地乡绅充当"城市代表"出席议会日益显出"不妥"。

1571 年,对"乡绅入侵"合法性的质疑第一次在议会中出现。有议员指出,"领主信件"主宰城市选举的状况于城市不利,不能再继续下去;有议员主张,为维护"出自本地"的法律和城市的权利,对那些选

---

① S. T. Bindoff (ed.), *The House of Commons*:1509 - 1558. vol. 1,p. 78;vol. 2,p. 177.

② J. H. Hexter,*Parliament and Liberty*:*from the reign of Elizabeth to the English Civil War*, pp. 104 - 106.

举贵族举荐的候选人的城市应予重罚。① 尽管在这次议会上,坚持"贵族举荐制"的意见仍占上风,但是质疑之声出现以及争辩之激烈表明,已有为数不少的城市感到自己的权利"被侵犯","乡绅入侵"已经不合时宜。

改变是迟早的事。当议会成分因此而改变,变成新的利益集团的代表们维权的阵地时,当这些代表感到,王权也在"侵犯"自己的利益时,议会与王权的冲突便不可避免。从这个角度讲,探究 17 世纪革命的原因,也不妨追溯到都铎时期的议会。

参考书目

一、原始资料

1. Bindoff, S. T. (ed.), *The House of Commons:1509 - 1558*, London:Secker & Warburg Publishers,1982,vol. 1.

2. Curry, Anne (ed.), *The Parliament Rolls of Medieval England, Vol. XI*,1432 - 1445,London:The Boy Press,2005.

3. Elton, G. R., *Tudor Constitution:Documents and Commentary*, Cambridge:Cambridge University Press,1982.

4. Given-Wilson, Chris (ed.), *The Parliament Rolls of Medieval England, Vol. IX*,1413 - 1422,London:The Boy Press,2005.

5. Hasler, P. W. (ed.), *The House of Commons*, 1558 - 1603, London:Her Majesty's Stationery Office,1981,vol. 1.

二、专著和论文

6. Archer, I., *The London Lobbies in the Later Sixteenth Century*, *The*

---

① P. W. Hasler (ed.), *The House of Commons*,1558 - 1603,vol. 1,p. 47.

Historical Journal, Vol. 31 (1988), No. 1.

7. Butt, R. , *A History of Parliament：the Middle Ages*, London：Constable & Company Ltd. ,1989.

8. D'Ewes, Sir Simonds, *A Compleat Journal of the House of Lord and House of Commons Throughout the Whole Reign of Queen Elizabeth*, London,1708.

9. Dean, David, *Law-Making and Society in Late Elizabethan England*, Melbourne：Cambridge University Press,1996.

10. Dewar, Mary, ed. *De Republica Anglorum by Sir Thomas Smith*, Bristol：Cambridge University Press,1982.

11. Elton, G. R. , *The Parliaments of England, 1559 – 1581*, New York：Cambridge University Press,1986.

12. Graves, M. A. R. , *Elizabethan Parliaments, 1559 – 1601*, London：Longman Inc. ,1987.

13. Graves, M. A. R. , *The House of Lords in the Parliaments of Edward VI and Mary I*, Cambridge：Cambridge University Press,1981.

14. Graves, M. A. R. , The Management of the Elizabethan House of Commons, *Parliamentary History*, Vol. 2 (1983).

15. Hartley, T. E. (ed.), *Proceedings in the Parliaments of Elizabeth I, 1558 – 1581*, Leicester：Micheal Glaier Inc. ,1981.

16. Hawkyard, A. D. K. , *The Enfravchisement of Constituencies, 1509 – 1558, Parliamentary History*, No. 1, Vol. 10 (1991).

17. Hexter, J. H. , *Parliament and Liberty：from the reign of Elizabeth to the English Civil War*, Stanford：Stanford University Press,1992.

18. Jones, Norman, Parliament and the Political Society of Elizabethan England, in Dale Hoak, (ed.), *Tudor Political Culture*, Cambridge：Cam-

bridge University Press, 1995.

19. Kishlansky, Mark A., *Parliamentary Selection: Social and Political Choice in Early Modern England*, Cambridge: Cambridge University Press, 1986.

20. Lehmberg, Stanford E., *The Reformation Parliament, 1529 – 1536*, Cambridge: Cambridge University Press, 1977.

21. Loach, J., *Parliament: A 'New Air'*? in C. Colleman and D. Starkey (eds.), *Revolution Reassessed*, New York: Oxford University Press, 1986.

22. Loach, J., *Parliament and the Crown in the Reign of Mary Tudor*, New York: Oxford University Press, 1986.

23. Loach, J., *Parliament under the Tudors*, New York: Oxford University Press, 1991.

24. Loades, David, *Tudor Government*, Oxford: Blackwell Publishers Ltd., 1997.

25. McKisack, M., *The Oxford History of England: The fourteenth Century*, London: Oxford University Press, 1985.

26. Myers, A. R., *Parliament 1422 – 1509*, in R. G. Davies and J. H. Denton (eds.), *The English Parliament in the Middle Ages*, Philadelphia: University of Pennsylvania Press, 1981.

27. Neale, J. E., *Elizabeth I and Her Parliaments*, 2 vols, London: St. Martin's Press, 1953 – 1957.

28. Neale, J. E., *Elizabethan House of Commons*, London: Jonathan Cape Ltd., 1949.

29. Pollard, A. F., *The Evolution of Parliament*, London: Longmans, Green & Company, 1926.

30. Roskell, J. S. , *The Commons in the Parliament of* 1422 , Manchester: Manchester University Press, 1954.

31. Wilkinson, *Constitutional History of England in the Fifteenth Century* , London: Longmans, Green & Co. Ltd. , 1964.

（作者刘新成，首都师范大学历史学院教授；本文发表于《中国社会科学》2008 年第 2 期）

中世纪英国的军事强买权

施　诚

军事强买权是指中世纪英国国王在战争时期向各地强行购买并征用车船马匹等运输工具运送军队后勤物资的权力。这种采买不仅由国王的官吏定价,而且常常拖欠付款,带有强制性,是中世纪英国国王的财政特权之一,也是国王强加于臣民的沉重负担,因而多次成为政治危机和宪政斗争的焦点,直到 17 世纪资产阶级革命时期,才随同其他封建义务一起被废除。

一　军事强买权的由来

军事强买权是由中世纪的王室"先买权"(Pre-emption)或曰"采买权"(Purveyance)延伸而来的。

所谓"王室采买权",是指中世纪英国国王享有的一种财政特权,即国王可以下令王廷官吏或各地郡守以低于市场的价格、数量无限制地优先采购王室成员的生活必需品。盎格鲁—撒克逊时期,商品货币经济不发达,地租形态多为实物(主要是食物),国王带着王廷(house-hold)常年在各领地巡游就食,每到一处,当地贵族和地方官员负责提供国王一行的衣食住行,称为"款待权"(hospitality)。1066 年"诺曼征服"后,英国的领土横跨英吉利海峡两岸,为巩固和加强统治,历代英王仍然经常巡游各地,他们或就食于自己的领地(royal demesne),或由直接封臣总佃户（tenant-in-chief）和地方政府负责接待。随着实物地租逐渐转化为货币地租，国王开始用税款购买王室生活物资，"款待权"逐渐转化为王室采买权，专门负责此事的王廷官吏被称为"采买官"。每当国王决定巡游，他一般提前6周通知将要经过地区的臣民，并且命令当地郡守或直接派遣采买官前去采买各种食物。1129年秋天到该年圣诞节，亨利一世（1100—1135年在位）停留在温切斯特，次年复活节前他驻跸牛津郡的伍德斯多克，再到肯特，8月前往欧陆。为了接待国王及其随从，牛津郡守提供车马，把葡萄酒、小麦和衣服等从伍德斯多克运往克拉伦登，并支付国王的面包师使用当地磨房8天的费用。伦敦郡守则为国王一行采买了大量食物和用品，如鲱鱼、食油、坚果、葡萄酒、毛巾、脸盆、优质亚麻布等①。1205年，约翰王（1199—1216年在位）决定在牛津过圣诞节，王廷官吏11月就到达牛津安排。牛津郡守被命令采买250马车木柴、20马车木炭、大量的布料和毛皮。国王举行的节日宴会是一项重大任务，少不了奢侈和享乐②。1252年，亨利三世（1216—1272年在位）命令10个郡的郡守购买76只公猪、60只天鹅、72只孔雀、1700只山鹑、500只野兔、600只家兔、4200只家禽、200只野鸡、1600只云雀、700只鹅、60只苍鹭和16000个鸡蛋，并运送到温莎城堡③。议会召开期间，国王也命令王廷采买官和郡守大量购买食物。1312年议会在威斯敏斯特召开，爱德华二世（1307—1327年在位）下令采买了1600夸脱小麦、2300夸脱麦芽、2600夸脱燕麦、1360头牛、5500只羊和700头猪以供消费④。

但是后来"王室采买权"的使用范围逐渐延伸，在13世纪末至14

① Judith A. Green, *The Government of England under Henry I*, Cambridge University Press, 1986, p. 36.
② Richard, *Mortimer*, *Angevin England*, 1154—1258, Oxford, 1994, p. 19.
③ Bryce Lyon, *A Constitutional and Legal History of Medieval England*, p. 395.
④ Michael Prestwich, *War*, *Politics and Finance under Edward I*, London, 1972, pp. 131-132.

世纪中期,国王运用这一特权来为庞大的军队采买后勤物资。

为了征服威尔士、爱尔兰和苏格兰,保护英在欧陆的领地,中世纪时期英国战事不断。当时西欧的战时惯例是军队就地解决后勤问题,这意味着当小股英军在敌国领土作战时,可以靠抢掠来维持生活。但是当英军在威尔士作战时,那里农业不发达,难以抢掠到足够供养英军的食物;在苏格兰、在欧陆加斯科涅和弗兰德尔等地作战时,为了赢得民心,国王一般禁止英军抢掠;在这种情况下,国王有时下令商人携带食物到战场出售,有时则命令军队自带食物;但是这些办法不能有效地解决军队后勤问题,所以无论在本土还是在敌国,英军仍然经常抢掠。1296 年一名英军指挥官承认曾纵兵抢掠了 119 只羊,另一名军官则被指控抢掠了 16 头公牛和 10 头奶牛[1]。从爱德华一世(1272—1307 年在位)起,英国军役制度发生了重大变化,封建贵族提供的义务骑兵军役越来越少,国王主要依靠支付工资来招募骑兵、步兵和弓箭手作战,战役时间也延长了,军队规模来愈扩大。参见表一[2]:

表一:

战役时间	战役地点	参战军队人数
1277—1278 年	第一次威尔士战争	15000
1282—1283 年	第二次威尔士战争	15000
1294 年	威尔士战役	31000
1296 年	苏格兰战役	25000
1297 年	弗兰德尔战役	29000
1314 年	镇压贵族叛乱	15000

---

① Michael Prestwich, *War, Politics and Finance under Edward I* London, 1972, p. 115.

② Michael Prestwich, *War, Politics and Finance under Edward I*, London, 1972, pp. 92 – 95; T. H. Aston, *Landlords, Peasants and Politics in Medieval England*, Cambridge University Press, 1987, p. 319; W. M. Ormrod, *The Reign of Edward III*, Yale University Press, 1990, p. 17; Scott L. Waugh, *England in the Reign of Edward III* Cambridge University Press, 1991, p. 174.

战役时间	战役地点	参战军队人数
1335 年	苏格兰战役	15000
1346 年	克莱西战役	15000
1347 年	围攻加莱	32000
1356 年	普瓦提埃战役	15000

根据服役契约,国王在支付工资后不必再为军队提供食物,工资中即包括食物开支。但是要取得战争胜利,国王必须为庞大的军队提供充分的后勤保障。于是国王开始延伸他的"王室采买权",运用这一特权来为军队采购食物。亨利二世(1154—1189 年在位)为了对爱尔兰发动战争,下令让一些郡守采买了 6425 夸脱小麦、2000 夸脱燕麦、584 夸脱大豆、4160 块咸肉、160 夸脱食盐和 840 担奶酪。亨利三世在与大贵族内战期间(1258—1265 年),为了给围攻肯尼沃斯城的军队提供后勤物资,消耗了 10 个郡的包租收入。1282—1283 年第二次威尔士战争中,爱德华一世下令采买了 6000 吨葡萄酒、12000 夸脱小麦、10482 夸脱燕麦、1100 头牛和许多咸鱼干[①]。

二 军事强买权的实施

军事强买一般在战争爆发前 1 个月左右进行。王廷采买官带着用国王玉玺署印的采买信件来到指定地区,由当地郡守协助采买;有时国王直接向一些郡守发出采买令状;信件或令状中一般都明确规定了采买物资的品种和数量。接到信件或令状后,郡守首先召集郡法庭,分配各百户区应承担的品种和数量;百户区再根据各个村庄大小进行分配;百户区选拔 2 名骑士,与各村村长一起对每个家庭的财产

---

① Michael Prestwich, *War*, *Politics and Finance under Edward* Ⅰ , London, 1972, pp. 119 - 120.

进行评估,以便分摊。从理论上说,采买应该是当场支付全款,但是采买官即使当场付款,也常常低于市场的价格;有时他只支付部分现款,其余的拖欠;有时他向卖主发一片记载着款额的木码作为凭据,卖主凭此木码到财政署兑付。1330 年,萨默塞特郡和多塞特郡的人们抱怨说,他们的郡守为国王的军队采买了 500 夸脱小麦和 300 头猪,但是只付给 400 夸脱小麦的款①。

13 世纪 90 年代到 14 世纪 40 年代,英国战事频仍,较大的军事行动包括对苏格兰的 20 年战争;在加斯科涅作战 4 年;对威尔士发动过 2 次战役;远征弗兰德尔 2 次。因此这一时期也是军事采买活动最频繁、范围最广和规模最大的时期。可将这一时期大致分为三个阶段:第一阶段为 1294—1297 年,爱德华一世对苏格兰和法国(主要在加斯科涅和弗兰德尔等地)发动战争;第二阶段为 1314—1316 年,爱德华二世对苏格兰发动战争;第三阶段从 1333 年开始,爱德华三世(1327—1377 年在位)对苏格兰发动战争。1294 年,爱德华一世决定远征加斯科涅。他下令王廷采买官赴各地采买军队后勤物资,并运输到指定的朴茨茅斯港。其中有 4 名采买官的账目保留了下来,参见表二②:

表二:

采买物资品种	采买数量	折合成货币		
		英镑	先令	便士
食盐	242 夸脱	18	10	0
牛	430 头	228	9	10.5

① T. H. Aston, *Landlords*, *Peasants and Politics in Medieval England*, Cambridge University Press,1987,p. 311.

② Michael Prestwich,*Thirteenth Century England*(Ⅷ), The Boydell Press,2001,pp. 97 – 111.

采买物资品种	采买数量	折合成货币		
		英镑	先令	便士
羊	1573 只	118	18	2.5
猪肉	210.5 块	43	7	1
各种鱼类	5625 条			
鸡	3774 只			
鸡蛋	23700 只			
奶酪	169 担			
大豆	50 夸脱	16	13	4
小麦	973 夸脱	486	10	0
面粉	902 夸脱			
面包		33	13	2
干草	805 马车	53	4	5
燕麦	2687 夸脱			
大酒桶	1024 只			
大袋	1761 只	12	5	

1296—1297 年,爱德华一世同时发动对苏格兰和法国的战争,命令锦衣库和财政署分别负责采买事务。锦衣库为苏格兰战役采买了13500 夸脱小麦和13000 夸脱燕麦;财政署则要求南部 12 个郡的郡守采买食物,当地人"除维持生存必需的粮食必须全部出售"。由于遭到各地反对,财政署向国王报告说采买有困难。正在法国加斯科涅战场上的爱德华一世回信说,即使他想要买光全英国的谷物,臣民们也不得对此提出质疑。结果强买到 33800 夸脱小麦、20400 夸脱燕麦、5800夸脱大麦和 3200 夸脱大豆,并征用 38 艘船只运往加斯科涅。为了同年的弗兰德尔战役,爱德华一世又下令从英国采买 4893 夸脱小麦和

3831 夸脱其他谷物。在 1297—1307 年的苏格兰战争中,爱德华一世在靠近苏格兰边境的伯威克和卡里斯尔设立了 2 个后勤基地,采买到的物资先运到这里集中,然后出售给服役官兵。参见表三和表四①。

1315 至 1322 年,英国农业连年歉收,粮价上涨,饿殍遍野。但在 1314 年和 1322 年两次对苏格兰战争期间,爱德华二世仍然大肆采买后勤物资,仅 1322 年为军队支付的强买款就达到 1.5 万英镑。参见表五②。

表三:1300 年运到伯威克和卡里斯尔的采买物资

采买物资品种	数量		合计
	伯威克	卡里斯尔	
面粉(夸脱)	291	273	564
小麦(夸脱)	2716	4508	7224
大麦(夸脱)	100		100
麦芽(夸脱)	2668	1129	3797
燕麦(夸脱)	4739	7769	12508
大豆(夸脱)	973	52	1025
葡萄酒(吨)	734	623	1357
牛肉(架)	50	101	151
猪肉(架)	14	521	535
羊肉(架)	60		60
鲱鱼(只)	28500	9500	38000
鳕鱼干	14336(只)	21(吨)	

① Michael Prestwich, *War, Politics and Finance under Edward I*, London, 1972, pp. 120－124.
② John Aberth, *From the Brink of the Apocalypse*, New York, 2001, p. 49.

采买物资品种	数量		合计
	伯威克	卡里斯尔	
食盐（夸脱）	418	22	440

表四：1303 年运到伯威克和卡里斯尔的采买物资

采买物资品种	伯威克	卡里斯尔	合计
面粉（夸脱）	1872		1872
小麦（夸脱）	5745	686	6431
裸麦（夸脱）	276		276
大麦（夸脱）	143		143
麦芽（夸脱）	1050	276	1326
燕麦（夸脱）	5155	819	5974
大豆（夸脱）	1279	26	1305
野豌豆（夸脱）	275		275
葡萄酒（吨）	1263	102	1365
食盐（夸脱）	680		680
牛（头）	44		44
猪肉（架）	447		447
羊肉（架）	8		8
鹿肉（架）	73		73
鳕鱼干（只）	1720	298	2018
大马哈鱼（只）	380		380
鳕鱼（只）	45		45

表五：

采买时间	小麦（夸脱）	燕麦（夸脱）
1314 年	7000	4000
1322 年	4000	3000

爱德华三世在位早期,为了进行苏格兰战争和百年战争,军事强买活动再次达到高峰。1333 年 3 月爱德华三世同苏格兰作战期间,下令 16 个郡守和商人运输谷物到北部边境,出售给英国军队。百年战争初期,爱德华三世多次下令为军队采买食物,如 1338 年 3 月下令伦敦等地为在欧陆阿奎丹作战的英军采买 2000 夸脱小麦、肉类和其他食物①;仅在林肯一郡,1338—1339 年的采买单保留至今的就有 44 份之多②;除食物外,爱德华三世还采买了大量的军事装备,如 1355 年下令南部各郡采买弓箭,1356 年下令采买运兵船只上需用的绳索③。

三 军事强买的特点

军事强买的范围很广。中世纪英国一般设有 40 个郡,爱德华一世从 38 个郡采买过后勤物资。军事强买的地区分布不均衡,主要集中在东部沿海和北方各郡,多为英国的粮食产区,其中有些郡还能够提供其他郡难以提供的生活用品,如食盐等。另外,这些地区拥有便利的水陆交通运输条件。各地被采买的次数和数量就反映了这两个特点。参见表六和表七:

表六:各郡被采买的次数④

郡名	采买次数		
	爱德华一世	爱德华二世	爱德华三世
约克	13		

① May Mckisack, *The Fourteenth Century 1307—1399*, Oxford University Press, 1991, p. 242.

② John Aberth, *From the Brink of the Apocalypse*, New York, 2001, p. 48.

③ G. L. Harriss, King, *Parliament and Public Finance in Medieval England to* 1369, Oxford, 1975, p. 383.

④ Michael Prestwich, *War, Politics and Finance under Edward* I, London, 1972, pp. 133－134.

郡名	采买次数		
	爱德华一世	爱德华二世	爱德华三世
林肯	12	9	4
埃塞克斯	12	9	
剑桥	12	8	5
亨廷顿	11	8	6
格洛塞特	5	8	4
诺福克	9	8	6
萨福克	9	8	5
德比	8		
萨默塞特	8	7	4
多塞特	8	7	
希福德	7	7	
诺丁汉	9		4
苏里	6		4
汉普夏	5		
诺森伯兰	5		
伯克	5		
贝尔福	3		
白金汉	3		
康沃尔	3		
肯特	3		
兰加斯特	3		
莱斯特	3		
北安普顿	3		
鹿德兰	3		
沃切斯特	3		
德汶	3		
米德克斯	2		
牛津	2		
沃威克	2		

郡名	采买次数		
	爱德华一世	爱德华二世	爱德华三世
西摩兰	2		
怀特	2		
柴郡	1		
坎布南	1		
萨洛普	1		
斯塔福	1		
希尔福德	1		
苏塞克斯			4
兰加斯特			4

表七:1304 年各郡被采买的物资数量(单位:夸脱)①

郡名	小麦	麦芽	燕麦	大豆	大麦
约克	1075	948	991	418	
剑桥和亨廷顿	1062	580	675	163	
埃塞克斯和希福德	818	300	609		
诺福克和萨萨克	977	835	767	344	
林肯	951		896		
北安普顿	800	500	793		
诺森伯兰	389	300	539		5
巴通	205	410			500
林恩	800		2000		300

　　社会各阶层承担的军事强买负担并不均衡。一般说来,王廷官吏及其亲戚朋友、服役官兵家属都可以免除负担。地方贵族可以通过两个两种途径获得减免,一是在地方事务中发挥重要影响,成为国王政

---

① Michael Prestwich, *War, Politics and Finance under Edward* Ⅰ, London, 1972, p.125.

府和地方官吏倚重的对象,因此而获得豁免;二是以 2 先令的价格(当时普通上诉令状购买费仅为 2 便士)从国王那里购买免除采买的令状。有些宗教组织和城市市民也设法获得减免。1296 年,格洛塞特郡大多数修道院都用向国王的采买官行贿的办法来免除采买。1314 年,拉姆塞修道院的执事送给国王的采买官 3 先令,使修道院的马车免于被征用运送采买物资到苏格兰。1347 年,剑桥市的市民送给郡守 3 英镑,感谢他没有在该市进行采买①。虽然贿赂采买官不是富人的专利,但是农民财力有限,没有经济实力行贿;或是行贿数额太小,因而没什么效果。另外,由于国王规定了各郡的采买数量,所以得到减免的贵族和富人的负担就被转移到农民身上。1298 年,林肯郡负责登记采买名单和数量的官员说"除了个别例外,该郡的大人物几乎都没有出现在名单上。"在 1298 年的采买调查中,诺福克郡的采买官被指控"从贫穷而没有交纳能力的人"那里强买粮食,而从来不向"有钱有势的"骑士强买②。

军事强买与税收常常同时进行。中世纪英国没有连年征收的全国性税收,只有在战争时期,国王才能向臣民征收动产税。1290—1355 年间,动产税的征收情况表明了这种吻合。参见表八③。

表八:

国王	征收次数	总数（英镑）
爱德华一世	6	408491
爱德华二世	6	232240

① W. M. Ormrod, *The Reign of Edward Ⅲ*, Yale University Press,1990,p. 173,p. 157.

② T. H. Aston, *Landlords*, *Peasants and Politics in Medieval England*, Cambridge University Press,1987,pp. 303 – 304.

③ Michael Prestwich, *War*, *Politics and Finance under Edward Ⅰ*, London,1972,p. 179;M. Jurkowski,*Lay Taxes in England and Wales 1188—1688*,PRO Publications,1998,pp. 29 – 36;James H. Ramsay,*A History of the Revenues of the Kings of England 1066—1399*,Volume 2,Oxford,1925,p. 148;W. M. Ormrod,*The Reign of Edward Ⅲ*,Yale University Press,1990,p. 204.

国王	征收次数	总数（英镑）
爱德华三世	22	693900

由于军事强买权是王室采买权的延伸，所以即使在战争时期，采买官的首要职责仍然是保证在前线的国王及其随行王廷官员的生活需要。1304 年 4 月至 9 月间，爱德华一世在苏格兰指挥作战，王室采买官为他采买了 18030 夸脱小麦、1830 夸脱麦芽、1500 头牛、3000 只羊、1200 头猪、400 块咸肉，此外还采买了 3000 夸脱燕麦，用于喂养国王的战马①。

爱德华三世时期，为了加快战争准备速度，军事强买活动出现了两个新特点：一是采买官可以拘禁抵制强买的人；二是国王常常任命熟悉当地情况的商人担任采买官，商人再委托一些代理人负责具体采买，中央政府和地方官吏完全失去了对采买的控制，这样就为采买官的营私舞弊、中饱私囊提供了方便。

四　军事强买的后果

大量的军事强买，给被采买地区的社会经济发展带来严重后果。第一，被采买地区损失了大量财富，因而使这些地区陷入贫困状态。1296—1297 年，国王下令在林肯郡和肯特郡分别采买了 2471 夸脱和 4884 夸脱谷物；据英国史学家蒂托估算，当时英国各种谷物的平均产量是每英亩 1 夸脱；因此上述采买意味着国王使上述两郡分别损失了 2500 英亩和 4900 英亩左右土地的收成②。另一位英国史学家哈维经过研究后得出结论，1332 年林肯郡有些地方只有 25%—35% 的家庭

---

① Michael Prestwich，*War，Politics and Finance under Edward I*，London，1972，p. 126.
② J. Z. Titow，*English Rural Society：1200—1350*，London，1969，p. 81

达到了动产税起征点（即维持生活以外的家庭财产价值10先令）。由于采买造成的后果很严重，因此1337年林肯郡宁愿交纳2000马克现金，以避免采买官前往采买①。第二，军事强买导致被采买地区物价上涨。1316年爱德华二世在剑桥郡强买了大量谷物，致使该郡谷物价格上涨到每夸脱18先令，比全国谷物平均价格高1先令6便士。第三，为了强买军需物资，国王有时下令"禁市"。1277年第一次威尔士战争前，爱德华一世下令兰加斯特等7个郡禁止市场粮食贸易。1333年，为了给在苏格兰作战的英军强买粮食，爱德华三世下令禁止一些郡的谷物出口②。

军事强买对农民的生产和生活造成了灾难性的后果。第一，它使许多农民陷入贫困或流亡。军事强买比动产税给农民造成的危害更大，动产税以农民维持生活以外的财产为基础，按一定比例征收，军事强买则直接剥夺农民维持生活的粮食和进行生产的耕牛或马匹。1296年，13个郡的郡守强买当地农民的所有粮食，造成这些农民难以维生。第二，军事强买导致农民的土地抛荒。为了完成采买任务，有些农民被迫出卖作物种子，致使来年无法播种。有的采买官强行征用农民的耕牛或马匹运输采买物资，致使农民因缺乏耕畜而无法耕种土地。1338年诺丁汉郡征用了20头耕牛，结果几户农民家庭的犁队解散，土地无法耕种，他们只好出售土地，背井离乡外出流浪，有的甚至饿死途中。根据1341年对采买问题的调查，剑桥郡和白金汉郡分别有抛荒的耕地4870英亩和5539英亩。第三，拖欠付款和少付款给农民带来重大损失。1298年和1300年，爱德华一世的采买官曾经向伦敦商人罗伯特·胡德赊购淡啤酒，但是直到爱德华二世时期，罗伯特

---

① Michael Prestwich, *The Three Edwards*, London, 1980, p. 270.

② May Mckisack, *The Fourteenth Century 1307—1399*, Oxford University Press, 1991, p. 242.

的儿子才从国王那里得到这笔货款①。1330 年，萨默塞特郡和多塞特郡的郡守为国王军队采买粮食，当时小麦的市场价格为每夸脱 1 先令 3 便士(15 便士)，而郡守只付给 10 便士②。

军事强买为采买官贪污受贿提供了可乘之机。中世纪的几次采买调查记录充斥着采买官的腐败例证。1343—1355 年，每次议会都有关于采买冤情的陈诉书呈递给国王。采买官可以通过多种途径贪污受贿：第一，直接索取。1350 年，采买官在剑桥郡一个村庄收取贿赂后就免除了该村价值 3 先令 4 便士的谷物和 1 夸脱葡萄酒。③ 1296 年，格洛塞特郡的采买官从教会和修道院至少受贿 11 英镑 6 先令 8 便士，还有一根黄金胸针④。第二，超量采买，然后转手倒卖多余部分以获利。从爱德华三世时期林肯郡和诺丁汉郡的情况可以看出这一点。参见表九和表十：⑤

表九：1334—1339 年林肯郡采买官超量采买的物资及敲诈的现金数额

采买时间	谷物（夸脱）	牲口（头）	奶酪（担）	食盐（夸脱）	现金（英镑）
1334	1204	45			
1336	200				
1337	161	270	106	80	1402
1338	2488	884	252	73	127
1339	1263	38	168		52
总计	5316	1237	526	153	1581

① Michael Prestwich, *War, Politics and Finance under Edward I*, London, 1972, p. 116, p. 118.

② T. H. Aston, *Landlords, Peasants and Politics in Medieval England*, Cambridge University Press, 1987, pp. 302 – 303, p. 311, pp. 315 – 317, p. 346.

③ Michael Prestwich, *The Three Edwards*, London, 1980, p. 270.

④ T. H. Aston, *Landlords, Peasants and Politics in Medieval England*, Cambridge University Press, 1987, pp. 303 – 304.

⑤ John Aberth, *From the Brink of the Apocalypse*, New York, 2001, pp. 265 – 266.

表十:1330—1340年诺丁汉郡采买官超量采买的物资及敲诈的现金数额

采买时间	谷物（夸脱）	牲口（头）	现金（英镑）
1330	4		
1333	15		
1334	10		
1336	424		
1337	621	134	138
1338	770	65	4
1339	234	4	8
1340	241	75	2
总计	2321	278	152

五　军事强买权的演变及其废除

中世纪时期的英国虽然没有常备军,但是即使不发生战争,国王在各地的城堡也需要军队守护,所以军事强买的现象一直存在。在中世纪前期,军事强买造成的问题还不太突出;但从13世纪起,这一问题被纳入了宪政斗争的范畴。1215年,大贵族迫使约翰王签署《大宪章》(Magna Carta),其中第28条规定,如果不当场支付现款,或经卖主同意延期付款,国王的城堡守卫官或其下属不得采买任何人的谷物或牲口;第30条规定,不经过自由人的同意,郡守或百户区长不得征用自由人的马匹或马车用于运输。1216年亨利三世重新颁布《大宪章》,对军事强买作了更具体的规定,第21条:"除非他们当场支付现款,或者经过卖主同意延期付款,城堡守卫官或其下属不得从不在城堡所在村庄的人那里采买谷物或牲口;如果卖主是城堡所在村庄里的居民,那么城堡守卫官必须在3个星期内付款";第23条:"除非按照习惯承认的价格当场支付现款,即每辆2匹马拉的马车每天10便士,每辆 3 匹马拉的马车每天 14 便士,城堡守卫官或其下属、或其他人都不得征用任何人的马匹或马车。"1217 年重颁的《大宪章》进一步要求城堡守卫官或其下属必须在 40 天之内支付采买款①。1258 年,大贵族向亨利三世递交陈情书,其中第 22 条要求国王的采买官必须按照国王所需要的数量进行采买,因为民众反映,采买官常常购买 2—3 倍于国王所需数量的物资,然后把多买的物资转交给亲戚朋友,甚至转手出售以渔利;第 23 条指出,由于国王很少支付采买款,导致许多英国商人贫穷。1264 年 1 月大贵族又向亨利三世递交一份陈情书,列举国王的采买官赊购葡萄酒、衣服、香料和其他物资的事实。1266 年贵族叛乱被镇压后,亨利三世颁布了《肯尼沃斯敕令》(Dictum of Kenilworth),其中第十条规定,除王国的惯例外,不经主人同意,任何人不能以赊购的名义采买粮食和其他物资②。1275 年,爱德华一世颁布《威斯敏斯特条例Ⅰ》,其中第七、第八条都重申了亨利三世时期有关军事强买的规定。

进入 13 世纪 90 年代以后,国王的军事强买空前增加。1297 年英国发生第一次严重宪政危机,当时出现的一份非官方文件《关于任意税》(De Tallagio)中要求,不经卖主同意,国王的官吏不能在全国采买。同年爱德华一世签署的《宪章确认书》(Confirmatio Cartarum)中第一次提出,不经过"全国同意",国王的大臣不能以国王的名义在全国采买;但是《宪章确认书》保留了国王采买王室生活必需品的权利。所以,这两个文件实际上没有任何价值,不能限制国王把王室采买权扩大为军事强买权。1298 年爱德华一世下令对采买官的腐败行为进

① David C. Douglas, *English Historical Documents*, volume 3, 1975, p. 320、pp. 329 - 330、p. 335.

② I. J. Sanders, *Documents of the Baronial Movement of Reform and Rebellion 1258—1267*, Oxford, 1973, pp. 84 - 87、pp. 274 - 277、pp. 322 - 323.

行调查,由巡回法官和各郡陪审团共同审理郡守的违法采买案件。1300 年爱德华一世签署《宪章确认书补充条款》(Articuli superCartas),再次规定王室采买权只能用于为王室采买生活用品。1303 年爱德华一世在采买命令中特别规定,采买官不能向财产价值不足 10 英镑的人采买谷物。在爱德华二世和爱德华三世时期,国王要求采买官从"便利而且尽量不给臣民造成损失"的地方采买。1316 年和 1335 年,国王甚至特别规定了采买的价格。有时国王还会采取措施,惩罚行为不端的采买官。1331 年法令规定,对那些没有遵守法令、滥用职权的采买官将以盗窃罪论处,甚至处以死刑。这个法令表明了采买官滥用职权的程度,同时也表明了臣民对采买的痛恨和议会对纠正采买弊端的关注。1341 年英国爆发了第二次宪政危机,爱德华三世迫于议会压力,下令对军事强买活动进行调查,但是他并不想放弃这项特权。1346 年爱德华三世颁布法令规定,采买官应与卖主就采买价格签订协议,并且必须得到村长和 4 名守法良民的同意才能采买。然而当下议员请求他实行这个法令时,爱德华三世予以拒绝。1348 年,下议员以采买官营私舞弊为由,请求国王允许每郡选拔 2 名守法良民为中介,监督卖主根据协议出售食物给采买官。这个请求再次遭到爱德华三世的拒绝。

14 世纪前期,英国出现了许多抨击国王的军事强买权的文学作品。1308 年成书的《时代之歌》写道:"让那些轻骑兵/特别是那些夺取农民果实的轻骑兵/死后不能入葬教堂墓地/像猎犬一样抛尸野外。"1328 年前后成书的《反对国王的税收之歌》写道:"如果国王接受我的建议/那么我将说/与其用木头(指作为兑付凭据的木码)支付采买款/倒不如他食用木头/而用银币支付/用木码赊购物资是邪恶的象征。"伯克郡的乡村教士威廉用拉丁文写给爱德华三世的公开信《国王爱德华三世之鉴》,对军事强买权进行了最猛烈的抨击。威廉认为,强买是一种犯罪,采买官是"反基督的罪魁祸首",他们快乐地为王室提供吃喝,殊不知他们不久将堕入地狱。

直到 1354 年,议会通过法令规定,所有价值不足 20 先令的采买都必须当场支付现款。从 1355 年起,爱德华三世下令由商人为驻守加莱的英国军队提供伙食,这实际上是放弃了利用王室采买权为军队提供伙食的权利。1362 年议会通过《采买官法》(Statute of Purveyors),这个法令虽然承认王室的采买权,并把王室采买官改称"采购员",但是对达成采买价格协议、确保采买款支付、限制采买数量、确认采买官的身份和权力等方面都作了具体的规定。下议院承认国王和王室的采买权,而国王也承认不付款的采买是非法行为,这样就缓解了国王与下议院在规范采买官行为问题上的矛盾冲突。

15 世纪,王室采买权仍然屡屡受到议会的尖锐批评,但是考虑到采买权带来的巨大利益,历代国王都不愿放弃这一特权。从约克王朝(1461—1485 年)起,王室采买制度开始发生变化。爱德华四世(1461—1483 年在位)时期,王室采买官不再亲自到各郡采买,而是改由各郡每年按照固定的价格、固定的数量和指定的时间向王室采买官交纳采买物资,各郡自行分摊采买物资的品种和数量。都铎王朝(1485—1603 年)伊丽莎白一世(1558—1603 年在位)统治时期,王室平均每年要求各郡购买 400 万只鸡蛋、13000 只羊羔、32000 只鸡、60 万加仑啤酒①。1563 年王廷采买官与莱斯特郡签订采买协议,规定莱斯特郡购买 60 头牛,在 11 月 30 日运送到王宫大门口,每头牛 60 先令;3 月 25 日把 300 只肥羊运送到王宫大门口,另外 300 只肥羊则在 4 月 10 日送到,每只肥羊 7 先令②。尽管王室采买协议减轻了采买官对

① Christopher Hill, *Reformation to industrial Revolution*, New York, reprinted 1986, p. 105.

② Frederick C. Dietz, *English Public Finance 1558—1603*, New York, Second Edition, 1964, pp. 420 – 421.

各地的骚扰，但是仍然备受抨击。1570 年左右伊丽莎白一世对采买制度进行改革，每个郡与女王签订协议，女王征收一种税收，以弥补各郡采买物资价格与市场价格的差额，各郡治安法官以市场价格采买物资，然后以国王的价格出售给王室。从表面上看，这种制度既杜绝了采买官的营私舞弊，又保障了国王的利益；但是实际情况并非如此，采买官仍然常常光临那些已经与国王签订了协议的郡。1589 年，伊丽莎白一世的王宫中还有 55 名采买官及其 222 名副手。1590 年，伊丽莎白一世将王室采买权折算成一定数量的货币，每年大约 3.7 万英镑，由各郡平均分摊，从而免除各郡为王室分摊采买物资①。

斯图亚特王朝（1603—1714 年）早期，王室采买权每年可以为国王带来 4—5 万英镑的收入。1610 年，詹姆士一世（1603—1625 年在位）的首席大臣、萨里兹伯利伯爵罗伯特·塞西尔为了解决国王的财政困难，向议会提出所谓"大协议"（Great Contract），国王放弃王室采买权和监护权，换取议会每年批准国王获得 10 万英镑作为弥补。但是詹姆士一世突然又向议会要求 50 万英镑，结果造成"大协议"流产。1646 年，"长期议会"命令废除封建土地所有制及其附属义务，国王的监护权和王室采买权随之被废除，1660 年议会再次通过法令对此予以确认。王室采买权的废除，意味着它的衍生物——军事强买权也最终被废除。

参考书目

Judith A. Green, *The Government of England under Henry I*, Cambridge University Press, 1986.

---

① Ronald H. Fritze, *Dictionary of Tudor England*, London, 1972, p. 493.

Richard,*Mortimer*,*Angevin England*,1154—1258, Oxford,1994.

Bryce Lyon,*A Constitutional and Legal History of Medieval England*.

Michael Prestwich,*War*,*Politics and Finance under Edward Ⅰ* , London,1972.

T. H. Aston,*Landlords*,*Peasants and Politics in Medieval England*, Cambridge University Press,1987.

W. M. Ormrod,*The Reign of Edward Ⅲ* ,Yale University Press,1990.

Scott L. Waugh,*England in the Reign of Edward Ⅲ* ,Cambridge University Press,1991.

JohnAberth,*From the Brink of the Apocalypse*,New York,2001.

MayMckisack,*The Fourteenth Century 1307—1399*,Oxford University Press,1991.

G. L. Harriss,King,*Parliament and Public Finance in Medieval England to 1369*,Oxford,1975.

M. Jurkowski,*Lay Taxes in England and Wales 1188—1688*, PRO Publications,1998.

James H. Ramsay,*A History of the Revenues of the Kings of England 1066—1399*,Volume 2,Oxford,1925.

J. Z. Titow,*English Rural Society:1200—1350*,London,1969.

David C. Douglas,*English Historical Documents*,volume 3,1975.

I. J. Sanders,*Documents of the Baronial Movement of Reform and Rebellion 1258—1267*,Oxford,1973.

Christopher Hill,*Reformation to industrial Revolution*,New York,reprinted 1986.

Frederick C. Dietz,*English Public Finance 1558—1603*, New York, Second Edition,1964.

Ronald H. Fritze, *Dictionary of Tudor England*, London, 1972.

Michael Prestwich, *Thirteenth Century England* (Ⅷ), The Boydell Press, 2001.

Michael Prestwich, *The Three Edwards*, London, 1980.

（作者施诚，首都师范大学历史学院副教授；本文发表于《首都师范大学学报（社会科学版）》2006 年第 5 期）

马克斯·韦伯与 20 世纪清教史学

刘　城

　　清教是加尔文派新教在英格兰的传人,产生于 16 世纪 60 年代。清教运动是英国宗教改革的重要组成部分,历史学家陶内高度评价清教对于推动英国宗教改革向前发展的重要意义,甚至认为"是清教主义而不是都铎王朝之使教会脱离罗马,是真正的英格兰宗教改革,从清教反对旧秩序的斗争中,一个无疑是属于近代的英格兰产生了"[①]。

　　对清教运动的研究一向是宗教改革史学以及英国 17 世纪内战史学研究的重大课题。在 19 世纪中叶以前,著述者大多从宗教的角度与政治的角度对清教运动乃至宗教改革运动加以解说,最通行的观点是把宗教改革视为文艺复兴在宗教领域引起的变革,把清教视为英国 17 世纪内战的起因。直到马克斯·韦伯(Max Weber)的理论出现之后,这种局面才有了改变。

　　20 世纪初年,德国社会学家马克斯·韦伯开创了清教史学研究的新思路,他一改往昔单纯从宗教角度与政治角度解说宗教改革的方法,从经济变革与社会变革的角度论述新教思想的影响。他在 1905年发表的一篇论述新教伦理的文章中提出:新教信仰(尤其是加尔文派新教以及英格兰清教)促成了一种新的社会伦理——"现世苦行主义"的形成,提倡勤奋、节俭、劳作,克制享乐;这种新的伦理改变了人

[①]　R. H. Tawney, *Religion and the Rise of Capitalism*, London: John Murray 1926, pp. 198 - 199.

们获取财富与支配财富的态度和动机,造就了"资本主义的精神",从而为资本主义的发展创造了必不可少的心理因素与伦理道德环境。他明确指出:"在任何场合,那种清教观念波及之处,都产生了有利于合理的资产阶级经济生活发展的影响"①。韦伯理论的重要性在于阐述了宗教信仰与经济发展之间的关系,精神生活与物质生产之间的关系。

韦伯理论的提出,正值工业革命后资本主义迅速发展时期,研究者关注资本主义的起源以及工业化引起的一系列社会变迁,并急于为之定义。在这种历史背景下,韦伯的思想也渗透到英国历史的著述中,出现了韦伯派史学家,其中最主要的是陶内与希尔。

陶内在1926年出版的《宗教与资本主义的兴起》一书对宗教变迁与经济变迁之间的关系进行了深入阐述,得出了与韦伯不尽相同的结论。陶内研究的重点时期,是从16世纪30年代修道院解散至17世纪英国内战之间的一个世纪。由于陶内对这一时期的历史做出了颇有建树的研究,史学界将这一个世纪称为"陶内的世纪"。与韦伯单纯从宗教角度探讨资本主义起源不同,陶内致力于探讨有利于资本主义发展的多重因素,其中既有物质的,也有精神的。依照韦伯对"资本主义精神"的界定——对金钱财富(而不是土地所有权以及由此而衍生的政治权利)的追求,陶内认为它的产生更重要的是取决于政治制度与经济制度的变迁所提供的适宜的成长环境,而不是宗教的变迁。陶内举例说:在15世纪的威尼斯、佛罗伦萨、南部德意志、法兰德斯之所以存在着大量的资本主义精神,其原因仅仅在于这些地区是当时最大的商业与金融业中心,而这些地区至少在名义上奉行的是天主教;资本主义在16世纪与17世纪的荷兰与英格兰得到发展,其原因并不在于

---

① 马克斯·韦伯:《新教伦理与资本主义精神》,四川人民出版社1986年版,第163页。

这些地区建立了新教政权,而在于当时大规模的经济运动,尤其是地理大发现带来的财富①。陶内的理论在很大程度上纠正了韦伯理论的脆弱之处,不是从精神的单一层面,而是从思想、观念与制度、物质的双重层面寻找资本主义的起源,并且有历史事实作为依据,他的解说似乎更为合理。

陶内进而提出:"资本主义精神"与"新教伦理"两者之间的关系远比韦伯设想的复杂,韦伯对加尔文主义的解说过于简单化了,似乎17世纪的清教徒对社会责任与自身利益都持有同样的见解。实际上,17世纪的清教徒社会成分很不相同,其中既有贵族也有平等派,既有土地所有者也有掘地派,既有商人也有手工业者,不同的清教派别之间在社会理论方面有很大差异②。陶内的论述在无意之中也指出了韦伯理论在时间上的错位:加尔文主义对社会的多方面影响发生在加尔文去世之后的17世纪而不是16世纪,新教精神在17世纪才形成强大的社会力量;16世纪欧洲范围内的新教改革主要是一场宗教革命,并不是对所谓的"资本主义精神"的认可。

相比之下,克里斯托弗·希尔的观点与韦伯有更多的一脉相承之处。希尔以研究17世纪英国资产阶级革命见长,然而为了揭示"清教在英格兰的社会根源"③,揭示清教徒的布道活动对发动民众的积极作用,进而揭示革命前的清教对于17世纪资产阶级革命的重大影响,希尔对革命前的清教也颇有研究。在《革命前的英格兰社会与清教》一书中,希尔对清教徒的社会伦理如何与资本主义经济相契合做出了具体的阐述。他提出,清教徒要求恪守安息日并减少其他宗教节日,

① R. H. Tawney, *Religion and the Rise of Capitalism*, p. 227, pp. 319 – 320 note32.

② R. H. Tawney, *Religion and the Rise of Capitalism*, p. 320.

③ Christopher Hill, *Society and Puritanism in Pre-Revolutionary England*, London: Secker & Warburg 1964, p. 9.

其目的在于将安息日作为近代工业社会有规律的、连续不断的节奏中的一个休止符，以便组织近代经济生活，而数目众多的天主教宗教节日主要用以标志节气，适用于农业社会①。清教徒还赋予劳作新的意义。中世纪认为劳作是对罪恶的惩罚，劳作是低下的，清教徒提出劳作是应尽的社会责任，人们劳作便"不仅有能力供养自己，而且能够救济他人于贫困"。希尔认为清教布道者的这些宣传反映了"勤劳的人"，亦即小商人、手工业者、自耕农的利益，他们是清教运动的核心人物②。

韦伯派史学家的论点也受到相当多的质疑，纳彭于 1939 年出版的《都铎王朝清教：思想史中的一章》即是其中之一。在纳彭之前，研究者大多把注意力集中在 17 世纪的清教，缺少对 16 世纪清教历史的系统研究，纳彭的这本专著填补了这项空白，因而在清教史学著述中占有重要地位。著名清教史学家柯林森评论说，当他在 50 年代着手研究伊丽莎白时代的清教时，纳彭的著作是 30 年代以后有关都铎王朝清教的唯一权威著作。柯林森把自己的研究建立在这本书的基础之上，认为自己的研究工作"旨在完善、甚至或许是在某些方面改进纳彭的著作"③。

在《都铎王朝清教》一书中，纳彭反驳了韦伯派史学家的某些论点。纳彭不以"阶级"概念论说清教运动的性质，认为"清教原本是知识界的运动"，诸如商人、法学人士、小土地所有者之类正在上升但尚未取得政治权力的中产阶级只是"它的最天然的盟友"与"政治上的

---

① Christopher Hill, *Society and Puritanism in Pre-Revolutionary England*, p. 146.

② Christopher Hill, *Society and Puritanism in Pre-Revolutionary England*, p. 129.

③ Patrick Collinson, *Godly People*, *Essays on English Protestantism and Puritanism*, London：Hambledon 1983, p. xi.

支持者",几乎没有迹象表明清教是中产阶级居统治地位的运动①。纳彭还反驳韦伯关于"清教导致近代资本主义"的结论,他的主要论点是:第一,清教徒的苦行主义不是承袭自加尔文,而是中世纪的道德传统。纳彭并不认为清教运动是近代之始,而是把清教视为"连接中世纪与近代的过渡时期的运动",尤其强调清教与中世纪的联系。他断言清教徒的苦行主义直接源自罗马天主教,其俭省教义源自经院哲学的社会学说。亨利八世宗教改革并没有使旧的道德传统受到冲击,中世纪的苦行主义继续保留在大学这类"半修道院"组织中。第二,纳彭对诸如"清教制造了近代民主"、"清教导致近代资本主义"、"清教是近代科学之父"之类的结论提出批评,"清教主要是一场宗教运动,清教的理论具有超现实与超自然的特点","个人的得救或罚入地狱是它的主题","清教关注的是从地狱中拯救灵魂,对他们来说,来世的事务更重要"。纳彭不否认清教徒对现世文明的贡献,但是他认为那不是清教徒的自觉行动,只是一种客观效果②。

　　柯林森是50年代以后成长起来的清教史学家,师从著名的英国议会史学家尼尔。正是在尼尔的建议下,柯林森把研究伊丽莎白时代与詹姆士一世时代的清教作为自己毕生的事业。如果说英国宗教改革史学家狄肯斯致力于研究新教派在英格兰的第一代传人,那么柯林森则关注于对英格兰的第二代、第三代新教传人的研究,关注16世纪后半叶以及17世纪早期新教的发展。他的一系列著作至今依然代表着清教史学研究的最为详尽、深入的成果。黑格评论说,有关教会史的一些重要的新见解大多出自于柯林森③。斯坦福大学历史学家西弗

马克斯·韦伯与20世纪清教史学

---

① M. M. Knappen, *Tudor Puritanism: a chapter in the history of idealism*, Chicago University Press 1970, p. 353.

② M. M. Knappen, *Tudor Puritanism: a chapter in the history of idealism*, p. ix, pp. 425, 350.

③ Christopher Haigh, *The Reign of Elizabeth I*, London: Macmillan 1984, p. 243.

认为柯林森是"现今撰写伊丽莎白时代清教史的最为敏锐的学者"①。

柯林森的代表作——《伊丽莎白时代的清教运动》在他50年代博士学位论文的基础上成书，出版于1967年。评论者认为这部著作"结构也许是旧式的，提出的问题和依据却不是"②。这一评论是准确的，柯林森的创新之处在于：第一，研读了大量的手稿及其他原始资料，其中包括书信、法庭记录、议会档案等，从中发掘出大量有关伊丽莎白时代清教活动的新材料。由于是建立在新的史料基础上的研究，因而阐述了许多有关清教活动的新内容。第二，柯林森强调清教活动中的政治与宗教因素，把伊丽莎白时代的清教看做是一场深化宗教改革的"运动"，作为一个"政治与宗教组织"加以研究，这一点与韦伯派史学家不同。柯林森阐述了清教派的成员，组织结构，不同派别之间的分歧，以及为进一步改革国教会的礼拜仪式与组织结构而付出的努力。柯林森认为，伊丽莎白时代的清教徒虽然尚未脱离国教会，但是已经建立了"国教会中的教会"，形成了独立的政治力量③。史学家斯通评论说，在柯林森的这部著作问世以前，还没有人将清教运动"作为一种政治力量加以详细考察"④。

70年代以后，柯林森撰写的《新教徒的宗教信仰》、《新教英格兰诞生之阵痛》两部著作从多种角度完善了对伊丽莎白时代清教史的研究。《新教徒的宗教信仰》着力于将英国宗教改革置于文化变迁的广大背景中加以研究，认为英国宗教改革"并不是以1559年的宗教措施

---

① Paul S. Seaver, *The Putitan Lectureships: The Politics of Religious Dissent 1560 - 1662*, Stanford University Press 1970, p. 316.

② F. Smith Fussner, *Tudor History and the Historians*, London: Basic Books 1970, p. 130.

③ Patrick Collinson, *The Elizabethan Puritan Movement*, London: Methuen 1982, pp. 12 - 13.

④ L. Stone, *The Past and the Present*, Boston: Routledge & Kegan Paul 1981, p. 145.

有条不紊地完成的立法与行政事务,而是……一场深刻的文化革命"①。《新教英格兰诞生之阵痛》论述了 16 世纪与 17 世纪宗教信仰的变迁,以及因宗教变迁而在国家、城市、家庭各个层面引起的文化变迁。柯林森认为,虽然新教信仰在英格兰并未造就出一种独特的文化,但是大规模地破除了现存文化传统中的宗教习俗②。

马克斯·韦伯试图为新教贴上资本主义的标签,将新教视为资本主义发展的精神动力,但是,他的这一社会学结论并未能够得到历史学研究的论证。历史学自有历史学的研究方法,其最简单的原则是以史实为依据,一切结论、一切抽象的逻辑思维都必须建立在历史真实的基础之上。正是由于这一原因,当韦伯的理论被置于历史学研究的检验之下时,他的结论或者被修正,或者被否定了。

参考书目

1. Collinson, Patrick, *Godly People, Essays on English Protestantism and Puritanism*, London：Hambledon 1983.

2. Collinson, Patrick, *The Birthpangs of Protestant England*, London：Macmillan 1988.

3. Collinson, Patrick, *The Elizabethan Puritan Movement*, London：Methuen 1982.

4. Collinson, Patrick, *The Religion of Protestants：the church in English society 1559 – 1625*, Oxford：Clarendon 1988.

5. Fussner, F. Smith, *Tudor History and the Historians*, London：Basic

---

① Patrick Collinson, *The Religion of Protestants：the church in English society 1559 – 1625*, Oxford：Clarendon 1988, p. 1.

② Patrick Collinson, *The Birthpangs of Protestant England*, London：Macmillan 1988, p. 94.

Books 1970.

6. Haigh, Christopher, *The Reign of Elizabeth I*, London: Macmillan 1984.

7. Hill, Christopher, *Society and Puritanism in Pre-Revolutionary England*, London: Secker & Warburg 1964.

8. Knappen, M. M. , *Tudor Puritanism: a chapter in the history of idealism*, Chicago University Press 1970.

9. Seaver, Paul S. , *The Putitan Lectureships: The Politics of Religious Dissent 1560 – 1662*, Stanford University Press 1970.

10. Stone, L. , *The Past and the Present*, Boston: Routledge & Kegan Paul 1981.

11. Tawney, R. H. , *Religion and the Rise of Capitalism*, London: John Murray 1926.

12. 马克斯·韦伯:《新教伦理与资本主义精神》,四川人民出版社 1986 年版。

(作者刘城,首都师范大学历史学院教授;本文发表于《世界历史》2003 年第 1 期)

美国西部牧区的掠夺开发及后果

周　钢

美国内战后的西部牧业开发①取得了巨大成就。内战前还被称为"大荒漠"的大平原地区,被开发成美国重要的畜产品生产基地。辽阔的西部兴起了一个"牧畜王国"。美国西部史和牧业史著作都津津乐道"牧畜王国"繁荣兴旺的"黄金时代",对美国西部牧业开发的失误却关注不够②。美国西部牧业开发中的掠夺式经营造成了牧区的超载放牧,形成牛羊夺草、农牧争地的混乱局面,甚至引发牧区冲突,酿成流血事件。掠夺性的经营带来了灾难性后果,它破坏了草原植被,导致草原的"荒漠化",也破坏了美国西部的自然风貌和生态环境,社区生活缺乏和谐。

一　"牛吃牛"

密苏里河以西的辽阔地区有丰富的牧草资源,特别是大平原的牧草资源在内战前基本上还未得到开发利用。在这片土地上,牧草和水

---

① 本文是"国家社科基金项目"(01BSS006)的阶段性成果,受北京人才强教计划资助。

② 美国学者的论著少有专门论述掠夺性开发的。笔者只见到一篇塞迪斯·W.博克斯论述得克萨斯西部牧区衰落的论文,主要着墨于牧区天灾造成的危害,参见塞迪斯·W.博克斯:《得克萨斯西部牧区的衰落》(Thadis W. Box, *Range Deteriorationin West Texas*)《西南部历史季刊》(*Southwest Historical Quarterly*)第71卷,1967年。本文的其他资料均散见于美国学者的论著中,笔者以注释体现出来。

源最初对所有的人都是免费开放的。当时流行的说法是在西部草原养牛只需很少的费用和不多的劳作，牛便能自然繁衍。尤其是大平原北部的牧区，在一段时间内为牧场主提供了发财致富所需要的丰美草地、水源、自然增长的畜群和好的市场价格等等。大平原成了独具诱惑的地方，大批东部和欧洲的投资者下赌注般地把资本投入了美国西部的养牛业。

大平原的丰富牧草资源不是无穷无尽的资源，草原对牲畜的承载能力是有一定限度的。19世纪70年代中期，大平原地区牧养一头小公牛需要10至30英亩的天然牧草。在得克萨斯草原地区，1898年养活50头牛需要一平方英里的牧草①。换言之，平均每头牛每年需要靠12.8英亩草地生存。这是经过19世纪70至80年代的疯狂放牧之后才得到的理性认识，而违背自然规律，牧场主就会自食恶果。

在美国西部牧区，牧场主放牧的牛群数量大大超过了草地的承载能力。1867年，得克萨斯的牧场上每平方英里竟放牧着300头牛②。19世纪80年代初，在得克萨斯的沃思堡附近，一个牧场主在1万英亩的放牧区养了2.5万头牛③；在怀俄明"斯旺土地牧牛公司"的60万英亩放牧区的牛多达11.3万头④。概而言之，在整个"牧牛王国"，南从得克萨斯北至美加边界，牧区到处都呈现过载过牧的饱和状态。牧场主放牧的牛群一般都超过草地承载能力的6至10倍。沃思堡附近的那个牧场的超载量竟达25倍。

---

① Ernest S. Osgood, *The Day of the Cattleman*, Chicago · London：The University of Chicago Press, 1968, p. 194；Clara. Love, "*History of the Cattle in the Southwest*", *Southwestern Historical quarterly*, July, 1916, Vol. 20, p. 14.

② Clara M. Love, *History of the Cattle in the Southwest*, Vol. 20, p. 14.

③ David Dary, *Cowboy Culture*, Lawrence Kansas：University Press of Kansas 1989, p. 252.

④ Walter P. Webb. *The Great Plains*, Waltham, Massachusetts：Blaisdell Pubblishing Company, 1959, p. 237.

牧场主在西部地区采用的是垄断资本与原始游牧方式相结合的掠夺式经营。这种经营方式只是一味地向草原索取而很少甚至基本不向土地投入。涌入牧区的牧牛场主除了在初期建立牧场设施、购买牛群投入资金外,很少在牧草资源和水源保护方面投资。在 19 世纪 80 年代以前,西部牧区的大多数牧场没有围篱和畜栏。牛群被赶到公共牧区,任其四散漫游。每个牧场主都想利用免费的天然青草和水源,无节制地扩大牛群,致使牧场牲畜爆满超载。

过剩的牛群吃掉了过多的青草。在许多严重超载的牧区,牛群啃光了青草。有的草地甚至被永久毁掉。很多过载过牧的牧区都需要补种新草,这样的草种要在靠近水源 15 至 20 英里的地方才能获得①。但是,只求多获利少投入的牧牛场主从不花费财力和人力去补种牧草和保护草原。他们主要关心的是如何扩大自己的牛群,出售更多的牛,其结果使牧区的牛群越来越多。不同牧牛场主的牛争草争牧,在"牧牛王国"里上演着"牛吃牛"的悲剧。

二　"羊吃牛"

在适合放牧牛群的牧区同样适合放牧羊群。美国西部的牧羊业在内战以前就以新墨西哥为中心发展起来了。内战以后,在美国西部迅速崛起的"牧羊帝国",是由远西部向东的大赶羊运动和东部养羊者移居西部相结合的产物。1865 年,新墨西哥、加利福尼亚和俄勒冈的产羊量占全美国产羊总量的 1/8 多。这些州和领地牧羊业蓬勃发展的状况激发了牧羊主为其羊群寻求新"领地"的强烈要求。因此,在 19 世纪 60 年代结束前,赶羊的方向明显地改变为由西向东。

---

① Clara M. Love, *History of the Cattle in the Southwest*, Vol. 20, p. 14.

从内战结束至 20 世纪初,由西向东的大赶羊运动持续了 30 年左右。1880 年与 1870 年相比,爱达荷、蒙大拿、怀俄明和科罗拉多绵羊产量的增长率分别为 27∶1、91∶1、22∶1、95∶1、4∶1、6∶1。这些领地的绵羊增长率远远超过了羊群的繁衍增长率。考虑到因死亡和出售等因素的影响会使当年羊在牧区的增加量有一定比例的减少,那么上述领地的绵羊产量至少有一半是从加利福尼亚、俄勒冈,或偶尔从其他州长途驱赶来的。特别是像蒙大拿和怀俄明等主要的牧牛区,羊群涌入的数量更多,增长速度更快。在 12 年间,大约有 150 万只绵羊靠着蹄子的奔跑,从新墨西哥抵达了堪萨斯、内布拉斯加和密苏里等州。其中有一些羊来自得克萨斯的潘汉德尔地区①。

内战结束后至 19 世纪末,农场羊群西进到密苏里河以西 100 至 150 英里或更远处。这些羊群的目的地是东内布拉斯加中部的普拉特河地段。后来,羊群前往科罗拉多的卡什拉普勒德河谷、阿肯色河谷和内布拉斯加的北普拉特河流域。19 世纪 70 年代,辽阔的南普拉特河流域及其支流地区和沿卡什拉普勒德河地区已成为最大的羊群育肥区,每年饲养的羊多达 100 万只。1884 年,阿肯色河谷成为第二个较大的育肥区,它在 1900 年饲养了 67 万只羊。此外,西部还有圣路易斯河谷和沿大章克申西坡等一些较小的饲养区,美国饲养的绵羊和羊羔有 1/4 是在科罗拉多育肥的。南北达科他是最后建立起养羊业的地区。西部是牧羊区,东部发展成饲养羊的育肥地。羊群主要来自怀俄明、新墨西哥、科罗拉多和蒙大拿等牧羊区。1890 年,南达科他拥有的绵羊为 23.8448 万只,到 1900 年,其数量增长到 77.5236 万只。北达科他在 1890 年的绵羊仅有 13.6413 万只,到 1900 年则达到 68.2

---

① Edward N. Wentworth, *America's Sheep Trail*, Ames, Icwa: The Iowa State College Press, 1948, p. 189、p. 264; Charles W. Towne, Edward N. Wentworth, *Shepherd's Empire*, Norman: University of Oklahoma Press, 1946, p. 170.

万只①。

得克萨斯的牧羊史像牧牛史一样久远,只不过在当初并不被人们所重视。到 1880 年,该州牧羊业突然扩展开来。在格兰德平原、潘汉德尔地区、爱德华高原和佩科斯以西至新墨西哥边界地区,都出现了养羊业的繁荣景象。这一年,得克萨斯绵羊的数量为 241.1 万只。到 1884 年,该州农场饲养和牧场放牧的绵羊数量上升到了 660 万只。还有些著作称,1884 年得克萨斯拥有绵羊的数量多达 800 余万只,比前四年增长了约 33 %②。得克萨斯这个牧牛大州成了产羊大州和向东部赶羊的羊源供应地。

与硕大而尚未完全脱离野性的长角牛相比,绵羊只不过是"毛茸茸的小动物"。然而,正是这些被牧牛场主看不起的小动物,靠着短短的四蹄走四方。在牧羊人的驱赶下,羊群从太平洋沿岸抵达落基山区,进入大平原,又到了密苏里河畔。从 1870 至 1900 年,大约有 1,500 万只羊被从西部驱赶到东部。除了被送往市场作为肉羊出售外,很多羊在不同的羊道终点落地生根,在那里繁衍后代。从太平洋沿岸至密西西比河之间,形成了一个疆域辽阔的"牧羊帝国"。这个帝国在落基山至密苏里河之间的大平原与"牧牛王国"的地域相重合。毛茸茸的羊群不断蚕食、侵占牧牛区的地盘,形成羊牛争草争牧的残酷竞争局面。

在大平原地区的一些州和领地,牛群被驱赶到牧区,并先于从沿海地区来的羊群。大牧牛场主在 19 世纪 70 年代便占据了大平原最好的牧区。他们极力维护其"先占权",不能容忍大量羊群涌入平原牧区。然而,建立牧羊场比牧牛场的投资低,管理费用和投入的人力少

---

① Charles W. Towne, Edward N. Wentworth, *Shepherd's Empire*, pp. 171 - 172.

② LeRoy R. Hafen, etal, *Western America*, Englewood Cliffs, New Jersey: Prentice-Hall, Inc., 1970, p. 434.

得多。2 至 3 个牧羊人可以管理一大群羊。比牧羊人多几倍的牛仔只能管理与大羊群四分之一数量相当的牛①。因为牧羊场比牧牛场投资少见效快，到 19 世纪 70 年代，在美国西部牧羊业变得比牧牛业更具吸引力。

尽管牧牛场主竭力反对牧羊主进入牧牛区，但他们难以从根本上阻止羊群的涌入。因为公共牧区是对所有人开放的。在持续向东部赶羊的过程中，有大量羊群涌入了大平原各州和领地，使原本牛满为患的牧区又增添了暴涨的羊群。尽管堪萨斯州在 19 世纪 80 年代中期、其他州和领地在 1890 年都禁止羊群进入②，但向东部赶羊的活动又持续了十余年。

大量羊群涌入平原牧区带来了严重的后果。在一些州和领地，羊的数量大大超过牛的数量。1882 年，得克萨斯格兰德平原的牛为72.8247 万头，羊则达到了 246.1088 万只③。同年该州的羊达到了486.4 万只。1883 至 1885 年，得克萨斯每年出栏的羊的数量都超过600 万只。1886 至 1887 年，该州每年产羊超过 500 万只。1883 至1887 年，得克萨斯每年的产羊量都超过了内战结束时该州最高的存牛量 500 万头。在怀俄明，1886 年拥有 900 万头牛，羊的数量仅为牛的1/3。到 1900 年，该州有羊 500 万只，牛的数量仅为羊的 1/8，约为52.4 万头④。同年，蒙大拿有羊 600 余万只；新墨西哥有 400 多万只；犹他、爱达荷和俄勒冈各有 300 多万只，科罗拉多和加利福尼亚各有

---

① Robert G. Ferris, ed. , *Prospector*, *Cowhand and Sodbuster*, p. 63; Edward N. Wentworth, *America's Sheep Trail*, p. 523.

② Robert E. Riegel, etal, *America Moves West*, New York. Chicago: Holt, Rinehart and Winston, Inc. ,1971, p. 488.

③ Paul H. Carlson, *Texas wolly Backs*: *The Range Sheep and Goats Industry*, College Station: Texas A & M University Press, p. 63、p. 69.

④ Ray A. Billington, *Westward Expansion*: *A History to the American Frontier*, New York: Macmillan Pulishing Co. INC. 1974, p. 597; Robert E. Riegel, etal, *America Moves West*, p. 489.

200 多万只①。这些州和领地拥有羊的数量都大大超过了牛的数量。羊牛争草争牧,实际上就是"羊吃牛"、"牛吃羊",是牛羊相残。

三 "农毁牧"

直到 19 世纪 70 年代以前,向西移居的农场主大多停留在堪萨斯和内布拉斯加东部的大草原边缘地区。随着 1869 年第一条横贯大陆铁路的建成,大平原在次年向拓荒者开放。移民洪流乘火车西进,使大平原东部的空地变得越来越少。再后来的移居者不得不涌入半干旱和干旱地区,在堪萨斯、内布拉斯加和得克萨斯西部以及南北达科他等地定居。第二次工业革命的科学发明和提供的农业机械使拓荒农场主成了大平原的"征服者",辽阔的西部被开垦成美国的主要产粮基地。

美国的城市人口在第二次工业革命中增长得很快。一个美国人每年吃的粮、肉、蛋和家禽要由 2.5 英亩农田和 10 英亩牧场来提供。美国农场主的产品有一个不断扩大的国内市场,国外对美国粮食的需求量也很大。国内外市场的兴旺,使每蒲式耳小麦在 1866 至 1881 年很少跌至 1 美元以下②,这成为吸引数百万农民在 1879 至 1890 年间蜂拥西进的经济动力。拓荒农场主挺进了将他们阻拦了一个多世纪的大平原。

内战前,在堪萨斯和内布拉斯加的东部边缘地带的河边低地中,拓荒者已建立了几个规模不大的农业区。内战后,拓荒者大军开始沿河流西进到有肥沃冲积土和树木的地带。1870 至 1872 年,火车载着移民沿

① Edward N. Wentworth, *America's Sheep Trail*, p. 285.
② Ray A. Billington, *Westward Expansion: A History to the American Frontier*, p. 617

堪萨斯太平洋铁路线把边疆向西推进了 100 英里。1875 年后,移民流沿圣菲铁路而行,到达堪萨斯西南部。拓荒者还在内布拉斯加沿联合太平洋铁路的筑路地带定居。到 1880 年,这两个州的定居区都推进到了西经 98°。同年,堪萨斯的人口达到了 99.6096 万人,内布拉斯加为 45.2402 万人。这两个州每一英亩的可耕地都被开垦了。在 1868 至 1878 年间,由于几条铁路几乎同时修到东北部边缘地带和布莱克山"淘金热"等原因,达科他出现两次"繁荣",促成了往那里移民的热潮。在 1873 年,明尼苏达的小麦种植专家奥利弗·达尔林普尔采用机器生产,在雷德河谷地进行种麦试验。他在 4,500 英亩土地上获得的利润超过了 100%。这一震惊整个西部的结果吸引着越来越多的拓荒农场主移居雷德河谷。很快,拓荒农场主吞没了达科他平坦的草地。到 1890 年,南北达科他的人口分别达到了 34.68 万人和 19.0938 万人[①]。拓荒农场主还占领了怀俄明和蒙大拿的起伏不平的山麓地区。它们的人口在 1890 年分别达到了 7.445 万人和 45.7607 万人。1870 年,科罗拉多的农牧场之和仅有 1728 个。这一年,修到丹佛的铁路为农场主移居科罗拉多提供了便利条件。仅在 1887 至 1888 年,根据《育林法》移居该州者有 1.5225 万人。在这两年移民的高峰期,拓荒者占据了科罗拉多的 421.7045 万英亩土地。移民几乎布满了该州东部的平原地区。其人口由 1870 年的 3.9864 万人增至 1880 年的 19.4327 万人[②]。

在农业边疆向大平原西北部扩展时,另一批拓荒者进入西南部的得克萨斯。在 19 世纪 70 年代,该州的农场由 6.1125 万个增加到

---

① Ray A. Billington, *Westward Expansion：A History to the American Frontier*, pp. 621、622；Donald B. Dodd, Compiled, *Historical Statistics of the State of the United States：Two Centuries of the Census*, 1790－1990, pp. 34、58、80、70.

② Donald B. Dodd, Compiled, *Historical Statistics of the State of the United States：Two Centuries the Census*, 1790－1990, p. 306、p. 210、pp. 12－13；Glbert C. Fite, The Farmer's Frontier, 1865－1900, p. 181、p. 124.

17.4184 万个。定居区的边疆几乎推进到了半干旱线。该州的人口由 1870 年的 6.1125 万人增加至 17.4184 万人。随后,拓荒者又涌入俄克拉荷马,把印第安人挤出最后一个避难所,占领了这块美国最后的公地。1889 年 4 月 22 日中午,俄克拉荷马正式向移民开放。此前,那里只有 7.5 万印第安人,白人定居者甚少。到 1890 年,其人口上升到 25.8657 万人。至 1906 年,在俄克拉荷马的印第安人只剩下了分散的残余部落,居民却达到了 50 万人。4 年后,它的人口猛增到 165.7155 万人[1]。

在 19 世纪的最后 30 年中,美国有定居者的土地数量超过它此前的总量。从 1607 至 1870 年,美国有 4.07 亿英亩土地被占据,1.89 亿英亩土地得到改良。从 1879 至 1900 年,美国又有 4.3 亿英亩土地有了定居者,其中 2.25 亿英亩土地被开垦。在 1860 年,西部 19 个州和领地中,明尼苏达、堪萨斯、得克萨斯和加利福尼亚分别建有农场 1.8181 万个、1.04 万个、4.2891 万个和 1.8716 万个;其余的州和领地共有 1.9098 万个。在 1.2 亿英亩土地中,得到改良的只有 743.7819 万英亩。到 1900 年,西部 19 个州和领地新增农场 114.1276 万个,改良的土地约为 1.3073 亿英亩。同年,西部地区谷物和小麦的产量为美国全国产量的 32% 和 58%[2]。

数百万拓荒农场主不顾牧牛场主和牧羊主的敌视,闯入"牧畜王国"。他们围篱占地,开荒经营。牧区被农场主占据的土地越来越多,对牧场构成严重威胁。牧牛场主和牧羊主也开始用带刺铁丝筑篱,把自己的放牧场围起来,以阻止其他人的牲畜和农场主侵入。修筑围篱是与大

① Ray A. Billington, *Westward Expansion：A History to the American Frontier*, p. 625、p. 626、p. 629；Donald B. Dodd, Compiled, *Historical Statistics of the State of the United States：Two Centuries of the Census*, 1790 − 1990, p. 277、p. 74.

② Glbert C. Fite, The Farmer's Frontier, 1865 − 1900, New York, 1966, p. 2、p. 12、p. 223；Donald B. Dodd, Compiled, *Historical Statistics of the State of the United States：Two Centuries of the Census*, 1790 − 1990, p. 613.

批拓荒者涌进牧区和带刺铁丝的发明同步进行的。在 1874 年,赶牛群北上的牛道沿路还没有围篱。到 1885 年,从得克萨斯至蒙大拿的牧场和农场已经普遍使用带刺铁丝围篱。农牧争地的状况日趋严重。在一些不适合农耕只宜放牧的地区,农场的建立破坏了草原,是因农毁牧。

四　悲剧后果

内战以后的西部牧区开发,是在自由放任的资本主义方式下进行的。掠夺性的开发在创造西部繁荣"奇迹"的同时,却给美国带来了严重的"悲剧后果"。

第一,掠夺性的开发破坏了大平原的自然风貌。未开发前的大平原到处遍布野牛草之类的短草,落叶树散见在沿河流地带,松树等生长在岩层上。当时,人们习惯把内布拉斯加中部以北称北部平原,以南叫南部平原。南部平原平坦,偶尔有河谷、峡谷和山脉出现。南部平原的草绝大多数长得较矮,以格兰马草和野牛草居多。得克萨斯南部平原广阔无垠,到处布满终年常绿的牧草。新墨西哥是天然的绿色牧场。俄克拉何马大部分地区水草丰足,适合放牧。堪萨斯有一块 8 万平方英里的草地,高草生长在较潮湿的东部低地,野牛草蔓延在年均降水量不足 20 英寸的西部。在堪萨斯西北部和科罗拉多东部的高平原地区,潮湿年份能够提供丰美的牧草。从科罗拉多东部向南,至丹佛东南 50 英里处的迪尔特雷尔附近,到处长满齐膝高的格兰马草与齐腰高的白草相间。绿草随风起伏,宛如滚滚的波浪。内布拉斯加东部是地势起伏的草原,该州中部以北的大平原,因有较多的峡谷和孤山出现,变得更加起伏。再往北部,山脉中断了连续的平原。北部平原也多为矮草覆盖,但有像蓝茎草和针线草一类的高草。南北达科他的东部没有森林,草原一望无际;西部绵延起伏的高平原地区,也有很多地方绿草丰美。在蒙大拿和怀俄明,蓝茎草和蓝结草等在夏季很少受冷、热气候的侵袭。占蒙大拿面积三分之二的东部地区,牧草繁茂。在怀俄明的东部平原地区,到处长满茂盛的鼠尾草,它的西部地区也间有一些绿草地①。由于自然条件的障碍和受技术条件的限制,大平原在美国内战以前被开发的地区有限。大平原向世人展现的是一派迷人的草原风光。然而,1873年带刺铁丝网问世不久,在短短一二十年的时间里,美国西部发生了巨大的变化。牧牛场主、牧羊主和拓荒农场主竞相筑篱圈占土地。原先一望无际、碧绿如波的大草原被大量密如蜘蛛网的带刺铁丝围篱分割缠绕。数条横贯大陆的铁路及其支线纵横交错,爬满大平原,上面奔跑着长鸣的铁马——"火车"。大部分不适合农耕的半干旱和干旱的草地荒原被农场主利用现代农业机械开垦成农田,到处耸立着巨大的风车。大平原的原始自然风貌被彻底破坏了。

第二,掠夺性的开发彻底打破了牧区的生态平衡。

在漫长的自然演进中,大平原形成了一个稳定的"草地——野牛——印第安人"的生态圈。在这个生态圈中,广袤草地的主要作用是固定水土,为野牛等生物提供基本生活条件。故草地是大平原生态圈保持平衡的基础。野牛是大平原最重要的动物之一,它们以野草为食,群体活动,在大平原繁衍生息。在白人进入大平原之前,那里的野牛达1,500万至5,000万头。野牛与大平原印第安人的生存息息相关,是他们赖以为生的"奔驰的百货商店"。野牛身上的每一部分都被印第安人取来利用,成为他们衣食住行和各种用品的来源。到1860年,散居在大平原地区的印第安人约有25万人,他们崇拜野牛,在狩猎时都举行宗教祈祷仪式,感谢上苍给他们送来亲如手足的"兄弟"。

① *The New Encyclopidis Britannica*, Vol. 29, Chicago: Encyclopedia, 1998, p. 363; Howard R. Lamar, ed,. *The Reader's Encyclopedia of American West*, New York: Thomas. Crowell Company, 1977, p. 607; Marvin J. Hunter, ed., *The Trail Drivers of Texas*, Austin, 2000, p. 929.

虽然大平原的印第安人以弓箭和带尖石的枪矛等原始武器猎杀野牛为生，但他们比较"节俭"、"节制"，是在不破坏自然生态平衡的状况下生活。直到美国内战结束，大平原依然漫游着1,300万头野牛①。内战后在大平原上的牧业开发，是在一种放任无序的状态下进行的。牧牛场主和牧羊主为了利用"不花钱"的青草榨取超额利润，无节制地把牛羊从四面八方赶进草原。结果导致牧区存畜爆满，过载过牧，造成牛羊争啃牧草和相残的局面。垄断资本与原始游牧方式相结合的牧业开发是一种残暴的掠夺经营。牧业大王们无节制的贪婪发财欲望，使他们不择手段地滥用草地。牛羊把一些牧区原本丰茂的牧草连根啃光，很多草地逐渐沙化，再也不能复青。

数万拓荒农场主进军大平原后，使夺取土地和水源的斗争更加残酷。他们靠着现代化农业机械毁草造田，开荒种地，使只适合放牧的北部和西部牧区被开垦成农田，草原面积日益锐减。农争牧地不仅毁掉了大片大片的草原，而且使大平原土地的沙化日趋严重。因为被开垦成农田的草地在秋收以后直到来年春播，完全成了光秃秃的裸露土地。草地被连续耕种数年后逐渐贫瘠，水分更易流失，土地极易沙化。在草地日益锐减的同时，大平原畜群过载过牧的趋势也日益严重。农牧争地的掠夺性开发首先毁掉了大平原生态圈的基础——草地。继之，以草地作为栖息生存地的野牛也遭到了灭绝的下场。白人移居者用现代武器对野牛进行了有组织的大屠杀。1867至1883年短暂的17年间，千万余头野牛都被屠杀殆尽。到1903年，在大平原只发现了34头野牛②。取代野牛群的是牛羊，占据大平原的是大量的牧场和农场。

---

① Lawrence I. Seidman, *Once in the Saddle: The Cowboy's Frontier*, 1866 - 1896, New York, Alfred A. Knope, 1973, p. 104; John A. Garraty, etal., *A Short History of the American Nation*, New York, 1989, p. 277; Ray A. Billington, *Westward Expansion: A History to the American Frontier*, p. 579.

② Ray A. Billington, *Westward Expansion: A History to the American Frontier*, p. 579.

野牛的灭绝破坏了野牛与印第安人之间的生态平衡。失去衣食所依的印第安人在联邦政府的种族灭绝政策的打击之下,陷入严重的生存危机。掠夺性的开发使大平原原有的生态平衡圈被摧毁了。

第三,掠夺性的开发未能在大平原构建和谐社会。

争夺公地和水源使用权的斗争引发了牧牛业集团内部的牧牛大王与中小牧牛场主、牧牛业集团与牧羊业集团和牧业集团与拓荒农场主之间的长期的纠纷和流血冲突。19 世纪 70 至 80 年代,他们展开了"筑篱和毁篱"之战。在得克萨斯的 171 个县中,有 1/2 以上的县发生了剪断围篱的事件①。到 1882 年秋,毁篱给该州造成的损失约为 2,000 万美元,税收因此减少了 3,000 万美元②。牧区的流血冲突造成大量家畜死亡。19 世纪 80 年代至 90 年代初,亚利桑那牧区因干旱和过载过牧而导致流血冲突频发。1884 年,牧牛场主精心策划了血腥屠杀羊群的残暴事件。牛仔赶着百余匹尾巴上拴有锐利"兽皮刀"的野马,践踏 2.5 万只羊的羊群,使成千上万只羊在恐惧、流血和哀叫中死伤③。怀俄明牧区也是流血事件多发的牧区,棒杀和毒死羊群的事件经常发生。1895 年 6 月的一个夜晚,牧牛场主指使一伙蒙面人袭击四五个牧羊营地,棒杀了 2,000 只羊。1901 年,蒙面人一次棒杀的羊达 8,000 多只。在 19 世纪 90 年代,仅在科罗拉多和怀俄明边界,有 60 万只羊被毁掉④。牧区战争造成人员大量伤亡,加剧了社会矛盾和政党冲突。1887 年 8 月,在亚利桑那中部发生的"通蒂盆地战争",因两个牧场主家庭的不

---

① Robert G. Ferris,ed. ,Prospector,Cowhand and Sodbuster,p. 82.

② W. Eugene Hollen,*Frontier Violence*,London · New York:Oxford University Press,1974,p. 170.

③ James A. wilson,*West Texas Influence on Early Cattle Industry of Arizona*,Southwester Historical Quarterly,1967,Vol. 71. p. 30;Charles W. Towne,Edward N. Wentworth,*Shepherd's Empire*,p. 196.

④ Edward N. Wentworth,*America's Sheep Trail*,p. 593;Charles W. Towne,Edward N. Wentworth,*Shepherd's Empire*,p. 191;Ray A. Billington,*Westward Expansion:A History to the American Frontier*,p. 578.

和而起。敌对双方的 10 秒钟交火使牛仔两死三伤。这场战争导致在此后 5 年中有 26 名牧牛场主和 6 名牧羊主丧生。19 世纪 90 年代，仅在科罗拉多至怀俄明边界的放牧地，流血冲突导致至少 20 人被杀死，100 余人受伤。1878 年 2 月在新墨西哥发生的"林肯县战争"，造成了 37 人死亡①。怀俄明的牧牛大王们为了独霸牧区，在 1892 年 4 月发动了"约翰逊县战争"，他们组织 50 余人的武装远征队向小牧场主和小农场主施暴。"约翰逊县战争"历时不足一个星期，只有 3 至 4 人死亡，但它付出的代价和对美国政治产生的深刻影响是其他牧区战争无法相比的。这次战争使牧牛大王们耗费了 10.5 万美元，这笔"战争基金"在经济不景气的 90 年代初绝非是个小数目。"约翰逊县战争"进一步加深了怀俄明的社会矛盾，小牧场主、小农场主和城镇居民面对牧牛大王们的暴行，不畏强暴，奋力自卫。这次战争对怀俄明的政治斗争产生了巨大影响，共和党的怀俄明"政治机器"在该州的州长选举中落败。因为民主党和人民党联合拒绝再选弗朗西斯·F.沃伦任参议员，故在此后的两年内怀俄明州在国会只有一名参议员约瑟夫·M.凯里。"约翰逊县战争"还成为 1892 年美国总统大选中争论的一个主要问题。它使怀俄明这个被共和党长期控制的地盘也不是"一个可靠的共和党州了"②。

大平原是印第安人的家园，但他们被白人移居者排除在社会之外。白人移民与印第安人种族冲突的核心问题是土地。为了不断剥夺印第安人的土地向白人移居者开放，美国政府在内战后对大平原印

---

① Charles W. Towne, Edward N. Wentworth, *Shepherd's Empire*, pp. 183 – 185；Ray A. Billington, *Westward Expansion：A History to the American Frontier*, p. 598；Philliop Durham, Everett L. Jones, Philip Dirham and Everett L. Jones, *The Negro Cowboys*, Lincoln and London：University of Nebraska Press, 1965, p. 106.

② Robert G. Athern, *High Country Empire：High Plains and Rockies*, Lincoln and London：University of Nebraska Press, 1960, p. 145；Russel B. Nye, *Midwestern Progressive Politics：A History Study of Origins and Development*, 1870 – 1958, East Lansing：Michigan Universtiry Press, 1959, p. 62.

第安人连续发动了 30 年的血腥"讨伐战争"。1867 年,"和平委员会"又谋划把大平原所有的印第安人集中到两个保留区。在北部漫游的 5.4 万印第安人进入达科他的布莱克山保留区。在南部的 8.6 万印第安人进入俄克拉何马保留区①。缩小和减少保留区的政策使印第安人的土地不断丧失,甚至连俄克拉何马保留区也成了"牧场主的最后边疆"②。被迫迁入两个保留区的印第安人继续遭受白人移居者的暴虐统治。联邦政府在组织和法律上限制、剥夺部落酋长的权力,使印第安人丧失活动自由,再不能得到传统的生存资源,处于半饥饿状态。野牛的灭绝使大平原印第安人丧失了赖以生存的"命根子",他们不得不接受美国政府的同化政策,成为联邦政府监护的对象。大平原印第安人作为一个独立的社会实体被清除了。他们的处境更加悲惨,生存危机日益严峻。其文化、宗教传统和生活方式也遭受了严重破坏,这是垄断资本对印第安人犯下的种族灭绝罪行。白人拓居者对大平原的掠夺性开发使那里充满凶残、暴力、流血冲突和讨伐战争。农牧区没有和谐,而是在垄断资本控制下白人富有者主宰一切的社会。

昔日,美国西部的牧业大王和拓荒农场主以带有血腥暴力的掠夺性开发在大平原上聚敛了巨额财富,然而,他们的"黄金时代"却给其子孙后代造成了灾难性的后果。到 20 世纪 30 年代,大平原的沙尘暴肆虐,使东部沿海地区的居民都深受其害。过度的放牧和垦殖毁了上亿英亩草地。到 20 世纪 30 年代,大平原的生态平衡几近崩溃,南部平原成了产生沙尘暴的重灾区。

大平原白人拓居者对自然界的疯狂掠夺,最终使他们的后代不得不吞食自然界无情报复的苦果。今天我们探讨大平原掠夺性开发这

---

① Ray A. Billington, *Westward Expansion: A History to the American Frontier*, p. 571.

② Edward E. Dale, *The Range Man's Last Frontier*, *Missisipi Valley Historical Review*, June, 1923, Vol. 10, p. 41.

一问题,不仅是因为以往的研究对它关注不够以及 20 世纪六七十年代在我国西部牧区有毁草造田的惨痛教训,而且是因为在我们实施西部大开发战略中还有不尽如人意的事件发生。2005 年主流媒体曾披露一个典型个案。内蒙古某贫困县因为急于引进大的投资项目,把花费多年努力才恢复的草地又开垦成了农田。结果绿色的庄稼没有长出来,由此导致的沙尘暴肆虐却使当地居民无法再在那里待下去了。绿色公司的数百万元的投资也无法收回。由此可见,没有科学发展观的指导,我国西部一些牧区仍难走出掠夺式开发的怪圈。美国大平原掠夺式开发的负面教训,或许对我们领会、落实"科学发展观"和"构建和谐社会"的方针能提供一点历史启示。

参考书目

一、原始资料

1. Howard R. Lamar, ed,. *The Reader's Encyclopedia of American West*, New York, 1977.

2. *The New Encyclopidis Britannica*, Vol. 29, Chicago, 1998.

二、专著

3. Charles W. Towne, Edward N. Wentworth. *Shepherd's Empire*, Norman, 1946.

4. David Dary, *Cowboy Culture*, Lawrence, 1989.

5. Donald B. Dodd, Compiled, *Historical Statistics of the State of the United States: Two Centuries of the Census*, 1790 – 1990, 1993.

6. Edward N. Wentworth, *America's Sheep Trail*, Ames, 1948.

7. Ermest S. Osgood, *The Day of the Cattled*, Chicago · London, 1968.

8. Glbert C. Fite, *The Farmer's Frontier*, 1865 – 1900, New

York, 1966. ,

9. LeRoy R. Hafen, *Western America*, *Glinland-Clivelands*, 1970.

10. Paul H. Carlson, *Texas wolly Backs*：*The Range Sheep and Goats Industry*, Clivland, 1982.

11. Ray A. Billington, *Westward Expansion*：*A History to the American Frontier*, New York, 1974.

12. Robert G. Athern, *High Country Empire*：*High Plains and Rockies*, Lincoln and London：University of Nebraska Press, 1960.

13. Robert E. Riegel, etal, *America Moves West*, New York · Chicogo, 1971.

14. Robert G. Ferris, ed. , *Prospector, Cowhand and Sodbuster*, Washington, 1967.

15. Russel B. Nye, *Midwestern Progressive Politics*：*A History Study of Origins and Development*, 1870 − 1958, East Lansing：Michigan Universtiry Press, 1959.

16. Walter P. Webb, *The Great Plains*, Waltham, 1959.

17. W. Eugene Hollen, *Frontier Violence*, London · New York, 1974.

三、论文

18. Edward E. Dale, The Range Man's Last Frontier, *Missisipi Valley Historical Review*, June, 1923, Vol. 10.

19. James A. wilson, West Texas Influence on Early Cattle Industry of Arizona, *Southwester Historical Quarterly*, 1967, vol. 71.

（作者周钢，首都师范大学历史学院教授；本文发表于《世界历史》2007 年第 2 期）

世界史研究（第三辑）
SHIJIESHI YANJIU

试析 1918—1920 年英国对土耳其的政策

——兼论《色佛尔条约》的艰难出台

赵军秀

1918—1920 年,英国凭借一战后期在中近东地区的优势地位,试图主导战后中近东局势,以有利于自己的方式解决土耳其问题。为此,英国先是操纵与土耳其的停战协定谈判,继而提出"将土耳其逐出欧洲"、在海峡地区创建独立国家的激进政策。由于土耳其民族主义者的坚决抵制和英国战时盟友法、意的反对,以及英国内阁的意见分歧,英国政府决策人物首相劳合·乔治及两任外交大臣贝尔福和寇松的愿望未能完全实现。但在他们的坚持下,仍然炮制了对土耳其极为苛刻的《色佛尔条约》。

目前尚未见到国内学者对这一问题的专门研究。国外学者虽有涉及,但偏于叙述。笔者在借鉴国外学者研究的基础上,着重分析和探讨了这一时期英国对土耳其采取的激进政策及其原因,分析政策实施过程中的矛盾,揭示《色佛尔条约》难产的原因及其夭折的必然性,从而说明和论证存在一个多世纪之久的"东方问题"的复杂性。

一、英国与《摩德洛斯停战协定》

一战后期,英国一直寻求与土耳其单独签订停战协定,将土耳其从同盟国中分裂出来,尽快结束中近东战场战事,全力以赴在海上和欧洲战胜德奥集团。但战时协约国间的秘密协定,成为与土耳其单独和谈的障碍。俄国十月革命爆发后,苏俄政府发布号令公开谴责沙俄政府战时与英、法等国签订的秘密协定,并承诺陆续将这些协定公之于众。苏俄的法令,一方面在全世界面前揭露了大国间秘密的政治交易,对协约国、特别对英国是沉重的打击;另一方面,也在某种程度上为英国提供了与土耳其单独签约的条件和机遇。英国首相劳合·乔治甚至有如释重负之感,1917 年 12 月 20 日,他不失时机地向下院通告,俄国退出战争,使我们"自由解决君士坦丁堡问题成为可能"。①

为尽快与土耳其缔结停战协定,1918 年 1 月 5 日,劳合·乔治在议会讲话中表示:"我们进行战争的目的,并非为剥夺土耳其首都或土耳其人居多数的小亚细亚和色雷斯的富饶土地。"②讲话试图传递一个信息,即英国允许土耳其依然保留君士坦丁堡和在亚洲的主要地区,条件是土耳其终止与协约国的对抗。但劳合·乔治也指出,对于非土耳其民族居多的地区,如阿拉伯、亚美尼亚、叙利亚、巴勒斯坦等地应该从土耳其分离出来。③讲话涉及土耳其海峡时,劳合·乔治则呼吁和强调从地中海至黑海的航道应该"国际化"、"中立化"和"非军事化"。在对土耳其海峡政策的历史上,英国第一次寻求以某种国际联合控制的方式取代土耳其控制。这清楚地反映了英国在海峡地区的利益需求,也明显带有对土耳其在战争中追随中欧集团的惩罚性质,特别是对土耳其在战争期间坚持关闭海峡,曾使 2 万 5 千名英国及其自治领的士兵被埋葬在加利波利半岛的惩罚。劳合·乔治在回忆录

---

① G. Skaggs, Britain at the Straits, *A Study of British Diplomacy toward the Turkish Straits*, *1900 - 1923*, (PHD)Georgetown University of America, 1977, p. 220.

② S. R. Sonyel, *Turkish Diplomacy 1918 - 1923*, *Mustafa Kemal and the Turkish National Movement*, London: Beverl Hills, p. 2.

③ H. N. Howard, The Partition of Turkey, a Diplomatic History 1913 - 1923, New York: Howard Fertig, 1966, p. 201.

中说:一战中"俄国和罗马尼亚并没有被德奥军队打败,而是被达达尼尔打败。土耳其关闭海峡,对在关键时刻协约国未能获得俄国和罗马尼亚的支持负有责任,……将战争延长了两年。"①但总体看,劳合·乔治的表态比较温和。对土耳其的许诺,很大程度上是为了取得战争最后胜利的权宜之计。

然而,与土耳其停战协定的谈判一直拖到1918年秋才开始。10月初,英国政府草拟给本国谈判代表、地中海指挥官卡尔索波几点指示作为谈判的原则:(1)黑海海峡对协约国商船和战船开放,两海峡的要塞和出口由协约国联军防卫;(2)土耳其除保留小部分军队防守要塞和维持内部秩序外,其余军事力量全部遣散,阿拉伯省的要塞交给附近的协约国联军,土耳其交出全部设备、武器和弹药;(3)一旦形势突发危及协约国安全,联军要占领土耳其境内的战略据点,特别是亚美尼亚省若发生秩序混乱,协约国将派军队去那里维持秩序;(4)协约国控制所有电话、电报通信和电缆站;(5)土耳其在波斯北部和外高加索的军队撤至战前状态,这些地区由协约国决定如何解决。②

由于战局和形势的发展变化,英国政府的态度明显强硬起来,提出的停战条件不仅为了加速战争胜利的进程,还想完全控制土耳其。此时土耳其政府也认为,协约国的胜利包括占领君士坦丁堡都迫在眉睫,因此除接受停战条件外别无选择。土耳其谈判代表侯赛因·劳夫甚至告诉英国代表,土耳其参战主要因受到俄国的威胁,既然俄国已经退出战争,土耳其愿意恢复19世纪与英国的传统友谊。因此土耳其基本接受了英国提出的全部条款。1918年10月30日,双方在位于

① David Lloyd George, *Memoirs of the Peace Conference*, New Haven: Yale University, 1939, Vol. 2, p. 807.

② J. C. Hurewitz, *Diplomacy in the Near and Middle East: A Documentary Record 1914 – 1956*, New Jersey: D Van Nostrand Company, Inc. , 1956, Vol. 2, pp. 36 – 37.

达达尼尔海峡入海口利姆诺斯岛的摩德洛斯港签订了停战协定。

从《摩德洛斯停战协定》的酝酿到签订,笔者认为以下几点需要强调:第一,英国充分利用所处的有利地位,试图将战争后期的军事胜利迅速演变成战后的外交胜利。英国政府看到,军事战场上的战争即将结束,但外交战场的战斗才刚刚开始,在外交战场上,最关键的是英国要坚持在停战谈判中的领导地位,并以对自己有利的方式与土耳其签订停战协定。当然,英国所以能主宰与土耳其的停战谈判,得益于一战结束时的形势。德国战败退出了中近东舞台;俄国正处于历史上前所未有的革命动荡时期;法国的兵力被牵制在其西部边界莱茵地区,土耳其正在等待协约国的裁决。英国意识到这是一个极好的机会,是施展其政策并在中近东地区建立决定性影响的时期,以便更有效地保护通向英印帝国的海陆通道的畅通。此外,战争末期英国军队的布局也对英国极为有利。1918 年 10 月初,英国军队已经胜利进入美索不达米亚、阿拉伯、巴勒斯坦和叙利亚等地并控制了这些地区。

第二,停战协定是以英国为首的战胜国施加给土耳其的协定。在停战谈判中,土耳其几乎接受了英国代表的全部提议。土耳其向协约国的投降,实际是向英国的投降。有些学者认为,这是英国代表以机智取胜的结果。笔者不否认这是重要原因,但应注意到土耳其对英国仍抱有幻想的因素。土耳其认为,随着停战协定的签订,将开启土耳其与协约国缔结和平条约的进程,他们寄希望于与英国及其盟国缔结一个保留自己主权、特别是保留在君士坦丁堡和海峡主权的和约,并期待通过与英国结盟,促使一个强壮和独立的土耳其的复活,这是土耳其接受停战条款的重要原因。然而后来的事态发展证明,英国及其盟国的策略中显然带有瓜分土耳其的考虑,甚至包括安排战争末期协约国未占领的土耳其领土。不过,协约国在精心策划和安排时,也要考虑土耳其总体能够接受的和平条款,即以某种形式将土耳其领土大大缩小，但仍保留奥斯曼帝国的心脏地区——安纳托利亚和东色雷斯。①协约国对土耳其领土的安排，同土耳其民族主义运动领袖凯末尔正在筹划的现代土耳其国家的版图相差甚远，这是后来和平条约谈判一拖再拖的重要根源之一。

第三，在停战协定谈判过程中，土耳其代表所以相信英国的许诺，并对协定的前景过分乐观，还由于一些条款模棱两可。然而，恰恰是那些含糊不清的条款，容易被引申和滥用。如协定允诺给协约国"一旦形势威胁到他们的安全，可占领土耳其战略据点"的权力，以及协定规定：如果土耳其境内"亚美尼亚6个省秩序发生混乱，协约国保留占领它们中任何部分的权力"。这些假设实际是由英、法等国根据自己的需要随心所欲解释的。停战协定签订不久，他们便利用这些条款，先是占领土耳其战略要地，继而将占领延伸到土耳其的心腹之地——安纳托利亚，并具体实施瓜分和肢解土耳其的计划。英法联军占领了海峡、君士坦丁堡，英军占领了萨姆松等他军事要地，并深入到安纳托利亚东南部，法国派兵进入西里西亚等地区，意大利军队在安塔利亚登陆，占领了英法战时许诺给它的一些地区，希腊军队则侵入小亚细亚第一要港士麦那（伊兹密尔的旧称）及其周围地区，并将西色雷斯也控制在手中。②一时间协约国大有迅速解决几个世纪以来的"东方问题"的趋向，试图将土耳其逐回至中亚。直至那时土耳其政界一些人士才逐渐意识并得出结论，协约国宣布的一些冠冕堂皇的原则，"仅仅是为了击败中欧国家，他们无一不是考虑自己的利益"。③

---

① A. L. Macfie, *The End of the Ottoman Empire 1908 – 1923*, London and New York: Longman, 1998, p. 182.

② 王绳祖主编：《国际关系史》第4卷，世界知识出版社1995年版，第152页。

③ S. R. Sonyel, *Turkish Diplomacy 1918 – 1923*, *Mustafa Kemal and the Turkish National Movement*, p. 3.

第四，从停战协定签订开始，协约国内部的冲突就不断发生。法国对英国的意图及做法充满怀疑。法国认为，英国代表协约国与土耳其谈判，但进行停战谈判的时机和具体内容，英国事先并没有与法意商量，法国抗议英国单方面的行动。英国政府却认为，在反对土耳其的战争中英国首当其冲，英国在中近东战场损失惨重，现在必须通过政治解决来补偿战争中英国的牺牲和花费。[①]劳合·乔治明确表示："在战争中，我们在达达尼尔、加利波利、埃及、美索不达米亚和巴勒斯坦反击土耳其，承担了如此广泛和沉重的负担，现在是回报的时候了"。[②]他嘲讽地谈及战时在中近东战场英国得不到法、意支持的情况："英国逮获3—4个土耳其军团却遭致在战争中数以千计的伤亡，其他的政府只是派了几个凶狠的警察看着我们不能偷圣墓。"[③] 据统计，战时英国及其自治领共有255万1千人担负着在上述地区的责任。[④]英国政府理所当然地认为，在土耳其问题上发挥主导作用和得到特殊的对待是公平的。然而，法国对英国的这种说法极为愤慨。法国总理克雷孟梭告诫英国：战时法国军队坚守在西线，对于英国在欧洲的安全做出了巨大的贡献，这正是法国不能派出大量军队到近东的原因。[⑤]可见，从停战协定签订开始，英法两国就拉开了重新在中近东争夺的序幕。

---

① I. Rose, *Conservatism and foreign Policy during the Lloyd George Coalition 1918－1922*, London and Portlan：Frank Cass，2001，p. 2.

② Bulent Gokay, *A Clash of Empires, Turkey Between Russian Bolshevism and British Imperialism*, 1918—1923, London：Tauri Academic Studies，1997，p. 41.

③ E. L. Knudsen, *Great Britain, Constantinople, and the Turkish Peace Treaty 1919－1922*, New York and London：Garland Publishing，1987，p. 15.

④ E. L. Knudsen, *Great Britain, Constantinople, and the Turkish Peace Treaty 1919－1922*, p. 15.

⑤ H. H. Cumming, *Franco-British Rivalry in the Post-War Near East*, London：Oxford University Press，1938，p. 53.

总之，土耳其在一战中的失败，标志着一个存在几百年、包含诸多民族、跨越广阔领土、融入不同文化的奥斯曼帝国的终结。英国及其战时的盟国都急于填补这一地区的真空，但各有各的打算。英国全力以赴要控制海峡及美索不达米亚地区，力图创造一条中近东战略防御线，使其尽可能接近印度并保障印度比邻地区的安全；法国窥视叙利亚、黎巴嫩和西里西亚等地，努力在这一地区占优势，并企望能得到控制土耳其资本的优先权；意大利则一再声称在可能进行的领土分配中，要与英法享受平等待遇。①列强各自的意图决定了战后解决土耳其问题的艰难。无论从政治、军事、经济还是战略方面看，控制和操纵战后土耳其的命运，对英国都极为重要。主导《停战协定》的签订为英国意图的实现奠定了基础，此后，英国期待着在巴黎和会上通过与土耳其正式签订和平条约来巩固和确保自己的地位和利益。

二　和平条约的拖延及其原因

1919 年 1 月召开的巴黎和会是战胜国对战败国领土和殖民地的处理和安排。确定战争赔款、安排欧洲的边界和版图、与战败国签订和平条约是和会的主要任务。协约国经过激烈的争执和讨价还价，先后于 1919 年 6 月 28 日与德国签订《凡尔赛和约》，9 月 10 日与奥地利签订《圣日耳曼条约》，11 月 27 日与保加利亚签订《纳伊条约》，1920 年 6 月 4 日与匈牙利签订《特里亚农条约》，8 月 10 日与土耳其签订《色佛尔条约》。在战后一系列和平条约中，《色佛尔条约》是最后出笼的。和约的拖延，固然因为巴黎和会的最初阶段各国都把主要精力放在与德国签订和平条约上，但拖延的深层原因，还由于解决土耳其

---

① A. L. Macfie,*The End of the Ottoman Empire 1908 – 1923*,p. 183.

问题面临许多复杂的争端。以致一些学者认为："在巴黎和会上,没有比土耳其问题更重要的了"。①

巴黎和会及以后的一段时间里,英国极力主张对土耳其采取激进政策,即将土耳其驱逐出欧洲,在君士坦丁堡和海峡地区创建独立的海峡国家。英国最先设想由美国托管君士坦丁堡和海峡。1919年1月劳合·乔治在巴黎和会上陈述了由美国托管的理由:一是美国在中近东地区没有直接利益,出面托管可避免协约国间出现争端;二是可以缓解英国军队长久以来在这一地区承担的军事负担和压力。②但威尔逊表示:托管对美国是负担,美国人民不会接受在亚洲的军事责任。尽管如此,英国政府仍不愿放弃自己的主张,并于1919年2月拟定了关于解决土耳其问题的草约。

草约的主旨思想有三方面:其一,建立黑海海峡的自由航行原则。为确保这一原则的实施,海峡两岸、至少是马尔马拉海部分海岸要排除土耳其的主权;其二,将海峡及其邻近领土从土耳其分离出来,建立"一个独立的国家",这个国家置于托管国控制之下,托管国有责任协助管理和维持海峡的自由航行,并提到美国若不接受托管的责任,创建一个海峡委员会替代;其三,草约涉及海峡新独立国家的领土范围,但并没有具体勾画其版图。③5月中旬,劳合·乔治将草约递交给和会。6月27日,在凡尔赛和约签订的前一天,由于受到诸多问题的牵制,英、美、法、意四巨头会议最后决定,在美国正式接受关于君士坦丁堡和海峡的托管之前,延期解决土耳其问题,将土耳其和平条约暂时

① H. N. Howard, *The Partition of Turkey*, a Diplomatic History 1913 – 1923, p. 217.

② E. L. Woodward and R. Bulter eds. *Documents on British Foreign Policy*, 1919 – 1939, London: H. M. Stationery Office, 1946—1965. First Series, Vol. 4, p. 241.

③ G. Skaggs, Britain at the Straits, *A Study of British Diplomacy toward the Turkish Straits*, 1900 – 1923, (PHD), p. 234.

搁置。8 月中旬，美国驻英国大使通知英国政府，美国不可能接受托管。11 月 19 日，美国参议院否决了参加国联，而这是美国能够接受托管的前提。美国参议院的决定使英国的愿望终成泡影。

笔者认为，美国拒绝托管固然是拖延解决土耳其问题的直接原因，但和约拖延的背后，体现的是战后中近东急剧变化的形势和土耳其问题的复杂性，协约国各执己见和各行其是，以及英法之间的互相猜忌和防范，还有英国内阁存在严重的意见分歧。

其一，从历史角度看，存在一个多个世纪的"东方问题"，不仅是引起欧洲大国间严重冲突的原因，也是世界和平的障碍。H. N. 哈罗德在其著作中指出，"在过去 500 年里，君士坦丁堡和海峡，比世界上任何一个地方产生的事端更多，造成人类无数次流血和冲突，成为欧洲动荡不安的中心，它是 19 世纪一系列战争的直接起源地"。①这是对土耳其问题在近代国际关系和国际冲突中重要地位及作用恰如其分的评论，也是对和约难产深层次原因客观真实的分析。从具体情况看，战后土耳其问题的解决不仅涉及未来土耳其作为独立国家的存亡，可能保存的独立土耳其国家的版图；还涉及从原奥斯曼土耳其帝国分离出来的亚美尼亚、库尔德斯坦、阿拉伯、美索不达米亚、叙利亚、巴勒斯坦的归属，对这些地区如何处置，如果采取托管方式，由谁托管和如何托管。当然，对英国来说，在诸多纷繁复杂的问题中，核心问题仍然是土耳其海峡和君士坦丁堡的归属。

其二，战后英法在中近东地区的关系十分微妙。英国为了维持战争后期在这一地区取得的优势地位和加强对土耳其的控制，既需要与战时盟友法、意合作，共同逼迫土耳其接受被瓜分的现实以及遏制和破坏土耳其与苏俄可能的结盟；又必须防范和阻止法国势力在这一地

---

① H. N. Howard, *The Partition of Turkey, a Diplomatic History 1913 – 1923*, p. 217.

区的扩张。当然,英法在中近东的斗争与英法在欧洲的斗争密切相连。在欧洲,英法对战败德国的态度大相径庭,英国的"均势外交"、"和平战略"与法国的"安全战略"发生尖锐冲突。①在德国问题上,法国需要英国的支持,但法国又对英国主导中近东局势的做法不满,并逐渐意识和领悟到,英国的意图"是要在土耳其建立一个新的埃及,建立一个通向印度之路的屏障",英国"通过对土耳其施压,或迟或早会使土耳其请求英国的保护"。法国甚至得出结论:土耳其的历史将"是埃及历史的重现"。②法国总理克雷孟梭认为,法国最明智的选择是使土耳其继续留在君士坦丁堡,因此反对英国将土耳其逐出欧洲的主张。但总体看,法国对英国土耳其政策的支持程度,取决于英国对法国欧洲政策的支持程度,双方的利益冲突和利益妥协交织在一起。

其三,英国政府本身对土耳其的政策存在严重分歧,内阁两派观点的对立,直接影响到与土耳其签订和平条约的进程。在是否将土耳其逐出欧洲的问题上,英国内阁发生了激烈争执并导致内阁的分裂。巴黎和会期间,1919 年 5 月 19 日,英国内阁会议在巴黎召开,首相劳合·乔治和外交大臣亚瑟·贝尔福及其继任者乔治·寇松坚持将土耳其逐出欧洲的观点,而陆军大臣温斯顿·丘吉尔和印度事务大臣欧内斯特·S.蒙塔古等则坚决反对这种主张。

劳合·乔治主张通过由协约国联军控制土耳其首都及其他关键地区的措施,一劳永逸地解决长久以来困扰欧洲局势的"东方问题"。寇松认为,不将土耳其逐出欧洲,长久以来这一地区的混乱和灾难就难以解决。他特别提出必须从战略上看待土耳其问题,主张建立从欧

---

① "和平战略"指英国继续坚持欧洲大陆均势政策,反对法国在边界安全和战争赔偿问题上过分压制德国。"安全战略"指法国试将莱茵河作为其东方的"天然边界",在莱茵河左岸建立同德国分离的莱茵共和国,并向德国索取巨额赔款,确保法国东部边界的安全。

② H. H. Cumming, *Franco-British Rivalry in the Post-War Near East*, pp. 88－90.

洲到印度有利于英国的战略防御地带,并认为未来的土耳其国家是这个战略防御地带的中心。由于君士坦丁堡地位的重要,对于南俄和内外高加索,起着跳板和桥头堡的作用,所以君士坦丁堡必须由协约国联军控制。

蒙塔古对劳合·乔治和寇松的政策持批评态度,他担心采用如此激烈的方法解决土耳其问题,将影响英国在印度的统治。蒙塔古警告道:土耳其一旦被肢解,将引起印度和整个穆斯林世界的动荡,因印度"将土耳其视为一个穆斯林国家。"他还提出更为信服的论据,由于"担心意大利和希腊在安纳托利亚登陆,印度旁遮普已经开始出现混乱"。①丘吉尔支持蒙塔古的观点,并提请内阁注意,即在处理土耳其问题上需要考虑如何面对新涌现的苏俄布尔什维克。丘吉尔指出,无论历史、战略、还是实践的原因都证明,和缓地处理土耳其问题更为稳妥。第一,把君士坦丁堡作为一个友好的土耳其国家的首都,将使英国更容易维持对东地中海和安纳托利亚的控制;第二,土耳其与印度穆斯林有历史和文化联系,如果将土从首都逐出,将在印度产生强烈反应;第三,如果协约国联军执意占领君士坦丁堡,可能驱使土耳其进入与苏俄共同反对英国的战略同盟。②英国实际将失去对这一地区的影响和控制。

正是在内阁反对派的强大攻势下,内阁会议倾向于把君士坦丁堡留给土耳其,但英国政府仍没有做出最后抉择。

其四,劳合·乔治的亲希腊政策也对和约的难产有重要影响。劳合·乔治认为,海峡地区的军事责任由希腊分担最为合适。巴黎和会

---

① G. Skaggs,Britain at the Straits,*A Study of British Diplomacy toward the Turkish Straits*,1900 – 1923,(PHD),p. 240.

② Bulent Gokay,*A Clash of Empires*,*Turkey Between Russian Bolshevism and British Imperialism*,*1918 – 1923*,P. 43.

期间,虽未能与土耳其签订和平条约,但在劳合·乔治的坚持下,英、美、法等国于 1919 年 5 月 6 日决定,允许希腊军队占领土耳其东部港口士麦那。笔者认为,这是战后协约国最致命的决定,它直接促使凯末尔领导的土耳其民族运动的产生,也使和平条约的签订更为艰难。意大利和希腊在 1919 年 4、5 月相继攻占领安纳托利亚,揭开了为时 3 年之久的希土战争的序幕。同年夏天,土耳其民族主义者在安纳托利亚省东部召开了第一次会议,选举凯末尔为领袖。9 月 17 日,凯末尔主持召开了民族主义运动的重要会议,通过了国民公约六项原则,确立以争取土耳其"完全解放和独立为基础"的作战目标。英国海峡地区指挥官德·罗贝克告诉寇松,"现在真正的问题是即便土耳其素丹接受了和平条约,民族主义者也不会接受"。①

寇松在 1919 年 3 月曾警告内阁,和平条约的拖延,将使土耳其的民族主义者得以建立自己的武装力量,抵制协约国的和平条款,中断和平条约的谈判。凯末尔民族主义力量的发展和国民公约的通过,似乎验证了寇松的担心和忧虑。1919 年 11 月中旬,寇松再次向法国建议尽早恢复和平条约谈判。寇松说:"如果进一步拖延,被击败的土耳其可能重新宣战。"②在寇松的催促下,凡尔赛和约签订后 6 个月,重新启动了土耳其和平条约谈判进程。

三 《色佛尔条约》的艰难出台

1919 年 12 月 11 日,英法首脑在伦敦交换了解决土耳其问题的主

---

① E. L. Woodward and R. Bulter eds. *Documents on British Foreign Policy*,1919－1939,First Se-ries,Vol. 4,p. 763.

② E. L. Woodward and R. Bulter eds. *Documents on British Foreign Policy*,1919－1939,First Se-ries,Vol. 4,p. 879.

要观点。英国提出以协约国替代美国托管海峡的政策,这是英国第一次提出和法、意共同控制海峡。英法会谈期间,寇松继续坚持将土耳其逐出君士坦丁堡的观点,并提出新的理由加以论证:一是 50 万土耳其人留在首都将随时可能关闭海峡,并造成英法互相争斗,甚至德国和苏俄都可能重新恢复对君士坦丁堡的影响;二是如果土耳其不被驱逐出其首都,穆斯林世界会认为土耳其从来没有失败。劳合·乔治则从财政因素强调协约国控制君士坦丁堡的必要,可使该城承担协约国联军的花费。①在英国首相和外交大臣的坚持下,法国勉强接受了英国的观点。法国所以妥协,因为此时法国在欧洲问题的解决上想求得英国的支持。12 月 22 日,寇松和法国外长就和平条约细节讨论。寇松提出创建一个独立的海峡国家,以伊诺斯—梅迪亚为其欧洲边界,包括君士坦丁堡和东色雷斯。博斯普鲁斯海峡和达达尼尔海峡的亚洲一侧为其亚洲边界,整个海峡地区须成为非军事区。②由协约国控制的海峡委员会统辖新的海峡国家和管理海峡,以保证该地区的长期稳定。

英法伦敦会晤特别是英国提出的创建独立海峡国家的主张,是英国战后对土耳其采取激进政策的显著标志。甚至连炮制者寇松也承认,如此苛刻的和平条约实施起来十分困难。后来的事实证明,企图完全剥夺土耳其对海峡、君士坦丁堡和东色雷斯主权的决定,注定要失败。因为它极其不现实,仅仅看到土耳其在一战中的失败,而没能预见到它的新生,更没有充分重视和估价凯末尔领导的土耳其民族主义运动。寇松和法国外长的计划还未付诸实施,英国内阁首先否定了

---

① E. L. Woodward and R. Bulter eds. *Documents on British Foreign Policy*, *1919 – 1925*, First Series, Vol. 2, p. 728.

② E. L. Woodward and R. Bulter eds. *Documents on British Foreign Policy*, 1919 – 1939, First Series, Vol. 4, p. 940.

这种激进的解决方式。

　　1920 年 1 月 6 日,英国内阁召开会议讨论英法会晤提出的草约。蒙塔古的观点在会上占据绝对优势。他坚持土耳其必须留在君士坦丁堡,这也成为内阁的最后决定。蒙塔古严厉批评"寇松计划",作为印度事务大臣,他强烈呼吁关注印度和穆斯林世界的感情。蒙塔古重申:从欧洲"驱逐土耳其,将引起印度、埃及和整个东方穆斯林世界的动荡和混乱"。① 而寇松作为前任印度总督,不同意蒙塔古的论断,他极为愤怒地指责道:"内阁的最后决定是短见的,从长远观点看,是一个不幸的决定。"② 寇松认为:"土耳其问题影响了欧洲政治生活近 500 年,英国不应轻易错过解决这一问题的机会,这样的机会以后可能不会出现。"③

　　笔者认为,内阁所以否决寇松的提议,极为谨慎地对待这个复杂而难以解决的问题,不仅在于蒙塔古的强烈呼吁,更是陆军部的军事论点占据上风。陆军部提出的现实理由是"我们没有执行政策所需要的军事力量"。丘吉尔质问道:"没有士兵你们怎么将土耳其逐出君士坦丁堡"?④ 爱尔兰议员爱德华·卡森也发表类似的言论说:"谁去执行驱逐的任务?"⑤ 他甚至确信从欧洲驱逐土耳其将引发另一次战争。另外,笔者从史料和文献中还发现,内阁最终接受军界的观点还因为军方认定,土耳其留在君士坦丁堡,更容易被协约国联军控制。相反,如果土耳其首都迁移到安卡拉或其他地方,土耳其实际处于英国舰队

---

　　① 　E. L. Woodward and R. Bulter eds. *Documents on British Foreign Policy*,1919－1939,First Series,Vol. 4,p. 995.

　　② 　Harold Nicolson,*Curzon:the Last Phase 1919－1925*,London:Constable,1934,p. 113.

　　③ 　H. H. Cumming,*Franco-British Rivalry in the Post-War Near East*,pp. 92－93.

　　④ 　Winston S. Churchill,*The Aftermath*,1918－1923,London,1929,p. 373.

　　⑤ 　G. Skaggs,Britain at the Straits,*A Study of British Diplomacy toward the Turkish Straits*,*1900－1923*,(PHD),p. 260.

的控制之外。劳合·乔治在几个星期后阐述内阁的决定时也以军方的这一观点论证此事。甚至寇松也承认，军方关于将土耳其留在君士坦丁堡，能使英国更有效控制土耳其的观点是促成内阁决定的主要原因。①英国内阁的这一决定，使寇松与法国外长刚刚完成的草约必须修改，因为英国内阁决定同草约的主旨——剥夺土耳其对海峡地区的主权及创建新的海峡国家相违背。

土耳其和平条约的条款大部分在 1920 年 2—4 月的伦敦会议上完成。英、法、意等国的政府首脑、外交大臣和外交部长参加了会议。会议批准了总原则并重新拟定了和约草案，草案包括以下 3 方面内容：一是确定解决土耳其问题总的原则。英国首相劳合·乔治在列举了将土耳其逐出欧洲的种种理由后宣布：在这个问题上，英国"极其不情愿地做出让步"，英国同意土耳其留在君士坦丁堡。然而英国外交大臣寇松并没有完全放弃将土耳其逐出的念头，他提出了补充建议，即关于君士坦丁堡归属问题，将"视土耳其实施和平条约的情况而定"。②会议接受了这个建议，也在一定程度上为英国首相和外交大臣保留了面子。二是确定土耳其新的欧洲边界。会议提出将查特利加作为土耳其欧洲边界，缩小了原来英国提出的非军事区。除了非军事区外，土耳其被允许保留两海峡和马尔马拉海亚洲一侧的主权。三是决定海峡防御和海峡自由航行问题。会议提请军事专家对防御所需的军事力量进行估算，并提议建立海峡委员会，其职能是监督海峡的自由航行并对君士坦丁堡实施管理。

在和约草案细节的讨论中，寇松坚持海峡委员会的管理职责纯粹

---

① E. L. Woodward and R. Bulter eds. *Documents on British Foreign Policy*, 1919 – 1939, First Series, Vol. 7, p. 298.

② E. L. Woodward and R. Bulter eds. *Documents on British Foreign Policy*, 1919 – 1939, First Series, Vol. 7, p. 178.

是技术性的,其作用和权力须限定在"一旦海峡的自由航行受到威胁,负责向驻守君士坦丁堡的协约国联军通告",而是否采取军事行动,由协约国联军负责。寇松的意图极为明显,即确保海峡的军事控制权掌握在英法手中。①根据草约,新成立的海峡委员会在土耳其政府的名义下实施管理。然而,当法国外长提出在委员会中应给土耳其名额时,寇松却断然反对。他认为,作为战败一方的土耳其,不能与战胜国具有同等的地位。另外,士麦那的归属本不属于会议议程,但英国坚持希腊应得到士麦那。会议暂就上述问题达成妥协。

随后,草约请协约国驻君士坦丁堡官员过目,英、法、意官员相继提出警告,认为草约对土耳其极为苛刻,可能产生致命的后果。英国海军将领罗贝克断定,这样的条款会使土耳其与协约国重新敌对。他向政府提出警告:如此肢解土耳其,其结果无疑"将会驱使土耳其投入到布尔什维克的怀抱"以及"在近东和中亚煽起烈火"。②丘吉尔则指出实施这样的条约是无效的,因为土耳其民族主义力量不能接受。③他忧心忡忡地给首相写信说:"我对你的近东政策非常担心,我们正在领导盟国实施对土耳其的和平条约,这需要充足和强有力的军队,且是一项长久和花费巨大的事情。……我再次劝告要采取谨慎与和缓的态度,试着与一个真正代表土耳其的政府签约"。④面对军界和内阁如此强烈的反对,劳合·乔治仍不改初衷。

需要提到,伦敦会议期间发生了数千名亚美尼亚人被土耳其人屠

---

① E. L. Woodward and R. Bulter eds. *Documents on British Foreign Policy*,1919－1939,First Series,Vol.7,p.321.

② G. Skaggs, Britain at the Straits, *A Study of British Diplomacy toward the Turkish Straits*, *1900－1923*.

③ E. L. Woodward and R. Bulter eds. *Documents on British Foreign Policy*,1919－1939,First Series,Vol.7,p.364.

④ H. H. Cumming,*Franco-British Rivalry in the Post-War Near East*,pp.136－137.

杀事件，进而再一次提出协约国联军对土耳其实施和平草约的能力问题。劳合·乔治也承认："我们的条款……太严厉和苛刻了，肯定不能平息敌人。"但他仍坚持协约国应该"向土耳其表明实施和平条约"的决心，并提出以协约国联军占领君士坦丁堡和驱逐凯末尔作为屠杀事件的回应。[①]在他的坚持下，协约国联军于 3 月 16 日正式占领了君士坦丁堡。屠杀事件发生后，法国政府的态度再次发生显著变化，主张拟定对土耳其更为宽大的和约，认为只有这样土耳其民族主义者才可能接受。得知劳合·乔治对屠杀事件的强烈反应，法国甚至担心英国会进行另一次反对土耳其的战争。然而，劳合·乔治忽视法国的意见，也不重视英国军界的一致劝告。

1920 年 4 月 18 日至 26 日，在意大利圣雷莫召开的会议最终完成了与土耳其的和平条约。会上，协约国联合军事委员会提出了军事力量估算，重申需要 40 万军力才能实施对土耳其和平条约。在劳合·乔治的坚持下，确认了查特利加作为土耳其欧洲边界，让希腊保留加利波利和东色雷斯。5 月，协约国将和平草约递交给土耳其。8 月 10 日，土耳其素丹政府在法国巴黎附近的色佛尔正式签订了和约。

四 《色佛尔条约》评析

《色佛尔条约》在历经一年多激烈争吵、反复协商后终于出台了，它成为凡尔赛体系中最后一个和约。它的艰难出台，充分反映了英国主导和操纵土耳其事务的意图，体现了英国对土耳其采取的激进政策。条约完全取消了对土耳其的保护，传统的海峡条约规定：当土耳

---

① E. L. Woodward and R. Bulter eds. *Documents on British Foreign Policy*, 1919 – 1939, First Series, Vol. 7, p. 417.

其处于交战中,禁止其敌人的战舰在海峡通行,而《色佛尔条约》,第一次规定战时海峡对土耳其敌人的战舰开放。英国提出的理由是,战时"土耳其有可能是侵略者,它的行动可能没有得到大国批准",因此"不给土耳其任何可能的优惠"。①英国还一再坚持削弱海峡委员会的权力,使它成为一个纯粹管理和技术性的机构,从而确保协约国特别是英国对海峡的控制。另外,《色佛尔条约》追求到由协约国而不是国际控制海峡。②然而,从一开始考虑协约国控制海峡和承担在海峡地区的军事责任就极其不现实。英国要提供40万军队的三分之一,这与英国战后经济及军事实力极不相符。条约的炮制和出笼充分体现了英国政府特别是劳合·乔治和寇松的良苦用心。然而,英国政府决策人物的一相情愿和一意孤行,遭到以凯末尔为首的土耳其民族主义者的坚决抵制。

《色佛尔条约》是协约国与土耳其的和平条约,但它从未被土耳其政府批准。从1919年秋天开始的土耳其民族主义的起义和抵抗,有效地控制了土耳其安纳托利亚中部,政权逐渐从君士坦丁堡素丹政府转入到凯末尔手中。凯末尔在1919年12月土耳其选举中赢得了议会的多数,并使安卡拉成为民族独立运动的中心。随着1920年3月16日协约国联军占领君士坦丁堡,素丹在1920年4月解散了议会,而凯末尔则派议员在安卡拉召开国民议会,在那里创建了新的临时民族政府,凯末尔被选成临时政府的总统和国民议会的主席,在土耳其近现代历史上出现了两个政权暂时并存的局面。5月19日,国民议会宣布素丹是卖国贼,此后,国民议会成为土耳其的真正政府。安卡拉政府不仅拒绝承认极为苛刻的《色佛尔条约》,而且义正词严发出警告:

---

① R. Bulter eds. *Documents on British Foreign Policy*,1919－1939,First Series,Vol. 8,p. 105.

② R. Bulter eds. *Documents on British Foreign Policy*,1919－1939,First Series,Vol. 8,p. 97.

"200 万土耳其人民决心保卫独立。"①土耳其形势的发展证实，英国必须尊重土耳其国民议会的抉择，并及时调整对土耳其的态度及政策。但英国继续坚持强硬政策，无论是劳合·乔治还是英国外交部都不准备因凯末尔政府的建立而改变整个计划。他们仍坚持"在战争中取得的胜利不能放弃"，②一再强调英国战时在人力、物力方面付出的昂贵代价必须得到补偿。然而，对于英国政府的真正难题是，若想对土耳其民族主义者实施《色佛尔条约》，似乎必须进行另一次战争，他们却缺少完成这一任务的军事力量。法国近东事务专家菲力普·米利特谈到《色佛尔条约》时说："这样一个条约不能被接受和承认，它只能被强制实施。"③

英国一度把反对凯末尔和对土耳其实施《色佛尔条约》的希望寄托于希腊。在英国的支持下，希腊试图根据条约的精神以武力迫使凯末尔政府就范。因此希腊军队能否在希土战争中获胜，成为条约能否生效的关键。正如丘吉尔所言："《色佛尔条约》花费了 18 个月产生，但在它实施之前就已经过时了"，它仅取决于"一件事，即希腊的军队。"④ H. H. 卡明在《战后英法在近东的争夺》一书中分析指出，"英国近东政策总体上是坚持希腊对和约的实施作用，这种政策需要希腊的防御能力优于土耳其的防御力量，但多数英国军事专家对于希腊能否承担此项艰巨任务持怀疑态度。"⑤后来的事态演变证明，劳合·乔治的亲希腊政策，不仅和法意等国极为对立，而且与英国国内丘吉尔及军界的亲土政策发生尖锐的冲突，更是他 1922 年被迫辞去内阁首相的主要原因。而随着希腊军队在安纳托利亚的溃败，英国以武力对土

---

① H. N. Howard, *The Partition of Turkey, A Diplomatic History 1913 – 1923*, p. 253.

② H. H. Cumming, *Franco-British Rivalry in the Post-War Near East*, p. 132.

③ H. H. Cumming, *Franco-British Rivalry in the Post-War Near East*, p. 133.

④ Winston S. Churchill, *The Aftermath, 1918 – 1923*, p. 376.

⑤ H. H. Cumming, *Franco-British Rivalry in the Post-War Near East*, p. 133.

耳其实施和约的愿望终成泡影。

《色佛尔条约》的艰难出台以及它的流产和夭折,原因是多方面的。不仅在于凯末尔领导的民族解放运动的反对和抵制,更因为劳合·乔治政府政策本身存在诸多的致命弱点。他寄希望于太多无法估计的事,但这些希望逐一落空。如他无法驾驭分裂的内阁;希腊缺乏有效的坚守能力;协约国之间的忠诚和合作程度十分有限等。协约国联军占领君士坦丁堡后,英国军队控制了这座古老城市中最有影响力的地方,法意对这种安排极为不满,与英国的矛盾更加尖锐和突出。《色佛尔条约》的形成和夭折,折射了战后战胜国之间的关系。他们沉浸在为权力和地位的斗争之中,偶尔表现出的一致,不过是貌合神离,也有欧洲利益与近东利益妥协的因素,但更多的是相互间的冲撞和争斗。英国凭借自己在中近东地区的优势地位向盟国施压,把自己的意志强加于盟友,要求盟国对自己炮制的条约精诚合作和全盘接受,这增加了法、意对英国意图的猜疑。法、意十分嫉妒英国在近东的地位,对英国的亲希腊政策极为不满,他们被操纵并逐渐意识这一点,在随后的两年时间里,不仅不与英国共同维护《色佛尔条约》,反而采取冷眼旁观的态度,1922年又毅然从安纳托利亚撤出自己的军队,以此平息土耳其民族主义者的情绪,缓解中近东地区的紧张局势,并暗自庆幸和欣慰地看着条约的夭折。法、意关键时刻的釜底抽薪给了《色佛尔条约》致命一击,更使英国孤立地面对凯末尔的军队。寇松后来也认识到:正如法国不能单独解决鲁尔问题一样,英法或其他任何国家也不能单独解决近东问题。英国政府煞费苦心极力促成签订的《色佛尔条约》,并没能成为战后解决土耳其问题的最终归宿,被1923年《洛桑条约》取而代之。

参考书目

一、原始资料

1. Hurewitz, J. C. , *Diplomacy in the Near and Middle East：A Documentary Record 1914－1956*, New Jersey：D Van Nostrand Company, Inc. , Vol. 2, 1956.

2. Lloyd George, D. , *Memoirs of the Peace Conference*, New Haven：Yale University, Vol. 2, 1939.

3. Winston S. Churchill, *The Aftermath, 1918－1923*, London, 1929.

4. E. L. Woodward and R. Bulter eds. *Documents on British Foreign Policy, 1919－1939*, London：H. M. Stationery Office, First Series, Vol. 2, Vol. 4, Vol. 7, Vol. 8, 1946－1965.

二、专著和论文

5. Cumming, H. H. , *Franco-British Rivalry in the Post-War Near East*, London：Oxford, University Press, 1938.

6. Gokay, B. , *A Clash of Empires, Turkey Between Russian Bolshevism and British Imperialism*, 1918 － 1923, London：Tauris Academic Studies, 1997.

7. Howard, H. N. , *The Partition of Turkey, a Diplomatic History 1913－1923*, New York：Howard Fertig, 1966.

8. Knudsen, E. L. , *Great Britain, Constantinople, and the Turkish Peace Treaty 1919－1922*, New York and London：Garland Publishing, 1987.

9. Macfie, A. L. , *The End of the Ottoman Empire 1908－1923*, London and New York：Longman, 1998.

10. Nicolson, H. , *Curzon：the Last Phase 1919－1925*, London：Con-

stable,1934.

11. Rose,I. ,*Conservatism and foreign Policy during the Lloyd George Coalition 1918 - 1922*,London and Portlan:Frank Cass,2001.

12. Skaggs,G. ,Britain at the Straits,*A Study of British Diplomacy toward the Turkish Straits,1900 - 1923* ,(PHD)Georgetown University of America,1977.

13. Sonyel,S. R. ,*Turkish Diplomacy 1908 - 1923*,*Mustafa Kemal and the Turkish National Movement*,London:Beverl Hills,1975.

14. 王绳祖主编:《国际关系史》第 4 卷,世界知识出版社 1995 年版。

（作者赵军秀,首都师范大学历史学院教授;本文发表于《世界历史》2008 年第 1 期）

1935 年萨尔全民公决与英国外交

梁占军

　　1935 年 1 月 13 日,根据凡尔赛和约的有关规定,德国萨尔地区的居民为决定萨尔地区的归属而举行的全民公决是 20 世纪 30 年代具有重大国际影响的事件之一。作为德国纳粹党上台后所获得的第一个现实成果,萨尔地区的回归极大地鼓舞了希特勒的野心,促使他进一步走上了彻底摆脱凡尔赛体系的冒险之路。欧洲的国际关系也随之日益动荡。值得注意的是,作为凡尔赛体系的缔造者和维护者,英法两国的立场和政策对于萨尔公决的发展和结果是有着直接而深刻的影响的,因此,从国际关系的角度来考察萨尔公决的国际背景,特别是英法两国的政策和动机对于加深了解纳粹上台初期英法的对德政策的脉络和异同,对于理解 30 年代中后期欧洲国际关系的演变显然具有非常重要的意义。

　　国外研究 30 年代欧洲国际关系史的著述对于萨尔公决问题一般都有涉及,但是据笔者检索,目前尚未发现有专门系统地探讨该问题的专著,而且专门研究萨尔公决的国际背景和影响的论文也不多见。(比较重要的有 C. J. 希尔的论文:《英国与 1935 年 1 月 13 日的萨尔全民公决》,《当代史杂志》1974 年第 3 期。)国内有关著述则更为鲜见,相关论述多局限于教材性的概括介绍。因此,笔者希望在吸收、参考前人有关研究成果的基础上,结合第一手的档案文献资料(主要利用英国政府官方出版的外交文件集《英国外交政策文件集 1919—1939》

及英国当事人的回忆录等)对英国在萨尔公决问题的立场和政策做一初步探讨。文章重点探讨英国在是否出兵维护萨尔秩序这个问题上的决策过程和动机,以期从一个侧面揭示英国在萨尔问题上的根本立场及其所折射出的三十年代英国奉行对德绥靖外交的影子。

一

1919 年 6 月协约国与德国缔结的凡尔赛和约规定:德国重要的工业基地萨尔地区①划归国联管理 15 年,期满后通过全民投票的方式来明确萨尔的归属。从 1919 年到 1933 年纳粹势力在德国上台前的十几年间,萨尔的归属问题实际上是个不成问题的问题。舆论普遍相信届时萨尔将重新归并德国,甚至有人断言萨尔公决的结果将是95%—99%的人支持萨尔并入德国。② 然而,1933 年 1 月希特勒在德国上台后萨尔问题变得日趋复杂。由于纳粹党大肆迫害共产党、犹太人、社会党和天主教徒,使得萨尔地区出现了反对归并德国的声音,当地社会党人主办的《人民之声报》和由德国难民创办的《德意志自由报》就公开反对并入德国。由于他们的宣传,反对并入德国的比例一度甚至高达40%。一时间,萨尔公决的前景似乎成了悬案。

面对日趋复杂的萨尔问题,德国和法国都极力使该地区的发展纳入自己的轨道。希特勒将萨尔地区的回归视为巩固其统治地位的良机,因此他采取了鼓动狂热的民族主义与恐怖活动相结合的办法,一方面开动舆论机器,叫嚣"德国绝不放弃萨尔",另一方面又支持纳粹

---

① 萨尔盆地面积730 平方英里,蕴涵丰富的煤炭资源,人口超过80 万,几乎全部是日耳曼民族,其中四分之三的居民是虔诚的天主教徒。

② C. J. Hill,Great Britain and the Saar Plebiscite of 13 January 1935,in Contemporary History,No. 3,1974.

分子在萨尔采取恐怖活动,用暴力、绑架和恐吓等手段打击反对归并德国的力量。① 此外,德国还试图通过外交途径不举行公民投票就收回萨尔。如1933年10月到1934年的1月,德国曾多次对英法提议取消投票,改由法德两国协商解决。但终因遭到法国的拒绝而未果。与此同时,法国在萨尔问题上也寸步不让。法国政府希望萨尔能够继续留在国联的控制下,因而坚持举行全民投票,并且极力向萨尔居民鼓吹由国联代管的好处。针对萨尔投票期间可能出现的紧急事件,法国外长巴都甚至强硬地表示法国将会出动军队。②

在这种情况下,国联于1934年1月20日开会讨论萨尔问题,会上决定成立由意大利代表阿洛伊西、阿根廷代表何塞·马里亚和西班牙代表洛佩斯·奥利班组成的三人委员会,全面负责制定有关萨尔公决问题的方案。6月2日行政院批准了三人委员会的计划,将萨尔全民投票的日期定为1935年1月13日。同时宣布组成两个委员会分别负责组织投票和裁决。自此,萨尔公决正式提上日程。

然而,纳粹分子的恐怖活动扰乱了萨尔地区的秩序,公决能否在秩序混乱的状况下顺利进行是个无法回避的现实问题。事实上,萨尔地区管理委员会主席英国外交家诺克斯对于萨尔全民投票的前景非常担心,他在1934年1月20日曾断言:"除非采取特别的预防措施,否则举行全民投票是不可能的。"③因为,当时萨尔地区负责维持秩序的警察力量十分薄弱,诺克斯认为要保证投票顺利进行至少要有25名警官和140名警察,而他当时仅有12名警官和24名警察,而且由于

---

① 让—巴蒂斯特·迪罗塞尔:《外交史1919—1984》上册,上海译文出版社1992年版,第185页。

② Documents on British Foreign Policy 1919 - 1939, Serise2, Vol. 12, London, 1972, pp. 152 - 154.

③ C. J. Hill, Great Britain and the Saar Plebiscite of 13 January 1935, in Contemporary History, No. 3, 1974.

这些警察基本上都是当地人,其作用要打大折扣。为此,他从 4 月开始就要求国联行政院同意扩充萨尔地区的警力并且允许他从国外征召警察。

1934 年 6 月 4 日,国联行政院决议授权萨尔管理委员会可以增加当地警察的力量以确保公民投票的有序进行,并特别指出,如果管理委员会认为有必要在(萨尔)地区以外征召人员,行政院认为应给以全面的支持。① 8 月 3 日诺克斯致信国联行政院请求允许萨尔管理委员会从国外招募警察。9 月 27 日,法国外长巴都在日内瓦表示法国政府表示,如果萨尔地区警察力量不足,可以出动军队帮助维护萨尔公决期间的社会秩序。② 法国的表态引起了德国的强烈反对,声称派驻国际部队是违背凡尔赛和约的寻衅的行为。但是,萨尔的形势很快就使诺克斯相信只有使用外国正规部队才是唯一可靠的办法。

二

英国在萨尔问题上最初采取的是中立的立场。1934 年 10 月 18 日,英国外交大臣西蒙在接见德国大使冯·赫施时表示:"我们所关心的并不在于公决的结果,而是在于要确保公决在可以使投票结果真正反映萨尔民意的条件下公正地进行。""我们唯一关心的是尽我们所能发挥我们的作用以确保公决在对各方均公平的条件下实施。"③ 10 月 30 日西蒙在与法国大使科尔宾谈及法国准备出兵维护萨尔秩序的问题时极力表明英国的中立立场,他比喻说英国作为国联的一员,他在萨尔问题上的责任就像选举监察人,"我们的目标就是尽最大努力来

---

① Documents on British Foreign Policy 1919－1939,Serise2,Vol. 12,London,1972,p. 70.
② Documents on British Foreign Policy 1919－1939,Serise2,Vol. 12,London,1972,p. 134.
③ Documents on British Foreign Policy 1919－1939,Serise2,Vol. 12,London,1972,p. 158.

实现公决的在正常、和平的状态下完成……投票的结果并不是我们关心的所在。"①这种中立态度使英国不愿意过多卷入萨尔问题，更反对外国力量干预公决，西蒙早在5月10日的备忘录中就明确阐明英国不愿派军队介入萨尔公决："显而易见的是，我们不能够提供部队……我们应该留在幕后，因为这件事情除了会带来麻烦什么也不会有，而且我们既不想与法国人争吵也不想给德国人以鼓励。"②9月7日西蒙在给拉塞尔·斯科特的信中写道："当然，在任何情况下我们都必须避免承担责任，而且有关英国军队或警察应该被借用或雇佣的主张是不可思议的。"③11月5日，西蒙在下院回答议员质询时信誓旦旦地称："从不存在任何使用英国军队的问题，而且任何此类问题都没有考虑过。"④11月15日，英国掌玺大臣、出席国联行政院会议代表艾登在下院也表示，现在不存在、并且从来不存在派遣英国军队前往萨尔的问题。对于诺克斯提议征召外国警察的建议，英国持反对态度。9月5日，英国外交部拟订的有关萨尔管理委员会征召国际警察的备忘录中抱怨诺克斯的建议有可能连累英国，是极不明智的。由此可见，英国在萨尔问题上从一开始就奉行一种中立，不介入的态度。

但是，短短两周后，英国的态度就发生了180度的转变。11月28日，英国内阁开会讨论萨尔问题，原则上同意英国派遣部队参加萨尔公决期间的维和行动。决议写道："暂且采纳如下建议：即在下周召开的行政院会议上，英国代表应概述萨尔的困难与危险局势，并指出，我

---

① Documents on British Foreign Policy 1919 - 1939, Serise2, Vol. 12, London, 1972, pp. 184 - 185.

② C. J. Hill, Great Britain and the Saar Plebiscite of 13 January 1935, in Contemporary History, No. 3, 1974.

③ C. J. Hill, Great Britain and the Saar Plebiscite of 13 January 1935, in Contemporary History, No. 3, 1974.

④ Documents on British Foreign Policy 1919 - 1939, Serise2, Vol. 12, London, 1972, p. 196.

们的看法是最好派出一支真正的国际部队。"内阁要求外交部和国防部近日内全面讨论组建国际部队的可能性。[1]

　　造成英国政策调整的直接因素是法国国内政局的变化。1934年10月9日,法国外长巴都在马塞遇刺身亡,其继任者赖伐尔上台后调整了法国的对德政策,希望以萨尔问题为契机,改善法德关系。因此在萨尔公决问题上作出了和解的姿态。11月6日,赖伐尔对德国大使科斯特尔表示:"犯不着为了萨尔发动法德战争",他认为萨尔百分之百是德国的,希望萨尔的回归能够改善法德关系。[2] 10月29日,赖伐尔召见英国驻法国大使馆代办坎贝尔,第一次提出希望英国参与维持萨尔秩序的警察行动。他强调萨尔存在纳粹分子暴动的危险,法国相信出动军队是确保避免暴乱的唯一方法并且正在做出动军队的准备。但他同时又指出要求法国承担全部的义务是不公正的,希望英国和意大利能够参与,哪怕是象征性的参与也好[3]。次日,法国驻英大使科尔宾拜见西蒙,转达法国准备派遣部队维持萨尔地区的秩序,但不愿意单独负责维持萨尔治安的义务的态度。11月15日,法国外交部官员莱热与英国驻法使馆官员坎贝尔会晤,要求他转达法国在萨尔问题上的如下意见:第一,法国不准备承担条约义务以外的义务采取行动,而且法国将只在日内瓦参加有关萨尔问题的讨论;第二,法国军队目前正在进行调动,目的是准备应付突发事件,以便随时应萨尔管理委员会的召唤行动;第三,如果情况的确需要法国政府采取行动,法国将在萨尔地区所有预备警力消耗殆尽急需进一步补充的最后一刻派出军队。[4] 11月16日,赖伐尔又对英国大使克拉克表示法国不会在影响

　　① Documents on British Foreign Policy 1919 – 1939, Serise2, Vol. 12, London, 1972, p. 291 注 5.
　　② Nicholas Rostow, Anglo-French Relations, 1934 – 1936, London, 1984, p. 62.
　　③ Documents on British Foreign Policy 1919 – 1939, Serise2, Vol. 12, London, 1972, p. 182.
　　④ Documents on British Foreign Policy 1919 – 1939, Serise2, Vol. 12, London, 1972, p. 214.

萨尔投票者问题上动一动手指头。当天,英国驻法大使克拉克向国内报告说,法国的外交政策已经改变,赖伐尔在萨尔问题上已经放弃了巴都的做法,不再向萨尔的居民宣传维持现状的好处。①

法国政策的变化直接引起了英国的政策的变化。11 月 12 日,英国掌玺大臣艾登向外交部提议在萨尔问题上应该与法国采取一致态度,②此后外交部开始研究英国介入萨尔问题的利弊。次日,英国内阁开会讨论外交部的文件,会议没有作出结论,只是认为排除法国的国际部队有可能建立。11 月 21 日,法国外长赖伐尔在日内瓦向艾登表示他将尽他的全力确保萨尔问题不会成为法德两国间的矛盾根源。因此,法国不会在没有国联授权的情况下向萨尔派出一兵一卒,而且为确保萨尔公决顺利进行,他将向国联行政院提出建议,要求在情况危急的情况下,英国、意大利与法国一起派警察维护萨尔秩序。他强调如果德国人知道英意参与警察活动,则暴动就根本不会发生。③ 23日,诺克斯又向艾登表示他不能保证今后两个月内萨尔能够安然度过而不发生严重骚乱,他认为最好是使用正规部队,人数至少 2000 人。④

与此同时,法国向英国继续施加压力,从一个侧面推动着英国政府的决策进程。11 月 30 日,艾登从日内瓦报告说法国外长赖伐尔透露他将在 12 月份召开的行政院会议上宣布,法国应萨尔管理委员会请求而不得不采取的警察行动应该是国际性质的。这意味着如果英国赞同这一点,就意味着我们准备与法国军队一起接受在一旦被召请时就进入萨尔的委托。如果我们拒绝,管理委员会就无所指靠。我建议,两种方针最好都不采用,而改由我们向一支国际部队提供力量,由

①　Documents on British Foreign Policy 1919－1939,Serise2,Vol.12,London,1972,p.217.

②　C. J. Hill,Great Britain and the Saar Plebiscite of 13 January 1935,in Contemporary History,No. 3,1974.

③　Documents on British Foreign Policy 1919－1939,Serise2,Vol.12,London,1972,p.217.

④　Documents on British Foreign Policy 1919－1939,Serise2,Vol.12,London,1972,p.241.

这支部队在整个公民投票期间在萨尔担负警察职能。建议"英王陛下政府表示愿意根据行政院的邀请并在得到行政院的同意时,迅速派遣一支英国部队。"①

1934年12月3日,法国与德国签订了一项有关萨尔的经济协定。规定德国用900,000,000法郎赎买法国在萨尔的煤矿。同一天,赖伐尔再次呼吁英国参加维护萨尔秩序的警察活动。英国驻法使馆官员坎贝尔当天在发回国内的电报中指出赖伐尔肯定会在12月5日召开的行政院会议上强烈要求贯彻他的建议。②

艾登的报告和法国的行动加快了英国决策的进度。12月3日下午,英国外交大臣西蒙、艾登与斯坦厄普勋爵代表外交部与国防大臣黑尔什姆勋爵先在外交部后在首相官邸全面讨论出兵问题。最终就有关派遣军队参与萨尔维和行动和艾登在日内瓦行动方针达成共识,决议明确表明了英国的立场:"英国不愿意见到法国军队在维持萨尔秩序问题上发挥作用,如果国联行政院决定派遣一支目的在于维持秩序的国际部队,而且邀请英国予以合作,那么,只要其他国家准备合作,英王陛下政府将准备从本国提供一支军队,前提是法国与德国都同意这一决定;重要的是任何武装都应尽可能地带有国际色彩,而且如果可能,应该包括来自荷兰、比利时、瑞典等除英王国和意大利以外的国家的军队。③

12月5日,英国内阁正式开会讨论外交部的建议,经过反复研究,最终批准了外交部的建议,但同时作出了两个局部调整,即要求国际部队至少要由4个国家参与,而且在公布该方案前必须先征得德国的同意。会后,西蒙立即电令驻德大使菲普斯,要求他询问德国的态度,

---

① 艾登:《艾登回忆录,面对独裁者》上册,商务印书馆1977年版,第188—189页。
② Documents on British Foreign Policy 1919－1939,Serise2,Vol.12,London,1972,p.285.
③ Documents on British Foreign Policy 1919－1939,Serise2,Vol.12,London,1972,p.291.

当天就得到了德国的肯定的回复。①

艾登在 12 月 4 日返回日内瓦后立即向诺克斯通报了英国政府的意见。12 月 5 日上午,即在英国内阁开会的同时,艾登又与意大利代表阿洛伊西和法国外长赖伐尔进行了接触,通告了英国打算倡议组建国际部队的意见,获得了两国的支持。② 其后在下午召开的行政院会议上,赖伐尔首先建议组建一支法国和德国都不参加的国际部队维护萨尔秩序。随后艾登宣布英国愿意参与组织这样一支国际部队。③ 意大利、荷兰和瑞典三国也先后表示愿意参与行动。

12 月 11 日,国联行政院正式决定组建一支由英国、意大利、荷兰和瑞典四国军队构成的国际维和部队。部队人数共计 3300 人,其中英国 1500 人,意大利 1300 人,荷兰和瑞典各 250 人。决议要求部队于 12 月 22 日以前进驻萨尔④。

三

英国在萨尔问题上的立场是其对德政策的一个缩影。从表面上看,英国的政策是随法国政策的变化而变化的——这在英国政府决策是否参加组建国际部队问题的过程中表现得尤为明显,但实质上这仅仅是贯彻其对德政策的需要。简单说就是英国反对法国出兵到自己倡议出兵的最终目的在于希望利用萨尔问题促成德国早日恢复与英法的裁军谈判。

自从 1933 年 10 月德国宣布退出裁军大会和国联以后,英国一直

---

① Documents on British Foreign Policy 1919－1939,Serise2,Vol. 12,London,1972,pp. 299－301.

② Documents on British Foreign Policy 1919－1939,Serise2,Vol. 12,London,1972,p. 297.

③ Documents on British Foreign Policy 1919－1939,Serise2,Vol. 12,London,1972,p. 301,注 1.

④ Documents on British Foreign Policy 1919－1939,Serise2,Vol. 12,London,1972,pp. 309、310、313、320.

希望能够劝说德国重新回到谈判桌前。这种愿望随着德国私下加快重整军备的活动而日益强烈。英国人相信"只要德国还置身国联以外,就不会存在确立和保持欧洲和平的真正基础。"[1]而萨尔问题的合理解决则是德国恢复谈判的前提。1934 年 11 月 29 日西蒙拟订的一份对德政策备忘录中表露得非常明显:"德国政府首先考虑的将是使萨尔问题得到解决。在萨尔问题解决前他们不会急于开始有关军备的深刻谈判……一旦萨尔问题被解决,德国政府将希望讨论有关条款,即凡尔赛和约的缔约国将通过废除和约第五部来使德国重整军备合法化,或其他类似的裁军条款,毫无疑问,问题就是如此,为了保住每个人的面子,这种安排将体现在一个所谓的裁军公约中。"[2]从这个目的出发,英国不希望萨尔问题再生枝节,而是希望尽快解决萨尔问题以便早日开始与德国的谈判。英国人一贯将萨尔问题视为"中欧的溃烂的疮疤"。历来主张将该地区尽早归还德国。11 月 15 日,英国外交部在给驻法大使的指示中表述了英国关于萨尔公决的看法:"从政治的的角度来整体上看待这个问题,我们认为……萨尔问题应该尽可能快地通过完全、明确地归还德国的方式加以解决。这不仅最终有利于欧洲的利益,而且特别有利于法国的利益。"[3]20 日,西蒙在给艾登的指示中再次表示,英国所希望见到的结果最好是出现压倒多数——要求归并德国的压倒多数。[4]

因此,担心法国出兵萨尔的政策会破坏欧洲的和平气氛,影响英国对德政策的顺利实施。[5] 这是英国反对法国出兵萨尔的主要原因之一。在他们看来,"法国军队将在公民投票的几个星期内开进萨尔一

① Nicholas Rostow, Anglo-French Relations, 1934 – 1936, London, 1984, p. 49.
② Documents on British Foreign Policy 1919 – 1939, Serise2, Vol. 12, London, 1972, p. 272.
③ Documents on British Foreign Policy 1919 – 1939, Serise2, Vol. 12, London, 1972, p. 211.
④ Documents on British Foreign Policy 1919 – 1939, Serise2, Vol. 12, London, 1972, p. 224.
⑤ 华尔脱斯:《国际联盟史》下册,商务印书馆 1964 年版,第 149 页。

事,会对和平造成极其危险的形势。"因为"任何对公决的拖延或国联委任管理的延期都只能恶化法德关系,从而破坏与德国谈判的基础。"所以正如艾登在回忆录中分析的那样,"选择支持法国干涉或给予象征性的支持,后果更危险。"①不过,当赖伐尔继任法国外长后调整了法国的政策,极力要将维持萨尔秩序的义务交给英国人时,组建国际部队维持萨尔公决的秩序则成了展示英国公正、真诚的和解愿望、促进恢复与德国谈判的机会,内维尔·张伯伦在 1934 年 12 月 9 日的日记中把英国能够倡导组建一支国际警察部队称为"一个天赐良机"。②

　　事实上,当国际部队组建事宜确定下来后,英国就曾努力试图借机让德国重返国联,1935 年 1 月 7 日,西蒙致电驻法意大使要求他们促使法国和意大利邀请德国在公决后参加国联讨论问题。西蒙认为德国参加萨尔问题讨论的益处很明显,而且不会损害它在 1933 年 10 月发表的声明。③ 1 月 9 日,英国驻德大使又奉命邀请德国派代表参加国联有关萨尔问题的会议,实质目的就是借机让德国返回国联。但是德国 10 日委婉地回绝了英国的邀请,只表示可以派专家参加,使英国的算盘落了空。④

四

　　1935 年 1 月 13 日,萨尔全民投票如期进行,整个活动由于有国际维和部队的介入而得以顺利实施。1 月 14 日,通过 300 名中立国工作人员通宵的工作,15 日晨 6 时通告行政院:除 905 张废票和 1292 张空

---

① 艾登:《艾登回忆录,面对独裁者》上册,第 188 页。
② Keith Feiling,The life of Neville Chamberlain,London,1946,p. 252.
③ Documents on British Foreign Policy 1919 - 1939,Serise2,Vol. 12,London,1972. p. 359.
④ Documents on British Foreign Policy 1919 - 1939,Serise2,Vol. 12,London,1972. pp. 363、369.

白票外,有 477119 票支持并入德国,2124 票主张并入法国,还有 46513 票同意继续由国联管辖。支持并入德国的票数占总票数的 90.3%。两天后,国联行政院作出正式决议,宣布根据公民投票结果,萨尔将于 3 月 1 日归入德国。①

萨尔公决的结果起初似乎为欧洲的和解带来了非常大的希望。希特勒在 15 日公布投票结果的当天就发表了广播讲话,重申他在事前所做的声明,即萨尔回归后"德意志帝国将不再对法国提出进一步的领土要求",甚至其后 16、17 日接受外国记者采访时谈到了德国重新回到国联的可能性等问题。

然而,这一切都仅仅是昙花一现,等到 3 月 1 日萨尔正式并入德国以后,纳粹就开始酝酿新的冒险了。德国报刊机器纷纷开动起来,像《慕尼黑日报》就曾公开宣称:"现在我们已经收回了萨尔区,我们还将收回阿尔萨斯—洛林、但泽走廊、米美尔区和德属捷克。"②事实上,1935 年 3 月 16 日德国公然撕毁凡尔赛条约的有关条款,宣布重整军备的时候,距德国收回萨尔仅仅过了两个星期。

事实证明,萨尔的顺利回归不但没有带来英国所期望的欧洲和解,反而助长了德国的毁约扩军的气势。而德国的毁约行动同时也宣告了英国企图利用萨尔问题达成欧洲和解的政策的破产。原国联助理秘书长华尔脱斯在他事后撰写的《国际联盟史》中是这样评价萨尔公决的结果的:"毫无疑问,这是希特勒——国联和它支持的一切国际组织的敌人——的又一次胜利;纳粹政权得到了一股新的力量和信心,而归根结底这只能增加战争危险。"③英国政治家温斯顿·丘吉尔

---

① J. W. Wheeler-Bennett and Stephen Heald eds. , Documents on International Affairs 1934, London,1935,p. 69.

② C. Ю. 维戈兹基等编:《外交史》第 3 卷下册,三联书店 1982 年版,第 821 页。

③ 华尔脱斯:《国际联盟史》下册,第 153 页。

在自己的回忆录中对萨尔公决的结果及其后果给予了一针见血的评价："这（指公决结果）虽然是一种正常和势所必至的结果，但是国家社会主义在这次道义上的胜利，使希特勒的威望大大提高，并似乎给他的权威戴上了德国人民意志的真诚典范这个桂冠。希特勒并没有因为国际联盟的公正或光明正大的作风而变得好商量，更谈不到有所感动。这只是证明他一向认为协约国都是颓废的笨蛋这一看法罢了。"①

参考书目

一、原始资料

1. Documents on British Foreign Policy 1919 - 1939, Serise2, Vol. 12, London, 1972.

2. Wheeler-Bennett, J. W. and Heald, Stephen eds. , Documents on International Affairs 1934, London, 1935.

3. 艾登：《艾登回忆录，面对独裁者》上册，商务印书馆 1977 年版。

4. 温斯顿·丘吉尔：《第二次世界大战回忆录》第 1 卷，时代出版社 1995 年版。

二、专著和论文

5. Feiling, Keith, The life of Neville Chamberlain, London, 1946.

6. Hill, C. J. , Great Britain and the Saar Plebiscite of 13 January 1935, in Contemporary History, No. 3, 1974.

---

① 温斯顿·丘吉尔：《第二次世界大战回忆录》第 1 卷，时代出版社 1995 年版，第 94—95 页。

7. Rostow, Nicholas, Anglo-French Relations, 1934 – 1936, London, 1984.

8. 华尔脱斯:《国际联盟史》下册,商务印书馆 1964 年版。

9. 让—巴蒂斯特·迪罗塞尔:《外交史 1919—1984》上册,上海译文出版社 1992 年版。

10. C. IO. 维戈兹基等编:《外交史》第 3 卷下册,三联书店 1982 年版。

（作者梁占军,首都师范大学历史学院教授;本文发表于《史学月刊》2005 年第 2 期）

美国对德国 1935 年重整军备的反应

程文进

在探讨西方国家对德国 1935 年重整军备的反应时,学术界大多把目光集中于英、法等国,而对美国的反应却论述甚少①。那么,美国对德国重整军备的举动究竟持何态度? 原因又是什么? 本文拟探讨这些问题,尚祈读者批评指正。

一

1935 年 3 月 9 日,德国航空部长赫尔曼·戈林对英国《每日邮报》记者宣布,德国已经拥有一支空军。7 天之后,纳粹政府又向英国、法国、意大利和波兰等国表示,德国将实行义务兵役制,并建立一支在和平时期拥有 36 个师,大约 50 万兵力的陆军。② 以这些行动为标志,德国公开走上了重整军备之路。

德国此举不仅单方面违背《凡尔赛条约》中的军事条款,而且直接侵害了美国的权利。美国国会虽然没有批准《凡尔赛条约》,但根据 1921 年 8 月 25 日签订的"美国对德和约",美国享有《凡尔赛条约》为

---

① 主要成果:Arnold A. Offner, *American Appeasement : United States Foreign Policy and Germany*, 1933 – 1938, New York, 1976.

② Arnold A. Offner, *American Appeasement : United States Foreign Policy and Germany*, 1933 – 1938, New York, 1976, pp. 111 – 112.

美国利益而规定的一切权利,其中就包括德国必须承担遵守《凡尔赛条约》第5部分(即军事条款)的义务。①

对于德国这种违反条约义务并侵害美国权利的举动,美国的反应颇为耐人寻味。种种迹象表明,美国并不反对德国重整军备,而是默认其为所欲为。

表现之一:在事发之后最初几天,美国政府对此事始终保持沉默。3月18日,比利时驻美使馆参赞欧仁·德利涅拜会了美国国务院西欧司司长皮尔庞特·莫法特。他问莫法特,对于德国违反《凡尔赛条约》和1921年"美国对德和约"规定而恢复义务兵役制的举动,美国将作何反应? 对此,莫法特以尚未全面了解情况为由,避而不谈美国的看法。随后,当德利涅表示,欧洲各国希望美国政府通过其驻德大使威廉·多德或者德国驻美大使汉斯·路德对德国的所作所为表示遗憾时,莫法特也没有予以答复。② 在3月18日和3月20日的记者招待会上,国务卿科德尔·赫尔和总统富兰克林·罗斯福也都分别拒绝了记者们提出的对德国公开重整军备一事发表评论的要求。③ 3月21日,赫尔又在给美国驻法大使杰西·施特劳斯的电报中指出,目前没有必要采取任何行动。④

表现之二:虽然德国的举动违背了1921年签订的"美国对德和约",但美国政府一直拒绝就此向德国提出抗议。罗斯福总统在1935年3月22日对副国务卿威廉·菲利普斯表示,目前他不希望因为一

美国对德国1935年重整军备的反应

---

① 黄德禄、黄安年:《一九一七——一九三九年的美国》,商务印书馆1990年版,第29页。

② *Foreign Relations of the United States: Diplomatic Papers*(以下简写为 *FRUS*),1935(Vol. 2),Washington,1952,p. 303.

③ *FRUS*,1935(Vol. 2),p. 302;Edgar B. Nixon,*Franklin D. Roosevelt and Foreign Affairs*,Vol. 2:March 1934 – August 1935,The Belknap Press of Harvard University Press,1969,p. 447.

④ *FRUS*,1935(Vol. 2),p. 310.

个抗议照会而使美国卷入欧洲事务。① 4 月 19 日,莫法特也拒绝了罗马尼亚驻美公使查尔斯·达维拉提出的美国应就德国单方面违背 1921 年"美国对德和约"一事提出正式抗议的建议。②

表现之三:国务卿赫尔在 3 月 22 日就欧洲形势所发表的声明中指出,美国政府一直密切注视着欧洲事态的发展,美国历来认为,条约是一切和平体系保持稳定的基础,因此,所有认为应用和平手段解决国际问题的人们都日益关注各种各样拒绝履行条约的倾向,美国及其人民的道义力量也总是鼓励人们去履行各种各样的条约。③ 我们可以注意到,赫尔只是委婉地对德国单方面违反条约义务的做法表示了遗憾,但对它重整军备的举动则未置可否,这明显是在暗示,美国只是不赞成德国为达到目标而采取的手段,但对其所要达到的目标并不反对。

美国默认德国重整军备,这让德国驻美大使路德备受鼓舞,他在 3 月 20 日报告说,过去几天的事态发展表明,美国认为德国采取的步骤是正当合理的。④

在默认德国重整军备的同时,美国还对英国安抚德国的政策表示了支持。

1935 年 3 月 18 日,即德国公然宣布重整军备两天后,英国政府向德国发出了抗议照会。⑤ 该照会有三点值得注意:其一,英国在照会中只对德国宣布重整军备的方式,即单方面发表声明的做法表示了不

---

① Arnold A. Offner, *American Appeasement*: *United States Foreign Policy and Germany*, 1933 – 1938, New York, 1976, p. 114.

② *FRUS*, 1935(Vol. 2), pp. 330 – 331.

③ *FRUS*, 1935(Vol. 2), p. 312.

④ *Documents on Germany Foreign Policy*, 1918 – 1945(以下简写为 DGFP), (Ser. C, Vol. 3), Washington, 1959, p. 1028.

⑤ John W. Wheeler-Bennett, *Documents on International Affairs* 1935 (Vol. 1), London, 1936. pp. 64 – 66.

满。这明显是在暗示,英国并不反对德国重整军备。其二,英国在照会中公开宣称,英国期望德国与别国通过协商达成全面的和平安排,其中包括在军备问题上达成协议以取代《凡尔赛条约》中的军事条款。显然,英国是在告诉德国,它完全可以通过与别国协商来达到其修正《凡尔赛条约》的目标。其三,英国在照会中表示,准备派外交大臣约翰·西蒙访问柏林,与德国就全面的和平安排与军备协定交换看法。这表明英国准备以自己的实际行动来安抚德国。

3 月 20 日,西蒙在与美国驻英使馆代办雷·阿瑟顿的会谈中详细阐明了英国对德国公然重整军备的看法。他明确指出,令整个欧洲备感不安的是 3 月 16 日德国发表声明的时间和方式,而非该声明的实质内容。他向阿瑟顿暗示,希望美国作出关注西蒙柏林之行的姿态,并对英德会晤平息各方不满表达良好祝愿。[①] 可见,西蒙是在要求美国支持英国安抚德国的政策。

阿瑟顿把会谈内容向国务卿赫尔汇报之后,赫尔立即对英国的要求作出了积极回应。在 3 月 22 日记者招待会上,赫尔发表了支持英国安抚德国政策的声明。他指出,美国政府密切注视欧洲正在进行的缓和紧张局势的努力,并希望这些努力将成功地平息各方的不满情绪。[②]

二

美国默认德国重整军备的政策,在德国重整海军军备和英德海军协定等问题上也得到了充分的体现。

---

① *FRUS*,1935(Vol. 1) ,Washington,1953,pp. 200 - 202.
② *FRUS*,1935(Vol. 1) ,Washington,1953,pp. 204 - 205.

1935 年 4 月 27 日德国政府宣称,12 艘排水量各为 250 吨的潜艇将于近期下水。① 由于《凡尔赛条约》明确规定德国海军不得拥有潜艇,②因此,德国此举等于是公然宣布自己要重整海军军备。

德国重整海军军备的举动也违背了 1921 年签订的"美国对德和约",那么美国政府对此采取何种态度呢? 这从美国国务卿赫尔 1935 年 5 月 7 日给美国驻苏联大使威廉·布利特的电报中可见一斑。赫尔在电报中明确指出,德国重整海军军备虽然侵犯了美国的条约权利,但并不直接影响美国的利益。美国主要关注的是英、日等国在太平洋地区的海军军备,而欧洲大陆国家海军军备的直接影响仅限于东大西洋和欧洲水域,在这些海域,美国的利益相对较小。因此,英国和德国就德国重整海军军备问题进行区域性协商在目前是处理德国重整海军军备问题的最好方式。③ 可以看出,美国并不反对德国重整海军军备,它只是希望德国通过与英国进行协商的方式来达到其重整海军军备的目标。

1935 年 6 月 4 日,英国与德国就德国海军重整军备问题达成了一个初步协定,主要内容是:英国同意德国在未来拥有一支规模为英国海军 35% 的海军;德国海军军力永远不得超过英国海军军力的 35%;这一比例为永久性比例,不受第三国海军建设的影响,且原则上适用于各类舰只;等等。④

英国与德国达成的这个初步协定是对《凡尔赛条约》的破坏,也违背了 1921 年签订的"美国对德和约"。但即使如此,美国驻英大使罗伯特·宾汉姆仍然在 6 月 7 日向赫尔报告说,大使馆全体人员都认为

---

① C. Ю. 维戈兹基等编:《外交史》第 3 卷下册,三联书店 1979 年版,第 828 页。
② 齐世荣:《世界通史资料选辑:现代部分》,第一分册,商务印书馆 1998 年版,第 22 页。
③ *FRUS*,1935(Vol. 1),Washington,1953,p. 162.
④ *FRUS*,1935(Vol. 1),Washington,1953,p. 163.

这个初步协定作出了建设性的贡献。他还建议,美国应该通过驻英使馆向英国外交部表明美国对这个初步协定的支持。①

赫尔接到报告后,立即命令国务院西欧司就此问题准备一份备忘录表明看法。西欧司官员诺埃尔·菲尔德在6月8日备忘录中宣称,虽然单方面废除条约义务是不合适的,并且美国也曾对德国以单方面废除条约义务的方式重整陆军和空军军备的做法"非正式地表示过遗憾",但是,由于德国重整海军军备计划本身并不直接影响美国的海军政策,因此,如果美国不同意这个计划,那将是不明智的。另外,德国的立场似乎"比人们所担心的要合乎情理",它要求建立的海军只相当于英国海军规模的35%,这比法国海军的规模还要小。而且,英国人接受德国人建议这一做法,"从某种意义上讲,对欧洲和世界的安定无疑都是一种建设性的因素。"备忘录最后指出,尽管英国允许德国建造潜艇这一事实令人惊讶,但最好还是指示美国驻英使馆对英德之间就德国重整海军军备问题达成初步协定"表示一种超然事外且不承担义务、但却是友好的态度"。②

赫尔显然接受了菲尔德的建议。6月11日他致电美国驻英大使宾汉姆,让他向英国外交部表明,美国对于德国接受分类的吨位限制和永久性比例的态度特别满意。美国认为,欧洲大陆国家舰队的规模与英国的利益更为直接相关,因此,英国和德国海军之间的比例问题应该主要由英国自己作出决定。③

美国的支持态度无疑给了英国巨大的鼓舞。此后,虽然法国表示强烈反对,但英国仍于1935年6月18日与德国签订了"英德海军协

---

① *FRUS*,1935(Vol.1),Washington,1953,p.164.

② Arnold A. Offner, *American Appeasement: United States Foreign Policy and Germany*,1933 – 1938,New York,1976,pp.120 – 121.

③ *FRUS*,1935(Vol.1),Washington,1953,p.165.

定"。该协定的主要内容是：德国海军军力同英联邦各成员国的海军军力比例为 35∶100；这一比例是永久性的比例，即德国舰队的总吨位永不超过英联邦各成员国海军总吨位的 35%；德国有权拥有潜艇，且潜艇的吨位可与英联邦各成员国潜艇吨位的总额相等。① "英德海军协定"使德国重整海军军备合法化。

"英德海军协定"签字后，美国国务卿赫尔 6 月 20 日在给美国驻法大使施特劳斯的电报中再次表达了美国对该协定的支持态度。他指出，海军问题包括两个方面，即美国、英国和日本在太平洋的海军问题和欧洲国家的海军问题。对于后者，美国关注的是主要的欧洲海军强国之间应该达成协议，至于协定的内容则美国并不关心。②

三

综上所述，美国对于德国 1935 年重整军备的举动采取了默认态度。正如德国驻美大使路德 1935 年 6 月 18 日向国内报告时所说的，一段时期以来，美国政界和新闻界，尤其是国会和政府方面对德国外交政策采取的是一种比较客观的态度。"虽然他们并不赞同我们的行事方式，但除了那些完全抱敌对态度的人之外，人们现在都把我们实行的方针看做是公平的方针"。③ 那么，美国为什么会采取这种态度呢？

美国对《凡尔赛条约》的不满是它默认德国重整军备的重要原因。《凡尔赛条约》是第一次世界大战后协约国强迫战败国德国签署的不

---

① 齐世荣：《世界通史资料选辑：现代部分》，第一分册，第 95 页。
② *FRUS*，1935（Vol. 1），Washington，1953，pp. 167 – 168.
③ Arnold A. Offner，*American Appeasement：United States Foreign Policy and Germany*，1933 – 1938，New York，1976，pp. 123 – 124.

公正和约,严重违背了美国的对德政策构想①,因此早在和约讨论期间,当时的美国总统伍德罗·威尔逊就曾表示,日后必须通过新成立的国际联盟对"我们当前正设法达成的和约中必然会出现的种种错误"加以改正。② 1933 年 12 月 28 日,新任美国总统罗斯福也在演说中指责那些出席 1919 年巴黎和平会议的政治家们在制订所谓"和平"条约时根本没有理会美国总统威尔逊要求为未来消除战争隐患的呼吁。③ 由于德国 1935 年重整军备的举动正是在部分修正《凡尔赛条约》,因此,一直对该条约心怀不满的美国采取默认的态度也就可以理解了。德国重整军备后,美国参议院对外关系委员会主席威廉·博拉在与罗斯福总统共进午餐之后对记者宣称,修正《凡尔赛条约》非常必要。④

第一次世界大战结束以来欧洲裁军问题的进展是美国默认德国重整军备的直接动因。《凡尔赛条约》第五部分明确宣称,严厉裁减德国的军备是"为了推动所有国家普遍限制军备成为可能"。⑤ 根据这一条款,德国在战后一直要求其他国家裁减军备,并表示如果别的国家不这样做,那么德国也没有义务保持条约所限制的军备水平。与德国的要求正好相反,以法国为代表的其他欧洲国家却一直坚持安全优于裁军的原则,拒绝在获得确实的安全之前进行裁军。在美国人看来,法国所要求的"安全"无非就是维持战后现状,包括不公正的《凡

---

① 参见拙文《一战后美国的欧洲战略和 20 世纪 20 年代的美国对德政策》,载《济南大学学报》2003 年第 4 期。

② 亨利·基辛格:《大外交》,海南出版社 1998 年版,第 210 页。

③ U. S. Department of State, *Peace and War*: *United States Foreign Policy*, 1931 – 1941, Washington, 1943, p. 206.

④ Frederick W. Marks III, *Wind Over Sand*: *The Diplomacy of Franklin Roosevelt*, The University of Georgia Press, 1988, p. 133.

⑤ Dick Richardson and Glyn Stone, *Decisions and Diplomacy*, *Essays in Twentieth-century International History*, London and New York, 1995, p. 60.

尔赛条约》和为了维护它而拥有的庞大军事力量，①因此在欧洲裁军问题上，美国一直同情德国。德国重整军备后美国的默认态度在很大程度上就是这种同情的结果。1935 年 3 月 27 日，罗斯福的顾问、日内瓦世界裁军会议期间出任美国代表团团长的诺曼·戴维斯在一封信中表示，美国不应就德国重整军备一事提出抗议，因为协约国和德国都应对废除《凡尔赛条约》的局面负责，德国宣布重整军备有一定的正当理由，而法国认为能够永远使德国处于不平等地位的想法非常愚蠢。②《华盛顿邮报》也在德国重整军备后宣称，任何充分了解情况的人都不应该对德国的举动感到吃惊，因为在国际正义法庭面前，德国有充分的理由重整军备。波特兰《俄勒冈人报》也把德国此举归咎于协约国没有履行裁减军备的诺言，并攻击说，正是因为法国拒绝裁减军备才导致德国拒不接受《凡尔赛条约》的限制。③

另外，美国还冀图通过默认德国重整军备来缓解其不满情绪，并在此基础上解决那些影响欧洲安定的问题。美国国务卿赫尔 1935 年 3 月 28 日与德国驻美大使路德举行的会谈集中体现了美国的这种冀图。在这次会晤中，赫尔始终没有提及德国违反条约义务重整军备的问题，而只是反复向路德表示，德国政府现在拥有前所未有的机遇，可以使西欧国家之间逐步建立正常的政治、社会与和平关系。如果西欧国家之间继续保持疏远并互相误解对方的目标，那么只能导致各国大规模地增长军备，并最终引发一场将毁灭西方文明的战争。④ 在这里，赫尔显然是希望已经部分实现修正《凡尔赛条约》目标的德国抓住机

---

① Frank Costigliola, *Awkward Dominion: American Political, Economic, and Cultural Relations with Europe*, 1919 – 1933, Cornell University Press, 1984, p. 246.

② Arnold A. Offner, *American Appeasement: United States Foreign Policy and Germany*, 1933 – 1938, New York, 1976, p. 114.

③ *FRUS*, 1935(Vol. 2), pp. 301 – 302.

④ *FRUS*, 1935(Vol. 2), pp. 318 – 319.

会,通过与英、法等国进行谈判来改善德国自第一次世界大战结束以来因为《凡尔赛条约》而与这些国家之间存在的"不正常"关系。显而易见,美国在德国重整军备问题上采取默认态度,就是企图通过满足德国修正《凡尔赛条约》的要求来消除德国的不满情绪,进而使欧洲保持和平与稳定。但是形势的发展证明了,美国的这种冀图不过是一相情愿。

参考书目

一、原始资料

1. *Documents on Germany Foreign Policy*,1918 – 1945（Ser. C,Vol. 3）,Washington,1959.

2. *Foreign Relations of the United States*：*Diplomatic Papers 1935*（Vol. 2）,Washington,1952.

3. *Foreign Relations of the United States*：*Diplomatic Papers 1935*（Vol. 1）,Washington,1953.

4. Nixon,Edgar B.（ed.）,*Franklin D. Roosevelt and Foreign Affairs*,Vol. 2：March 1934 – August 1935,The Belknap Press of Harvard University Press,1969.

5. U. S. Department of State,*Peace and War*：*United States Foreign Policy*,1931 – 1941,Washington,1943.

6. Wheeler-Bennett,John W.,*Documents on International Affairs 1935*（Vol. 1）,London,1936.

7. 黄德禄、黄安年选译:《一九一七——一九三九年的美国》,商务印书馆 1990 年版。

8. 齐世荣主编:《世界通史资料选辑:现代部分》,第一分册,商务印书馆1998年版。

二、专著

9. Costigliola, Frank, *Awkward Dominion*: *American Political*, *Economic*, *and Cultural Relations with Europe*, 1919 – 1933, Cornell University Press, 1984.

10. Marks III, Frederick W. , *Wind Over Sand*: *The Diplomacy of Franklin Roosevelt*, The University of Georgia Press, 1988.

11. Offner, Arnold A. , *American Appeasement*: *United States Foreign Policy and Germany*, 1933 – 1938, New York, 1976.

12. Richardson, Dick and Glyn Stone, *Decisions and Diplomacy*, *Essays in Twentieth-century International History*, London and New York, 1995.

13. C. IO. 维戈兹基等编:《外交史》第3卷下册,三联书店1979年版。

14. 亨利·基辛格:《大外交》,海南出版社1998年版。

（作者程文进,首都师范大学历史学院副教授;本文发表于《首都师范大学学报》2006年第3期）

从昭和研究会看战争中的日本知识分子

史桂芳

1931 年日本制造"九一八事变",开始了长达 14 年之久的侵华战争。在侵华战争期间,日本许多知识分子不再清高、空谈,而是主动了解国内外大势,商讨对策,直至为政府充当参谋和智囊。昭和研究会作为战时成立的日本知识分子团体,它组织各种专门的研讨会,讨论日本面临的政治、经济、外交、文化、社会等各方面的问题,力图对政府施加影响。昭和研究会在近卫组阁、日本政府调整对华政策、实行国内新体制等方面发挥了重要作用。透过昭和研究会我们可以看到日本知识分子对战争的态度,明了知识分子与政府侵略政策的关系

一 昭和研究会的发起及组织构成

昭和研究会是由近卫文麿的密友后藤隆之助于 1933 年创立的知识分子团体。当时日本已经完全占领中国东北,在东北扶植傀儡政权——伪满洲国政府,日本退出国联,改变了"协调外交"政策。在这种形势下,后藤隆之助等知识分子十分担心日本因此在国际上处于孤立的境地,他们决定组织国策研究机关,研讨国内外形势,为政府制定政策提供参考。1933 年 10 月 1 日,在东京成立后藤事务所,昭和研究会发足,12 月正式定名为昭和研究会。

《昭和研究会设立趣意》中,提出研究会的目的在于:"根本改变

日本在世界上经济、政治的地位。综合动员朝野所有的智慧和经验，实行朝野一体的总动员，充分疏通官僚、军部、实业界、学界、评论界等各方面的思想，综合各方面的经验和智慧，树立真正的国策"。① 昭和研究会由常任委员和委员组成，常任委员是机构的核心。昭和研究会下设各专门委员会，如教育问题研究会、农村问题研究会等，1937 年又增设了政治机构、外交、经济、金融财政等专门委员会，各官厅、各界有影响力者参加各专门委员会。1938 年随着侵华战争的扩大，专门研究会数量进一步增加，研究会发展到有世界政策、政治、经济、世界、文化等五个领域、共 16 个专门研究会。各专门委员会设委员长。常任委员会是昭和研究会的最高决议机关，他们根据各委员会的讨论情况，综合判断政治经济动向和形势，决定最终的政策大纲。常任委员和专门委员自昭和研究会成立到解散，人员构成基本稳定，变动很小。

昭和研究会集中了当时日本媒体、文学、经济、政治、教育等各方面的人才。研究会每周举行一次会议，综合分析国内外形势，撰写研究报告。参加昭和研究会者均为兼职，研究会的委员们都是晚间参加会议，且不领取任何报酬，但是，他们的热情非常高，经常为解决日本面临的各种"悬案"通宵达旦地讨论，不时有激烈的争论。

昭和研究会对各个研究会的成果基本采取以下三种方式处理：一是对于紧要问题，综合各方意见，向研究会成员传达；二是将研究报告印刷若干份发给常任委员和委员；三是用活字印刷的方式向有关的团体、个人分发研究成果，使社会广泛了解昭和研究会的活动状况和成果。昭和研究会后期多采用第三种方式以扩大其影响力。1940 年日本开展大政翼赞运动，成立大政翼赞会，昭和研究会解散。

昭和研究会自成立之日起就认为："他们不是为了近卫一个人而

① 酒井三郎:《昭和研究会》,东京讲谈社 1985 年版,第 51 页。

进行研究,而是为了处于激荡时期的日本、为了他们自己而认真研究日本的发展政策",①他们把知识分子与日本对外发展联系起来,认为如果离开了日本的命运也就谈不上自己的命运,对处于风云变幻时期日本命运表现出极大的关心和忧虑。

二　昭和研究会的主要活动

参加昭和研究会的知识分子以关心国家前途、关注日本发展为己任,从成立之日起就把重点放在研究日本的政治、经济、社会、外交、军事等方面,政治色彩和倾向十分明显。昭和研究会的活动主要在以下几个方面:

第一,提出协同主义理念,鼓吹日本文化、日本精神的优越性,企图以协同主义来代替三民主义,用协同主义化解中国的民族主义,麻痹中国人的斗志。昭和研究会成员多数非政府官员,他们主要通过思想理论来影响政府。昭和研究会下的各个分会,在研究讨论中,发表了不少研究成果和报告,其中《新日本的思想原理》、《协同主义的哲学基础》、《协同主义的经济伦理》、《纲领》等最具有特点和影响力,也可以说是他们的标志性成果。东京大学教授的蜡山政道曾连续在《改造》等杂志上,发表关于东亚协同体论的文章,研究会的加田哲二、山崎靖纯、三木清、三枝博一、船山信一、尾崎秀实等发表了很多关于协同体论的文章②。

昭和研究会认为卢沟桥事变,"从时间上说是解决资本主义的问题,从空间上来讲,是实现东亚统一。因此,事变本身具有世界历史意

---

① 酒井三郎:《昭和研究会》,第 283 页。
② 冈本幸治:《近代日本のアジア观》,ミネルゥァ书房 1998 年版,第 233 页。

义"①。因为现在世界形势的发展，把一国作为经济单位实行自足已经不可能了，建立包括日、"满"、华在内的东亚协同体是时代发展的需要。而"东亚协同体不仅包括经济集团，还应在政治、经济、文化、国防等诸方面形成日、'满'、支（原文如此）的连环，这样协同体才名实相符"。② 昭和研究会认为要建设东亚协同体，就必须形成"东亚文化"。日本文化在建设东亚新文化中具有指导意义，"日本文化是以世界无与伦比的一君万民国体为基础的，是协同主义的根本所在。日本文化具有特殊的包容性、进取性和智慧性"，③日本精神、文化不仅是日本的，还应向东亚传播，在东亚协同体的建设中大放光芒，协同主义作为东洋思想可以纠正西方思想。

昭和研究会提出协同主义思想的目的，是为使陷于长期战争泥潭的日本政府在中国拔出脚来。昭和研究会认为要达到此目的，就必须使执掌中国大权的蒋介石国民党接受建设东亚新秩序方针。昭和研究会成员竭力寻找协同主义与三民主义的共同点，阐述东亚新秩序与中国近代以来的发展相一致，说明只有协同主义才能实现中国建设近代国家、摆脱西方殖民统治的目的。昭和研究会多次讨论协同主义与三民主义的关系问题，认为三民主义是一定历史时期的产物，尽管理论上自相矛盾，但是其内容是不可分割的。从三民主义的内容来看，单纯的民族主义已经不符合时代的理想，民权主义就是自由主义，这是现在必须超越和克服的思想，"民生主义与社会主义相联系，社会主义有通向共产主义的危险。东亚协同体建设对中国来说是崭新的道路，用新的协同主义代替三民主义，就能实现三民主义的理想，特别是

① 《新日本的思想原理》，《昭和研究会 资料》，东京，讲谈社，1985 年，第 318 页。
② 《新日本的思想原理》，《昭和研究会 资料》，第 319 页。
③ 《新日本的思想原理》，《昭和研究会 资料》，第 328 页。

民生主义的要求,形成新的东亚独特的文化"。① 他们认为三民主义会陷入排外主义、抽象的世界主义共产主义。要用协同主义消除中国的民族主义,把中国争取民族解放的抗日战争引向与日本合作建设东亚新秩序的道路上去。他们认为与中国战争不仅是军事较量,还应包括思想战,思想战绝不仅仅是宣传活动,其根本在于确立新的思想原理。这个新思想原理就是协同主义,它也是建设东亚新秩序的指导思想。

昭和研究会认为协同主义原理"从更高的角度超越了已经破产的近代主义,比自由主义、马克思主义、全体主义等体系更具有优越性。它立足于传统,又非单纯地复活封建的东西,亦非止于空疏自负的言辞。它通过对东洋文化和西洋文化的新反省,站在现在的历史阶段,是应世界环境而生的思想创造"②。协同主义是超越了民族的东洋文化,"东亚协同体不是简单的民族主义,它具有民族协同的含义,因此,要超越单纯的民族主义立场,但是又承认协同体内部各民族的独立性"③,协同主义要以日本精神为指导,但协同主义是集西方东方文化之大成,它又不仅是东亚地区的特殊的理想,而且是对世界和平有积极贡献的普遍原理。

昭和研究会注意到中国民族主义所蕴含的巨大力量,他们认为"中国以低下的经济力量、不完全的政治体制、贫弱的军队抵抗到现在,这实际是民族问题"④。主张以协同体主义化解中国的民族主义使国民政府走上与日本合作的道路。

---

① 《新日本的思想原理》,《昭和研究会 资料》,第 326 页。

② 三木清:《续新日本的思想原理 协同主义的哲学的基础》,《三木清全集》第 17 卷,岩波书店 1968 年版,第 535 页。

③ [日]酒井三郎:《昭和研究会》,第 321 页。

④ 尾崎秀实:《"东亚协同体"的理念とその成立の客观的基础》,载《尾崎秀实著作集》第二卷,劲草书房 1977 年版,第 312 页。

第二，支持近卫文麿组阁，希望近卫内阁接受协同主义主张，尽早结束中日战争。1937 年 6 月第一次近卫内阁成立，昭和研究会对贵族出身的近卫文麿寄予无限希望，研究会的发起者后藤隆之助是近卫内阁的智囊之一。近卫内阁成立后，昭和研究会各个专门研究会异常活跃。昭和研究会感到华北形势紧张，为此，他们成立了中国问题研究会。中国问题研究会对西安事变后的形势做了分析，认为：通过西安事变可以看出南京政府统一力量受到削弱，南京政府为了加强其力量必然会在政治、经济、财政等各个方面加强力量；蒋介石为了完成中国的经济建设会极力避免与日本特别是关东军发生摩擦。尽管尚不能根本调整日本与中国的关系，但是，日本也要积极在华北建设缓冲地带，解除冀东防共自治政府。因为中国共产党会以日本的压迫为由，实现赤化。如果那样，日本周围就会被赤色势力包围，因此，日本必须完成国防线的建设。[1] 昭和研究会对于国民政府的国防建设，对中国共产党的发展充满恐惧，希望日本政府采取措施，缓和紧张的中日关系，从根本上维护日本的利益。

近卫内阁成立后一个月，卢沟桥事变爆发。卢沟桥事变发生后，关东军立即调兵，做好随时入关支援华北的准备。8 日，日本陆军商讨对策。以陆军大将杉山元为首的多数人主张扩大事态，认为这是解决中国问题“千载难逢的良机”[2]，而参谋本部作战部长石原莞尔认为中国具有一定的抵抗能力，凭日本现在的兵力，一旦对中国全面开战，很可能陷入长期战争不能自拔，主张应就地解决，避免事态扩大。日本政府为了争取时间，确定了“不扩大”方针。昭和研究会的外交问题研究会和中国问题研究会立即会商，他们不希望事态扩大，主张就地解

---

① ［日］酒井三郎：《昭和研究会》，第 73—74 页。
② 《现代史资料 12 日中战争 4》，东京，みすず书房 1973 年版，第 125 页。

决事变,认为就地解决、把事变限于局部,有利于维护日本的既得利益。昭和研究会认为解决事变的最好方法是近卫首相去南京,直接与蒋介石会谈。即使交涉没有结果也可以让世界看到日本对和平的诚意,使日本在国际上处于有利态势。当然,日本全面侵华战争爆发后,企图"三个月灭亡中国",根本没有把国民政府放在眼里,昭和研究会希望近卫首相去中国与蒋介石直接会谈的建议自然没有被政府采纳。

昭和研究会的后藤隆之助和酒井三郎为了解事变后中国的情况,1937 年 10 月到中国东北和华北等地进行了考察。通过现地考察,他们看到中国正在为建设近代国家而努力,他们得出这样的结论:"只要日本不停止分裂中国的企图,战争就不可能结束。即使退到云南、四川这样的地区,蒋介石也不会低头。蒋介石的国民运动遍及中国各地,国民党是国民运动的中心,如果不与党首蒋介石握手,和平就没有希望"①,他们希望政府重视蒋介石及国民政府,认为中国民族主义有力量,要实现日本的利益,就必须与蒋介石合作。

事实证明日本提出的"不扩大"方针不过是缓兵之计,1937 年 12 月日军攻占国民政府首都南京。1938 年 1 月 16 日,近卫内阁发表了著名的"不以国民政府为对手"的政府声明,声明公然叫嚣"帝国政府今后不以国民政府为对手,而期待中国建立能真诚与帝国合作的新政权,并将与此新政权调整两国邦交,协助建设复兴的新中国"②,18 日,日本政府又发表了补充声明,强调"所谓今后不以国民政府为对手,较之否认该政权更为强硬。从历来的国际法来说,为了否认国民政府,只要承认新政权就可以达到目的。因为尚未到达正式承认中华民国临时政府的时期,所以,这次开国际法上的新例,在否认国民政府的同

① ［日］酒井三郎:《昭和研究会》,第 86 页。
② 《日本外交年表并主要文书》(下),原书房 1978 年版,第 386 页。

时,将它彻底抹掉"①。昭和研究会认为这个声明断送了和平的道路,对近卫既表失望、愤懑,又有同情。由于昭和研究会的地位以及他们与日本政府、特别是近卫之间的微妙关系,他们又不愿也不敢去直接指责近卫本人,而把战争不断升级、扩大的责任完全归咎于军部,为近卫开脱责任。"内阁自身并不知道军部的方针。尽管内阁想从军部了解战况的进展,但是,军部以统帅权独立为由,根本不在内阁会议上报告,即使报告也是也不过是形式上的"②,"尽管近卫一贯持不扩大方针,但是军部无限扩大事变"③。

国民政府在首都南京被攻占领后,迁都重庆,继续抗战。鉴于中日战争陷于长期化的态势,日本政府为早日结束中国战争,1938 年 11 月 3 日,日本政府发表了"虽国民政府,亦不拒绝"的声明,在这项声明中,日本提出"帝国所期求者即建设确保东亚永久和平的新秩序。如果国民政府抛弃以前的一贯政策,更换人事组织,取得新生的成果,参加新秩序的建设,我方并不予以拒绝"④,改变了"不以国民政府为对手"的政策,希望国民政府进行适应日本政策需要的改组后,参加东亚新秩序的建设。

1938 年 11 月 30 日,日本御前会议做出《调整日华新关系方针》的决定,提出"在互惠的基础上,日、满、华善邻友好、共同防共、经济提携"⑤三项原则。12 月 22 日,日本首相近卫文麿发表了第三次对华声明,重申"日满华三国应以建设东亚新秩序为共同目标联合起来,共谋实现相互善邻友好、共同防共、经济提携"⑥的原则,这就是通常所说

---

① 《日本外交年表并主要文书》(下),第 387 页。
② ［日］酒井三郎:《昭和研究会》,第 96 页。
③ ［日］酒井三郎:《昭和研究会》,第 98 页。
④ 《日本外交年表并主要文书》(下),第 401 页。
⑤ 《日本外交年表并主要文书》(下),第 405 页。
⑥ 《日本外交年表并主要文书》(下),第 407 页。

的近卫三原则。第三次近卫声明的发表,表明了日本对华政策从速战速决发展为军事打击和政治诱降相结合,企图通过"以华治华",分化中国的抗日营垒,达到侵略目的。

昭和研究会对建设东亚新秩序表现出极高的热情,他们认为日本的使命就是建设东亚新秩序,并在解决中日战争的同时,传播日本文化,创造符合时代精神的日本精神。当然,日本建设东亚新秩序并没有得到蒋介石的呼应,也没有改变国民政府的抵抗态度,除汪精卫集团叛变外,广大的中国军队和人民在艰苦的环境下依然坚持抗战,日本提出的建设东亚新秩序只能以失败告终。

第三,建立东亚协同体,在协同主义的旗号下确保日本在中国的侵略利益,达到军事侵略难以达到的目的。随着中日战争的长期化,日本作为一个地小人少、资源匮乏的国家,经济问题日益凸显。这时的昭和研究会集中研究东亚集团经济问题,提出东亚经济协同体的概念。认为只有建立日本、中国和"满洲"的东亚集团经济,才能促进东亚经济的发展,实现"产业国和落后国、工业国和原料国的结合,实现两者互通有无、平等互惠关系"①,其实就是满足日本的战争需要。昭和研究会认为日、"满"、华集团经济的目标,从日本来看就是确保军事上必要的物资,日本要从中国进口的不是粮食,而是煤炭、铁矿石、各种金属、盐、棉花、羊毛、桐油、烟草等原料。为了解决日本地少人多问题,昭和研究会还在1940年9月制定了长达500页的《关于促进国土计划的意见书》,该计划书把日、"满"、华都设定为国土计划,提出要向"满洲"大量移民,重新调整国土内人口、产业、交通粮食等方面的布局。昭和研究会将计划书大量印刷,在向政府提出该计划书的同时,还向相关部门大量散发,引起了相当大的反响。为了研究在"满洲国"

① [日]酒井三郎:《昭和研究会》,第135页。

如何实现日"满"华的国土计划,昭和研究会的佐藤弘等还亲自去中国东北进行调查,他们强调协同主义实践与理论同样重要,在建设东亚新秩序的实践中,必须进行实证性研究,到中国东北调查就是昭和研究会将自己的理论付诸实施的表现,表明他们对于夺取东北资源的重视。

昭和研究会认为建立东亚协同体对外是建设东亚新秩序,对内要对日本的政治体制进行改造,以使日本更好地担当新秩序的领导者,为解决中日战争、维护日本既得的侵略利益提供条件。"新日本的思想原理是协同主义。协同主义是国内新体制的准则,是东亚新秩序的指导精神"①。

昭和研究会成员是知识分子,他们对日本军人独断专行、干预政治很不满,希望近卫建立强有力的内阁,避免军人对政治的过多干涉,昭和研究会认为"在中日战争期间曾出现多次解决事变的机会,但是,这些计划都被军部破坏了"②,他们提出建立直属天皇的"国防御前会议",以限制军人的权力,同时对日本现有政党进行重组和改造,加强政党的权力。他们认为日本现在的政党存在着许多问题,与日本领导东亚新秩序建设不相符合,政党"浮在国民各层的上面,不能提出打开非常局面的政策,他们只代表部分人的利益,为此相互竞争,分散了国民的力量。因此,不能形成团结全体国民代表其意志的政治'力'"③,解散现在的政党,建立代表国民全体利益的有力组织。近卫赞成昭和研究会对现在政治体制的认识,希望依靠国民组织的力量压制军部,解决中国问题,日本新体制运动由此展开。新体制运动开展后,日本既存的政友会、民政党、社会大众党等先后解散,为建立举国一致的体

---

① ［日］酒井三郎:《昭和研究会》,第331页。
② ［日］酒井三郎:《昭和研究会》,第118页。
③ ［日］酒井三郎:《昭和研究会》,第204页。

制创造条件。近卫希望日本各界结为一体,实现"一国一党"的新体制。近卫认为新体制运动的目的在于大政翼赞,实践臣道。1940年10月,成立了大政翼赞会,近卫任大政翼赞会总裁。昭和研究会成员积极参与大政翼赞会的活动,有马赖宁、风见章、后藤文夫、后藤隆之助等都处于翼赞会的核心位置,很多昭和研究会的相关者参加了大政翼赞会。昭和研究会在新体制运动中,更多地投入到新体制的建设和翼赞政治中,1940年11月19日,研究会宣布解散。

昭和研究会为维护日本的利益可谓"殚精竭虑",他们以与军人不同的面目来构想如何结束战争,怎样化解中国的民族主义,但是,昭和研究会提出东亚协同体和国内的新体制构想并不能挽救日本失败的命运。

三　昭和研究会给我们留下的思考

昭和研究会作为日本国内知识分子的团体,他们在战争期间一改知识分子远离或者淡漠政治的传统,主动分析国内外形势,力图在最大限度上影响政府,维护日本的利益。尽管日本政府因发动侵略战争遭到世界人民的抵抗而失败,但是,昭和研究会还是为我们留下了很多值得总结和思考的问题。

首先,昭和研究会作为知识分子团体积极参与政治,对培养日本官僚政治的人才、训练官僚制定策略的能力产生了深刻影响。昭和研究会无论是通过协同体理论,还是研究会主要成员充当近卫内阁的智囊,都在有形或者无形地影响着日本的政治、经济、社会等各个方面和政府的内外政策。日本的国内新体制运动、建设东亚新秩序的对外政策,都可以看出昭和研究会的影子。当然,由于昭和研究会在1940年11月就解散了。昭和研究会在中日全面战争爆发后一段时期的活动,日本政府主要是近卫担任首相,昭和研究会对于贵族出身的近卫寄予无限希望,积极为近卫内阁出谋划策,对近卫内阁的影响也是最大的。

其次,在日本侵华战争期间,日本知识分子与军阀是有所区别的。无可否认,昭和研究会作为知识分子的团体,关心政治,昭和研究会对于政策提出的参考也是如何维护日本既得的侵略利益。昭和研究会与军阀不同点在于,他们少了些轻狂,承认中国民族主义的力量和要求,重视民国建立以来中国的发展变化,认为中国人与清朝很不同,对于中国仅靠武力征服是不行的,关键是征服中国人的思想,用协同主义克服中国三民主义的影响力,促使中国与日本合作,以真正取得日本在东亚的领导地位。从这点来说,昭和研究会在实现日本侵略利益方面,比明火执仗的武力侵略更加具有欺骗性和危险性。因为军事进攻很容易被识破、受到被侵略国家人民的抵抗,而思想、文化上的渗透和侵略是隐蔽的,它打着"同文同种"的招牌,用假象迷惑人。所以,我们对于抗日战争的研究不能仅陷于军事、政治、外交,必须重视思想、文化的侵略。

值得注意的是,昭和研究会能够在诸多方面为政府提出参考意见,与他们灵通的信息系统分不开的。因为他们与近卫关系密切,通常能得到一般人不可能了解的情报,有这些资料做基础,他们对事情的判断有一定的预见和客观性,这又为他们影响政府提供了条件。昭和研究会通过参与政治,自觉地发挥在战争旋涡中的政治作用,他们希望自己的理论研究成果和政策,能在变为现实的改革运动。其实,在相当的程度上,昭和研究会达到自己的目的了。

昭和研究会成员战后回忆起曾经的活动,无不感慨没有阻止中日战争扩大,"既是近卫的悲剧,也是昭和研究会的悲剧"①,对日本战败

---

① ［日］酒井三郎:《昭和研究会》,第285页。

抱极大的遗憾。由此看出昭和研究会的战争观。

再次，昭和研究会成员是日本著名的知识分子，他们具有比较高的理论素养，他们在哲学、历史学等方面曾取得一定的成果，在日本思想史上留下了不可抹去的一笔。战后日本出版了三木清、尾崎秀实的著作集等，也为我们研究战时日本思想、社会留下了宝贵的资料。昭和研究会的情况比较复杂，也有左翼人士参加，如：尾崎秀实，他们对日本武力征服政策提出过批评。战争结束前，被日本政府杀害。但是，尽管是日本左翼人士，在当时的情况下，他们对侵略战争的认识不可能像中国人那样深刻，也不可能像今天这样明确。左翼人士与昭和研究会的关系，是非常复杂的问题，也是另外一个研究题目了，留待以后研究。

参考书目

1. ［日］酒井三郎：《昭和研究会》，东京，讲谈社 1985 年版。

2. ［日］冈本幸治：《近代日本のアジア观》，ミネルゥァ书房 1998 年版。

3. 《新日本的思想原理》，载《昭和研究会资料》，东京，讲谈社 1985 年版。

4. ［日］三木清：《三木清全集》第 17 卷，岩波书店 1968 年版。

5. ［日］尾崎秀实：《尾崎秀实著作集》第二卷，劲草书房 1977 年版。

6. 《现代史资料 12 日中战争 4》，东京，みすず书房 1973 年版。

7. 《日本外交年表并主要文书》（下），原书房 1978 年版。

（作者史桂芳，首都师范大学历史学院教授；本文发表于《抗日战争研究》2008 年第 2 期）

艾森豪威尔政府援助法国
发展核潜艇问题之研究

姚百慧

从二战结束到 70 年代,美国对同盟国发展核武器的援助问题,一直是困扰美国与盟国关系发展的一个重要问题。而对于这一重要的学术课题,以往的研究多集中在美国对英国的核外交问题上,而对美法核关系缺乏深入细致的探讨。限于篇幅,本文拟就美国对法国发展核潜艇的援助问题作一学术探讨,以作引玉之用。①

援助问题的提出

潜艇自 18 世纪 70 年代诞生以来,由于其灵活机动性与隐蔽性,逐渐在海战中崭露头角。但常规动力潜艇有一个致命的缺点,那就是水下续航时间短。二战后,随着核技术的发展,一些国家开始探索用核能来解决该问题,研制核动力潜艇。美国是核潜艇研制的先驱,从 1939 年开始,美国海军就对潜艇核动力装置进行初步研究。1954 年 1

---

① 国际学术界涉及这一问题的著作主要有:Edward A. Kolodziej, *French International Policy under De Gaulle and Pompidou：The Politics Under Grandeur*. Ithaca, N. Y. : Cornell University Press, 1974, pp. 80 – 81; Regis Hugues, *Franco-American Relations and the Eemergence of French Nnucelar Armament*, 1939 – 1962, M. A. Thesis, Old Dominion University, 1990, pp. 35 – 40; Charles Cogan, *Oldest Allies, Guarded Friends: the United States and France since 1940*, Westport, Conn. : Praeger, 1994, pp. 133 – 134 等等。这些研究提供了美国援助法国发展核潜艇事件的基本信息,但在援助的具体过程、变动原因及其影响等方面仍缺乏深入分析。

月 21 日,它成功设计了世界上第一艘核潜艇"鹦鹉螺"号。① 该潜艇仅用几公斤铀—235 就行驶了相当于地球两圈半的距离,解决了常规潜艇水下续航时间短的问题。

核潜艇在水下续航的时间和距离上的优势很快为众多国家所认识,研发它就成为不少国家的新任务。1954 年 12 月,法国孟戴斯—弗朗斯(Mendès-France)政府制定了秘密研制核潜艇的计划,但由于政府在次年 2 月倒台而未能实行。孟戴斯—弗朗斯的继任者埃德加·富尔(Edgar Faure)继续了这一计划。1956 年,法国海军着手建造第一艘核潜艇。然而法国发展核潜艇,面临着原料和技术两大障碍。为了解决前一个问题,法国曾与比利时、加拿大就购买铀—235 问题进行谈判,终因价格谈不拢而失败。② 而因为技术上的原因,法国未能成功制成第一艘核潜艇。③ 到 1957 年,法国的核潜艇计划一度陷于停滞状态。面临这些实际困难,法国希望美国能够帮忙。

而恰在此时,美国也面临着要修改其原子能政策的微妙时刻。战后,美国在原子能领域一直实行严格的保密政策,1946 年 8 月生效的原子能发展和管制法案是这一政策的集中体现。该法案禁止把用于工业目的有关原子武器的情报传递给包括美国盟国在内的任何一个国家。④ 但这一政策到 50 年代后期已经难以为继。苏联、英国先后拥

① Norman Polmar, *The American Submarine*, Annapolis, Md. : Nautical & Aviation Pub. Co. of America, 1981, pp. 109 – 117.

② Kolodziej, *French International Policy under De Gaulle and Pompidou: The Politics Under Grandeur*, p. 80.

③ Hugues, *Franco-American Relations and the Eemergence of French Nnucelar Armament*, 1939 – 1962, p. 36.

④ Raymond Dennett & Robert K. Turner, *Documents on American Foreign Relations*, V. 8, Boston: World Peace Foundations, 1948, pp. 431. – 453. 1951 年和 1954 年,该法虽经两次修订,但仍没有摆脱保密政策的范畴。

有了原子弹和氢弹，从实践上宣告了保密政策的破产；而保密政策的实施，影响了自苏伊士运河危机以来美英、美法关系的改善；1957 年 8 月和 10 月苏联成功研制洲际导弹和发射第一颗人造卫星，则向西方表明，包括美国在内的国家都已经处在苏联导弹的射程之内。保密政策的破产、与盟友关系的恶化以及东西方遏制力量的变迁让美国的原子能政策从保密转向了有选择的援助政策。对盟友发展核潜艇的援助问题既是这一政策的产物，也是其重要表现。

在 1957 年 12 月 12 日的国家安全委员会第 348 次会议上，国务卿约翰·杜勒斯（John F. Dulles）表示将在随后的北约会议上宣布，美国将修订原子能法案，以便能与盟友更自由地交换原子能信息。① 这一建议得到政府采纳。12 月 16 日到 19 日，北约国家首脑齐聚巴黎，参加北约成立以来第一次北约理事会最高层会议。杜勒斯在 16 日的首脑会议上当着艾森豪威尔的面，代表总统向盟国许诺，美国打算寻求"必要的立法授权"，以便能在核潜艇问题上与盟国展开合作。他表示，在获得授权后，美国将能与对之感兴趣的北约盟友，"在核潜艇的开发、生产、核动力燃料和反应堆以及其他军事目的上展开合作"。②

杜勒斯的承诺第一次表明，美国愿意在核能的武器运用上援助盟国。美国的如意算盘是盟国发展并部署核潜艇，不仅会减少美国相应的财政负担，也会增加西方阵营在美苏对峙中的力量。但必须指出的是，当时杜勒斯援助盟国核潜艇的参考样本是"鹦鹉螺"或"海狼级"进攻性核潜艇，而不是能作为导弹发射平台的战略核潜艇。

① *Foreign Relations of the United States*（*FRUS*），1955 - 1957，V. 4，Western European Security and Integration，Washington D. C.：USGPO，1986，p. 216.

② *Department of State Bulletin*，January 6，1958，p. 11.

行政—国会交涉与"英国差别"

对于法国来说,杜勒斯的许诺无疑是雪中送炭,法国海军对此进行了认真的研究。不久,美法两国政府就此问题展开磋商。①

然而,美国政府在寻求"必要的立法授权"方面,遇到国会方面强大的阻力。国会反对第四个国家进入核俱乐部,强烈坚持原有的保密政策。而政府则从控制核扩散、团结盟友和应对苏联"威胁"出发,要求修改原子能发展与管制法案。1958 年 4 月 23 日,艾森豪威尔在回答记者提问时说,除英国外,法国等其他国家也应该被准许分享美国的原子秘密。② 国务卿杜勒斯、副国务卿帮办罗伯特·墨菲(Robert Murphy)在国会听证会中,反复向议员们解释,给予盟国核援助是"利益攸关的"。在苏联拥有战略打击力量的情况下,这种援助将加强北约的"盾牌"作用,也有利于控制盟国已经发展或者正在发展的核力量。而且,这种援助也是"双向"的,从英国那里,美国科学家也能得到不少有用信息。而如果拒绝援助,盟国要么会走向独立发展核力量的道路,要么会脱离美国,走向中立。③

行政部门的呼吁起了一定作用,国会最终同意修订立法。1958 年 7 月 2 日,美国国会通过了原子能发展和管制法修正案,允许美国同其他国家交换"密级数据",但前提是该国必须在核武器研制上已经取得"实质性进展"。进一步的条款还要求,这种合作"将促进共同防御和安全,而不是构成毫无道理的威胁",也就是说,受援国必须能保证援

① *New York Times*, January 3, 1958.

② U. S. Department of State Historical office Bureau of Pubilc Affairs: *American Foreign Policy Current Documents*, 1958, New York: Arno Press, 1971, pp. 1438 – 1439.

③ *Department of State Bulletin*, February 24, 1958, p. 313; *American Foreign Policy Current Documents*, 1958, pp. 1434 – 1438.

艾森豪威尔政府援助法国发展核潜艇问题之研究

助信息的安全。不仅如此，盟国还要对相互防御和安全做出"实质的物质贡献"。① 通过这一法案，英国进入了美国领导的核俱乐部。英美签订了一系列协定，其中规定美国转让给英国第一艘核潜艇用发动机，在美国的许可下，这种发动机可以在英国成批制造。②

而法国则不能享受同等待遇。这首先是因为，法国并不满足"实质性进展"这一条件。其次，法国国内强大的共产党势力，也让美国政要担心他们援助法国的核信息会辗转落到苏联手里。最后，6月份刚刚东山再起的戴高乐，把核武器当作其实现大国地位的工具，其核发展的目标是要建立独立核打击力量，而不是促进"相互防御和安全"的核力量。依据法案所要求的"实质性进展"、安全条款以及对"共同防御"作出贡献这三个条件，美国反复拖延乃至拒绝援助法国发展核武器。

对法国原子能委员会的安全审查

虽然有原子能发展与管制法的限制和国会的压力，杜勒斯仍然放出风声，打算卖一个核潜艇发动机给法国。③ 1958年7月5日杜勒斯访问巴黎时，再次向法国承诺，愿意协助法国发展核潜艇动力装置。④ 法国对美国的这些表态颇为认真，关于核潜艇的许多研究甚至都以美

---

① *American Foreign Policy Current Documents*，1958，pp. 1439 – 1442. "密级"（restricted）是美国政府机密分类最低一个级别，向上依次是机密（confidential）、极机密（secret）和绝对机密（top secret）、"极端敏感信息"（Extremely Sensitive Information）。"密级数据"（restricted data）这一提法来自于1946年原子能发展与管制法，指的是有关核武器与核裂变物质生产、使用有关的情报数据。

② ［法］贝特朗·戈尔德施密特：《原子竞争1939—1966》，高强、路汉恩译，原子能出版社1984年版，第219页。

③ *New York Times*，July 4，1958.

④ *FRUS*，1958 – 1960，V. 7，Part 2，*Western Europe*，Washington D. C. : USGPO，2001，p. 56.

国会提供原料与反应堆为前提。1958年10月法国曾向美国提供一份文件,陈述法国发展核潜艇计划的目标:利用美国提供的反应堆,完成第一艘核潜艇的组装工作;构建第二个更高级的核潜艇;生产一系列核潜艇,并在此基础上,组建法国第一个核潜艇单元。[①] 其中的关键是美国提供的核反应堆。

但美法之间的合作开展得并不顺利。美国首要的顾虑是安全问题,害怕泄露自己的核机密,而负责援助谈判的法国原子能委员会(CAE)首当其冲。法国原子能委员会早期领导人是著名物理学家弗雷德里克·若利奥—居里(Frederic Joliot-Curie),此人同时是法共政治局成员。而此刻,委员会中也有不少左派科学家。为了弄清法国的安全情况,美原子能委员会安全部门派小组到法国进行实地考察。9月份他们回国时,根据法国方面的记载,对检查结果表示满意。[②] 依据相关情况报告,美国从1958年秋天对法国进行安全评估,法国也派遣小组前来协助。

直到11月下旬,安全评估还没有最终结论。对此,法方甚为不满。1958年11月20日,法国外交部秘书长路易·若克斯(Louis Joxe)在与美国代理国务卿的交谈中警告,如果在经历诸多的讨论以后,美国不愿意继续履行它的义务,"那将是十二分令人遗憾的,实际上是灾难性的"。驻美大使埃尔韦·阿尔方(Hervé Alphand)趁机建议说,法国希望在12月初派遣一个小组到美国,以便在国会集会前达成

① "Review of the negotiating history of the Agreement for Cooperation with France for Mutual Defense Purposes signed 5/7/59 which provides for the transfer of enriched uranium for use in the development and operation of a land-based prototype nuclear submarine propulsion plant", May 20, 1960, Thomas Gale, *Declassified Documents Reference System* (*DDRS*), Document Number: CK3100270142, p. 2.

② "Status of negotiations on a U. S. and French atomic energy agreement", October 9, 1958, *DDRS*, Document Number: CK3100149689.

协议,并在次年1月批准。① 8天后,阿尔方再次向杜勒斯提出派遣小组的建议,并要在12月北约理事会会议召开前进行谈判,这遭到杜勒斯拒绝。杜勒斯认为,目前还没有收到关于安全评估的报告,而即便收到了,国务院也要就安全报告中所涉及的问题展开讨论,因而在北约理事会召开前进行谈判并不现实。②

研究报告最终还是出来了,不过不是法国希望的结果。其主要结论是:法国的原子能委员会在政治上不可靠,无法保证美国提供信息的安全。③ 这种结果,为美国能否提供援助打上了问号。

"平行小组"谈判及其中断

为了解决安全报告中的问题,美国向法国提出了"平行讨论"的建议。首先是法国把负责接受援助的部门从原子能委员会转移到国防部,其次是法国原子能委员会和国防部的代表分别派遣两个小组到华盛顿进行谈判,前者负责低级机密的浓缩铀谈判,后者负责高级机密的提供核反应堆谈判。④

法国接受了美国的建议,责令海军主要负责核潜艇援助工作。在北约部长会议期间,美法就"平行小组"谈判达成共识。决定:"1. 在判定法国海军能提供足够安全保障以保护交流信息的基础上,美国准备与法国海军讨论购买核潜艇反应堆和燃料以及交换必要的信息等问题;2. 美国准备与[法国]原子能委员会讨论为它设计的陆上模式堆提供浓缩铀问题"。⑤

---

① *FRUS*,1958－1960,V. 7,Part 2,*Western Europe*,pp. 122－123.
② Ibid.,pp. 123－124.
③ *DDRS*,Document Number:CK3100270142,p. 1.
④ *FRUS*,1958－1960,V. 7,Part 2,*Western Europe*,p. 156.
⑤ *DDRS*,Document Number:CK3100270142,p. 2.

既然法国的安全"不合格",美国为什么还要提供援助? 这里不单单是个要履行诺言的问题,更为重要的是美国政府认为,这种援助符合相互的安全利益。杜勒斯在 1959 年 1 月初给原子能委员会主席约翰·麦科恩(Jone A. McCone)的信中明确指出,"国务院认为,在我们国家安全需要和原子能法允许的程度下与法国在核潜艇领域内合作,符合美国利益"。① 符合相互安全利益是美国政府愿意顶着国会压力给法国提供援助的主要原因,可以想见,如果对这一点的认识有所变化,必将影响在核潜艇上的美法合作。

从 1959 年 1 月开始,法国派遣了两个独立的代表团到华盛顿谈判,一个由原子能委员会负责,另一个由海军部领导。② 美法核潜艇合作终于进入实质阶段。然而,美法谈判尚未谈出什么具体结果,就突然中断。引起这种变化的是法国从北约撤出地中海舰队事件。从 1959 年 1 月开始,法国就曾透露过要撤出地中海舰队的打算,虽经美国多次阻挠,法国仍在 3 月 6 日正式宣布从北约撤出地中海舰队。③ 美国将撤出事件与援助法国发展核潜艇问题联系起来,中断了"平行小组"的讨论。就在法国正式宣布的前三天,美国欧洲事务助理国务卿利文斯顿·麦钱特(Livingtson T. Merchant)奉国务卿之命通知阿尔方,如果法国继续它从北约撤出舰队的行动,为法国发展核潜艇提供援助的立法辩护将会消失,因为法国的行动将会引起国会的反弹,从而不可能通过授权。④ 确实,从原子能发展和管制法修正案上来看,法

① FRUS,1958 - 1960,V. 7,Part 2,*Western Europe*,p. 160.

② DDRS,Document Number:CK3100270142,p. 2. 有的著作将美法"平行小组"谈判的时间误作 1959 年 2 月,如 Hugues,*Franco-American Relations and the Eemergence of French Nnucelar Armament*,1939 - 1962, p. 38;Kolodziej,*French International Policy under De Gaulle and Pompidou:The Politics Under Grandeur*,p. 80;[法]贝特朗·戈尔德施密特:《原子竞争 1939—1966》,第 220 页。

③ FRUS,1958 - 1960,V. 7,Part 1,*Western European Integration and Security;Canada*,Washington D. C.:USGPO,1993,pp. 420 - 421.

④ FRUS,1958 - 1960,V. 7,Part 2,*Western Europe*,p. 182.

国的这种行动无论如何也不能解释成是为了促进相互的安全利益。美国政府在核援助问题上逐渐向国会强调的"英国差别"靠拢。

但是，由于当时第二次柏林危机仍在持续，美国还需要法国的大力支持。美国也想用核潜艇合作换取法国回心转意，收回对地中海舰队问题的声明。于是在法国撤出当天，国务院就致电驻法使馆，指示不要在法国撤出问题上采取威胁联盟团结的行动，而在核潜艇援助上采取"拖"字诀：并不完全关上援助的大门，但也不促成最终的援助。①

"平行小组"谈判的中断与美国采纳"拖延"战术，让援助问题的前景变得再次渺茫起来。

签订《美法利用原子能合作协定》

然而，美国的"拖"字诀并未收到预期的效果。在舰队问题上，法国丝毫没有改变想法的意思。为了换取法国在柏林和其他重要问题上的合作，国务院建议就援助法国核潜艇问题重开谈判。接替杜勒斯为国务卿的克里斯琴·赫脱（Christian A. Herter）在与麦考恩的交流中谈到，"核潜艇对戴高乐将军来说非常重要，将军认为杜勒斯在这一问题上承担有义务。"但美国的援助是有范围限制的，那就是只援助法国浓缩铀，而不援助涉及机密信息的核反应堆。4月23日，二人达成一致意见，应该迅速同法国达成提供浓缩铀的协定。②

这里有必要区别美国对法国最初两项要求的不同态度。法国要求的援助主要在两个方面，一是浓缩铀，二是反应堆，后者的重要性远远大于前者。而美国对浓缩铀问题反应比较积极，对反应堆一事则一

---

① Ibid. , pp. 186 - 187.
② Ibid. , pp. 194 - 195.

直就有保留。这一方面是来自国会的压力,尤其是两院原子能联合委员会的压力。① 另一方面,核反应堆作为核潜艇的最关键部件,研发它有技术上的难度,美国对法国还是要留一手。况且此时,随着美国核潜艇技术的发展,美国海军在 1957 年初已经开始考虑将核潜艇作为导弹发射平台。美国首个也是世界首个战略核潜艇(弹道导弹核潜艇)"乔治·华盛顿"号在 1959 年底建成并服役,1960 年 7 月从水下发射两枚 2500 公里的 A1 型北极星导弹。这标志着核潜艇已经从普通的进攻性武器上升为具有全球性威慑作用的战略武器。美国政府内部广泛承认保护核潜艇技术的重要性。"鹦鹉螺"号的主要设计者之一、被誉为"美国核潜艇之父"的海曼·里科弗海军上将(Hyman Richover)强烈主张,核潜艇是美国"最后的主要秘密",不应同盟国分享。② 鉴于这些因素,美国政府不考虑向法国提供核反应堆。

美国对浓缩铀与反应堆的不同考虑让"平行小组"的讨论最终不再"平行":与法国海军的讨论从未恢复,而与法原子能委员会的讨论则重新开始。1959 年 5 月 7 日两国签订《美法利用原子能合作协定》,美国答应为法国发展陆上模式堆提供为期 10 年的"指定数量"的浓缩铀。③

毫无疑问,这一协定是杜勒斯 1957 年承诺的最小程度的兑现。它完全排除了提供核反应堆的要求,而在提供浓缩铀的范围和时间段上也加以限制。在范围上,美国只同意提供陆上模式堆的浓缩铀,而不愿意为法国将来实际运行的潜艇提供浓缩铀。协定签订后,法国原子能委员会官员曾向美国政府询问提供 U—235 给法国实际操作潜艇的可行性,美国答复说,美国提供核动力燃料的舰只只能交给北约使

① Ibid. ,pp. 190 – 191.
② Ibid. ,p. 190.
③ Ibid. ,p. 212.

用。后来,法国就未曾再提出类似请求。① 第二是提供的时间仅仅是 10 年。考虑到潜艇陆上模式堆的寿命,这一时限无疑是很短的。就连美国人自己也承认,单单提供浓缩铀,法国发展核潜艇的进展会很慢,签署 1959 年协定主要是基于"政治"理由。1959 年 6 月 11 日,洛珀将军(General Loper) 在两院原子能联合委员会上作证时说,"在国防部看来,从对西方防御的贡献这一严格军事意义上说,它(1959 年协定) 相对是无意义的;同样从军事贡献的角度说,我们对之并没有过多兴趣。然而,我们赞同国务院的观点:你可以把此叫做在这一领域的'象征性'合作,他们(指法国人) 认为这种合作是极端重要的,[因而合作]就符合我们的相互利益。"②

法国人则把该协定当作是美国食言和想对法国保守核秘密的证据。自从 30 年代就一直参与核计划的法国核物理学家贝特朗·戈尔德施密特(Bertrand Goldschmidt) 的反应是:"美国政府不愿把法国当作真正的伙伴来对待。这种情况正如戴高乐将军所指出的,不仅在联盟的最高组织这一层,而且在艾森豪威尔正式确定的供应范围内也是这样。"③戴高乐在 1959 年 5 月 25 日给艾森豪威尔的信中发泄了法国的不满,"美国打算对法国保留秘密,迫使法国自己以巨大代价发现它们",在这个问题上,法国"除了表示遗憾外,别无他言"。④ 这更加剧了法国要发展独立的国家核力量的决心。

结束语

从 1957 年 12 月美国在北约首脑会议上承诺向盟国提供核潜艇

---

① *DDRS*, Document Number: CK3100270142, p. 4.
② Ibid. , p. 4.
③ [法]贝特朗·戈尔德施密特:《原子竞争 1939—1966》,第 220 页。
④ *FRUS*, 1958 – 1960, V. 7, Part 2, *Western Europe*, p. 229.

援助开始,到 1959 年 5 月美法之间签订《美法利用原子能合作协定》为止,历时将近 1 年半,而达成的结果却十分有限。如果用一波三折、命运多舛来形成美法之间的核潜艇合作,一点也不为过。1957 年 12 月杜勒斯的许诺,给援助问题带来最初的阳光;而 1958 年 7 月原子能法修正案则为以后的美法核合作蒙上一层阴影。随后安全检查的失败更是让合作前景第一次变得渺茫。以美国提出转移责任、"平行"讨论为契机,美法合作走向实质阶段,而紧随而来的法国从北约撤出大西洋舰队事件以及美国自身战略核潜艇技术的发展第二次把美法合作带入谷底。虽然后来美国出于"政治"考虑,与法国签订了《合作协定》,答应提供浓缩铀,然而这一协定也仅仅是具有"政治"意义而已。

为什么会有这么多波折? 有的学者解释,主要原因在于,美法谈判的同时,美战略核潜艇技术取得突破,为保证技术机密,美国才不同意援助法国核反应堆。[①] 这种解释只抓住了问题的一个方面,但其不能解释,为什么美国援助英国发展核潜艇。美法合作一再出现波折,从根本说,是美国从未真心愿意援助法国发展独立的核力量。从某种意义上讲,原子能发展和管制法案修正案所提出的"实质性进展"、安全条款、保证相互防御安全等都有专门针对法国的意味。对英法的差别待遇的主要原因在于,后者的核计划是发展独立的核打击力量,这种计划并不满足美国标准的"相互安全利益"。因此,戴高乐指责"美国打算对法国保守秘密",一点也不为过。

对于法国来说,未能从美国获得核反应堆,确实是对其核潜艇发展的一个重大打击。法国不得不一度放弃其原先建造攻击核潜艇的计划,直到 60 年代中期才继续进行,第一艘攻击性核潜艇 1983 年 2 月才开始服役。然而,塞翁失马,焉知非福,法国由此转向战略核潜艇的

---

① Cogan, *Oldest Allies*, *Guarded Friends*: *the United States and France since 1940*, p. 134.

研制工作。在"乔治·华盛顿"号首次从水下发射北极星导弹三个月后,法国海军上将莱内(Admiral Laine)在记者招待会上暗示,北极星核潜艇系统可以用来对抗有固定基地或者流动基地的轰炸机以及导弹。他估计,"如果美国坚持拒绝向法国提供反应堆,法国将需要8年时间才能让自己的核潜艇进入实际操作阶段。"①而事实证明了莱内的预言,法国第一个战略核潜艇"可畏"号于1967年下水,1971年服役。法国也从此走上了与美、苏、英等国家不同的发展道路:先发展战略核潜艇,再发展进攻核潜艇。

参考书目

一、原始资料

1. Department of State Bulletin.

2. New York Times.

3. Raymond Dennett & Robert K. Turner, Documents on American Foreign Relations, V. 8, Boston: World Peace Foundations, 1948.

4. Thomas Gale, Declassified Documents Reference System(DDRS).

5. U. S. Department of State: Foreign Relations of the United States (FRUS), Washington D. C. : USGPO.

FRUS ,1955 - 1957, V. 4, Western European Security and Integration (1986).

FRUS,1958 - 1960, V. 7, Part 1, Western European Integration and Security; Canada(1993).

FRUS,1958 - 1960, V. 7, Part 2, Western Europe(2001).

---

① *DDRS*, Document Number: CK3100270142, p. 4.

6. U. S. Department of State Historical office Bureau of Pubilc Affairs: American Foreign Policy Current Documents, 1958, New York: Arno Press, 1971.

二、专著论文

7. Charles Cogan, Oldest Allies, Guarded Friends: the United States and France since 1940, Westport, Conn. : Praeger, 1994.

8. Edward A. Kolodziej, French International Policy under De Gaulle and Pompidou: The Politics Under Grandeur. Ithaca, N. Y. : Cornell University Press, 1974.

9. Norman Polmar, The American Submarine, Annapolis, Md. : Nautical & Aviation Pub. Co. of America, 1981.

10. Regis Hugues, Franco-American Relations and the Eemergence of French Nnucelar Armament, 1939 – 1962, M. A. Thesis, Old Dominion University, 1990.

11. [法]贝特朗·戈尔德施密特:《原子竞争 1939—1966》,高强、路汉恩译,原子能出版社 1984 年版。

（作者姚百慧,首都师范大学历史学院讲师;本文发表于《国际论坛》2007 年第 6 期）

世界史研究（第三辑）
SHIJIESHI YANJIU

经济全球化与民族国家的主权保护

徐　蓝

人类进入 20 世纪 90 年代以来,"全球化"浪潮汹涌而至,给世界各国的发展带来了前所未有的机遇和挑战。由于全球化是各民族国家参与的历史进程,所以人们自然会提出与民族国家主权相关的问题。① 经济全球化(即狭义的全球化) 是全球化的基础和重要组成部分,也是全球化进程的最基本动因,因此本文仅对经济全球化与民族国家的主权保护谈点个人的不成熟的看法,以求教于方家。②

---

① 全球化是一个很大的题目。可以说,自 20 世纪 60 年代全球化(globalization)一词首先在美国提出之后,国际学术界对全球化问题的讨论就始终不衰,90 年代达到高潮。这些研究主要集中在社会学、政治学和经济学领域,从重点描述全球化的社会现象,发展到对全球治理(global governance)的讨论,其中自然涉及全球化与民族国家主权的关系问题。其代表论著有:David Held, Anthony McGrew, David Goldbott and Jonathan Perraton, Global Transformations: Politics, Economics and Culture, Stanford University Press, 1999(2001 年中国社会科学出版社出版了该书的中译本); David Held & Anthony McGrew, Governing Globalization, Polity Press, 2002; Paul Hirst & Grahame Thompson, Globalization and the Future of the Nation State, Economy and Society, Vol. 24, No. 3 (August 1995), pp. 408 – 442,等等。随着中国改革开放的步伐,中国学者对全球化的关注与研究从 80 年代就已经开始。1998 年,中共中央编译局当代马克思主义研究所主持的、以俞可平为总主编的《全球化译丛》(全 7 册)由中央编译出版社出版;1999 年,以龙永图为学术总指导、刘力、刘光溪为主编的《经济全球化丛书》(全 5 册)由中国社会出版社出版。中国史学界则更为关注全球化与全球史观的问题,并组织了有关全球化与全球史观的笔谈(见《史学理论研究》2005 年第 1 期),这些文章从史学的角度说明全球化是全方位的,其影响是多元的,全球化、全球史观和"民族主义的冲动"是并存的。与此同时,中国学者也注意到了全球化与国家主权的关系问题,其中最有代表性的是俞可平的《论全球化与国家主权》(《马克思主义与现实》2004 年第 1期)。但是总体来说,该问题的研究还有待进一步深入。

② 本文的写作得到"北京市属市管高等学校人才强教计划资助项目"的资助。

一 经济全球化的趋势势不可挡

经济全球化也就是世界经济一体化,它是一个发展过程,也是一个客观现实。

尽管在理论上对经济全球化还没有一个统一的严格的定义,但是一般认为,它至少包括两个基本含义:其一是指生产要素在世界范围内跨国界自由流动的不断加深,以寻求最佳配置;其二是指这些流动要遵守一定的共同规则。

经济全球化作为一个历史发展过程,可以追溯到 15 世纪新航路的开辟和资本主义在西欧的兴起。从此,资本主义生产方式逐渐打破了农业经济时代的地方狭隘性,表现出一种外向的、突破国界和洲界的限制并走向全球的趋向。马克思和恩格斯在《共产党宣言》中说:"资产阶级,由于开拓了世界市场,使一切国家的生产和消费都成为世界性的了。……资产阶级…挖掉了工业脚下的民族基础。"①19 世纪中叶,伴随着欧美各国工业革命的完成和资本主义大工业的兴起,经济的跨国发展和国际化趋势开始大大加强。从近 150 多年的世界经济发展来看,可以将经济全球化趋势分为三个发展阶段。

第一个阶段从 19 世纪后半期到 20 世纪初期,即第一次世界大战之前,经济全球化以国际贸易的迅速发展和资本的大规模的国际性流动以及生产的国际分工为主要特征。但是,这一时期尚未建立国际经济运行的有效机制。

第二个阶段从第二次世界大战后到 20 世纪 80 年代。两次世界大战和蔓延整个资本主义世界的经济大危机使维持世界经济发展的

① 《马克思恩格斯选集》第 1 卷,人民出版社 1972 年版,第 254 页。

货币金融关系和贸易关系一片混乱。然而正是战争的血的教训，才使各国取得了这样的共识：传统的孤立主义和保护主义的经济政策，必将导致世界经济再次走进死胡同，只有国际间的经济合作，才是促进世界经济繁荣从而维护世界和平的必由之路。为了恢复世界经济的有序发展，美国凭借其军事、政治和经济的绝对优势，试图从金融、投资、贸易三个方面重建国际经济秩序。在金融方面，重建国际货币制度，以维持汇率的稳定和国际收支的平衡；在投资方面，以鼓励对外投资、筹措资金来促进战后经济的复苏和发展；在贸易方面，以扭转日益盛行的高关税贸易保护主义和歧视性的贸易政策来促进国际贸易的自由化。这就是战后三大经济组织国际货币基金组织、国际复兴开发银行（世界银行）和关贸总协定的建立。这三大机构共同构成了战后调节世界金融、投资、贸易的三大支柱，被称为"布雷顿森林三驾马车"和"经济联合国"①，标志着国际金融和国际贸易体制的形成，从而进一步促进了世界经济的发展和一体化进程。

在此期间，大批发展中国家进入国际经济体系，与此同时，各种国际经济机制开始形成，跨国公司大量出现，并成为世界经济增长的发动机。

不过，由于冷战的爆发，苏联和东欧国家虽然组成了经互会并实行经济一体化，但实际上只是集体的闭关自守，脱离了世界经济的主体。中国也在相当长的时间里关起门来搞建设，没有融入世界经济。

第三阶段滥觞于20世纪70年代，并于80—90年代形成了一股强大的经济全球化浪潮。其主要原因是：第一，在此期间，以信息技术为核心的新一轮科技革命成为经济全球化的主要推动力量；第二，冷战的缓和与结束消除了过去东西方实行的"两个平行市场"的分割状况，包括

---

① 作者曾在拙文《试论第二次世界大战后国际秩序的建立与发展》中对这三大机构作过较为详细的论述，见《世界历史》2003年第6期，第44—56页。

中国在内的大多数原来实行计划经济的国家向市场经济的转轨,使市场经济体制获得极大扩展,为建立统一的世界市场提供了条件;第三,跨国公司迅猛发展,将公司内部的一体化扩散到全球;第四,世界贸易组织的诞生,把贸易、投资和服务的国际化提高到一个新的水平。

实际上,到 20 世纪 80 年代,各国的经济就已经相互渗透、相互依存,趋于一体,经济全球化的雏形已经显露。正是在这种情况下,作为反映这一客观现实的"全球化"(Globalization)一词,在 80 年代便不断见诸西方的报端。进入 90 年代之后,这一词汇被更为频繁地使用,联合国秘书长加利则在 1992 年的联合国日(10 月 24 日)宣布:真正的全球化的时代已经到来。

今天,经济全球化具体表现为以下几个方面:

以高科技为基础的生产带来了全新的国际生产分工体系,使其更加专业化和精细化,从而把世界各国纳入全球的分工体系,使各国的生产活动密切联系,相互依赖,相互渗透,连成一体。例如,在全球处于垄断地位的波音公司,其飞机的零部件来自十几个国家的地区;著名的电力和自动化技术集团 ABB 公司的总部设在瑞士,总裁是瑞士人,总部只有工作人员 100 来人,工作语言是英语,财务报表以美元为单位,在全世界 160 个国家和地区建立附属机构和企业并雇用了 20 多万人,生产销售遍及全世界。该公司的总裁说过,"ABB 公司四海为家,是许多个国家的公司在世界范围内协作的联盟。"①

贸易国际化的程度空前扩展。表现在:世界贸易增长速度超过历史上的任何时期;世界贸易的增长率高于世界生产的增长率。另外,世界贸易出现新的变革,高科技产品在出口商品中所占比重逐步提

① 转引自龙永图为《经济全球化丛书》所写的总序言,见张碧琼:《经济全球化:风险与控制》,中国社会出版社 1999 年版,第 1—15 页。

高,知识产权在世界贸易中越来越重要,劳务贸易迅速发展,世界旅游业增长很快,特别是服务贸易异军突起,发展的速度远远超过商品贸易。据世贸组织统计,1980 至 2003 年,世界贸易年均增长超过 6%,始终快于世界生产的增长速度,前者的年均增长率要比后者高 50% 左右。2003 年从出口角度计算的世界贸易总额(包括货物贸易和服务贸易)达 9.5 万亿美元,相当于 1980 年的 3.9 倍①。

第三,国际投资迅速增加,范围遍及全球。据联合国贸发会议统计,2000 年国际直接投资(FDI)流入量达 12710 亿美元,是 1980 年的 22 倍,国际直接投资占世界各国国内投资比重由 1980 年的 2.3% 提高到 2000 年的 22%。虽然 2001 年以后受恐怖主义等各种因素的影响,跨国直接投资有所萎缩,但 2004 年已经实现恢复增长,达到 6120 亿美元②。尽管发达国家之间仍然是相互直接投资的重点,但是国际投资格局逐渐发生重要变化,即发达国家投向发展中国家的资金数量增加,比重上升,20 世纪 90 年代以来发展中国家接受的 FDI 以年平均超过 10% 的速度增长,到 2000 年达到 2651 亿美元,其中绝大部分来自发达国家,从而促成了新兴资本市场的崛起。尤其是发展中国家向发达国家的 FDI 流动以及发展中国家之间的相互投资已经悄然兴起。据统计,仅亚洲发展中国家 2001 年的对外投资就高达 850 亿美元③。

第四,国际金融市场异常活跃,金融的国际化与自由化程度日益

---

① 安民:《在经济全球化中实现共同发展》,作者为商务部副部长,文章为作者在第二届中国企业"走出去"国际论坛上的演讲摘要。中华人民共和国外交部网站:首页:资料:专题:经济与外交,http://www.fmprc.gov.cn/chn/ziliao/wzzt/jjywj/t196795.htm。文章上网时间为 2005 年 5 月 23 日。

② 安民:《在经济全球化中实现共同发展》。

③ 沈丹阳:《居安思危:全球 FDI 流动新趋势下我国引资策略创新思考》,载《中国外资》2003 年第 7 期。中国政府积极推动"走出去"战略,也意味着中国对外直接投资将会有一个显著的增长。据国家商务部统计,截至 2002 年年底,经原外经贸部批准或备案设立的境外中资企业近 7000 家,协议投资总额 137.8 亿美元,其中中方投资约 90 亿美元,实际上未经批准的对外投资可能远不止这个数字。2003 年第一季度,我国海外投资又比去年增长了约 60%。

提高是经济全球化的最新态势。资金的交易额空前巨大,金融工具和金融业的运作方式不断创新。互联网和"电子货币"的发展,使各国金融外汇市场瞬间沟通,处于 24 小时的全天候运行状态。早在 1989 年 3 月 31 日香港《信报》的一篇文章就曾指出:现在每日的全球外汇交易平均超过 1 万亿美元,是 10 年前的 5 倍,是实物贸易量的 50 倍,国际上流动的总资产近 83 兆美元;全球的经济讯息,可在数分钟内全球分享,而资金的进出,各种投资(投机)工具的买卖,都可以通过一个电话,甚至一按钮,几秒钟内完成①。

第五,跨国公司特别是大的跨国公司,是推动全球化的主要载体和承担者,是全球化进程中的最活跃、最具影响力的因素和决定性的力量。80、90 年代以来,跨国公司在数量上和规模上急剧增长。据统计,1980—1995 年,全世界的跨国公司从 1.5 万家增加到约 4 万家,2005 年为 6.1 万家,它们占据着全球跨国直接投资的 90%、全球贸易总量的 65%、全球技术交易总量的 80% 和全球高新技术的 95% 以上。近年来,一些发展中国家的跨国公司开始崛起,越来越多的大跨国公司迫于激烈的竞争而实行跨国联合或并购重组,从而进一步加速了经济全球化进程②。

总之,经济全球化已成为强劲的时代潮流,上述所说的这些现代经济的要素日益要求冲破民族国家的壁垒,使其能够在全球范围内最大限度地自由流动。但是,经济全球化又是民族国家参与的全球化,当民族国家越来越深地卷入这一浪潮时,它们自然面临这样的问题:

---

① 转引自吴江:《世界多极化与经济全球化》,载俞可平、黄卫平主编:《全球化的悖论》,中央编译出版社 1998 年版,第 18 页。

② 纪玉祥:《全球化与当代资本主义的新变化——兼及考察全球化的方法问题》,载俞可平、黄卫平主编:《全球化的悖论》,中央编译出版社 1998 年版,第 35 页;安民:《在经济全球化中实现共同发展》。发展中国家的大型跨国公司很少。美国《财富》杂志 2004 年世界 500 强企业中,美、日、欧等发达经济体占绝大多数;若把韩国、新加坡等包括在内,发展中国家也只有 38 家,其中中国 16 家。

经济全球化与民族国家主权的关系如何？经济全球化趋势下民族国家应如何维护自己的主权？

二　经济全球化对传统的民族国家主权的挑战

这里首先要简单叙述一下国家主权的概念。

完整的近代意义的民族国家主权概念是在 17 世纪中叶以后随着威斯特伐利亚体系（Westphalia System）的产生而形成的。

1618—1648 年，欧洲爆发了"三十年战争"①。各交战方于 1648 年 10 月在威斯特伐利亚签订了《奥斯纳布吕克和约》与《明斯特和约》，史称《威斯特伐利亚和约》。根据这一条约，独立的各个诸侯邦国不分大小，主权一律平等；国家对内享有至高无上的国内统治权，对外享有完全独立的自主权；国家主权具有独立性、统一性、不可分割性。从此以后，国家主权开始具备对内对外的双重属性：主权在国内是最高的权力，不受任何国内法的约束，国家凭借这一权力可以处理所有的国内事务；主权对外是独立自主的，不受任何外来力量的干涉，也不受外部力量的侵犯②。因此，主权便成为国家的象征，国家的完整

---

①　"三十年战争"的基本背景和情况是：16 世纪，德意志首先发生了反对罗马天主教教会的宗教改革运动，这场运动导致了德意志的宗教分裂，并形成了两大对立的教派势力：天主教和新教。这两大教派之间的矛盾越来越大，终于在 1618 年爆发了战争。战争爆发后，欧洲的各大国也逐渐卷了进来，西班牙、波兰和罗马教皇国站在天主教同盟一边，英国、瑞典、丹麦、荷兰、法国站在新教一边，形成了一场欧洲各国的大混战。这场战争持续了 30 年，因此在历史上被称为"三十年战争"。参战各国不仅带有宗教的狂热，也有十分明显的争夺欧洲霸权的政治目标。

②　按照日本学者星野昭吉的话来说，《威斯特伐利亚和约》内涵的主权可以分解为两方面：对国内居民和领土进行统治的权威与正当性；摆脱他国控制的独立权，外交自律权及其正当性。［日］星野昭吉：《全球化时代的世界政治——世界政治的行为主体与结构》，刘小云，梁云祥译，社会科学文献出版社 2004 年版，第 29 页。当代一些西方学者认为，在主权国家体系中，就对领土和人口的控制而言，所有国家都平等地独立于外部权力。国家的主权、领土完整及法律平等被视为国际关系的特征。约瑟夫·A.凯尔莱里，吉米·福尔克：《主权的终结？——日趋"缩小"和"碎片化"的世界政治》，李东燕译，浙江人民出版社 2001 年版，第 34 页。

和独立主要体现为主权的完整和独立。从此,基于这种国家主权之上的国际关系体系被称为"威斯特伐利亚体系"。

威斯特伐利亚体系形成后,民族国家(nation-state)便一直是人类政治生活的核心,至今如此。一般认为,民族国家的建立需要具备三个基本要素和与之相联系的三个基本原则。三个要素是:(1)领土;(2)主权;(3)人民。三个原则是:(1)领土原则:国家拥有确定的边界,即该国家的统治范围。在边界以内,国家可以制定并行使法律。(2)主权原则:国家及其代表拥有在其边界内采取行动和实行统治的主权。(3)合法性原则:主权国家之间的关系可以成为国际协议与国际法的对象,而国际协议和国际法必须得到各个国家的同意才能产生效力①。直到今天,这样的民族国家仍然是现实国际政治生活的中心,也是全球化的实际参与者。然而,不可阻挡的经济全球化进程已经对民族国家的主权构成了重大挑战。

传统的民族国家经济主权在国际关系上的表现形式,主要是一国政府拥有在对外经济活动中的自主决策权。这种自主决策权又体现在两个方面:第一,在一国国内,这种权利表现为对对外经济活动的管制权和制定对外经济法规的自主权;第二,在对外关系上表现为自主参与国际经济活动的权利。但是全球化进程对经济主权的冲击是广泛而深刻的。我们仅从三个视角来看。

首先,从跨国公司来看,跨国公司是全球化的主要载体,它在一定程度上削弱了民族国家的经济主权。

这是因为:其一,大量存在的跨国公司在经济全球化过程中,正扮演着"第二政府"的角色,它们对世界经济发展的影响越来越

---

① 参见乌尔里希·贝克:《全球化时代民主怎样才是可行的?》,载乌尔里希·贝克、哈贝马斯等:《全球化与政治》,王学东、柴方国等译,中央编译出版社 2000 年版,第11—12 页。

大，不仅影响着国际贸易的方式和未来发展的走势，而且影响到国际贸易的理论和政策，因而不可避免地涉及民族国家的经济主权和利益。其二，跨国公司在海外的大规模直接投资活动，通过兼并与收购以及建立新工厂等方式，控制东道国某些重要的经济部门，垄断东道国某些产品和市场，在一定程度上影响、甚至左右了东道国的生产、消费、内外贸易、产业结构调整和国家经济政策制定，从而削弱了东道国经济的自主权。例如：可口可乐公司在全球155个国家运行，控制着全球44％的软饮料市场，其势力和影响已远非许多单个国家可比。可口可乐公司和百事可乐公司将中国几乎全部有名的饮料厂兼并。洗衣粉行业也同样如此，当中国最后一个名牌"活力28"被德国本森公司收购之后，中国洗衣粉厂家全军覆没。其三，由于跨国公司牢牢控制了生产技术的创新和转移，这就使得技术落后的发展中东道国处于被动的依赖地位，甚至形成经济的依附性发展，从而削弱了国家的经济主导权。

其次，从世贸组织来看，它对民族国家经济主权的侵蚀也是很明显的。

世贸组织的建立，是国际社会为了应付全球化带来的种种挑战而进行国际合作的显著成果。尽管加入世贸组织的行为是国家主权的体现，维系世贸组织生存的《WTO 协议》也是成员方主权行使的结果，但是世贸组织对民族国家经济主权的侵蚀也是很明显的。

例如：根据世贸组织规则，成员方不得随意制订关税政策，非关税措施的制定也要遵循相关规定，各成员方采取的技术标准和措施要顾及世贸组织有关协定并要有透明度，还有诸如知识产权保护、竞争政策、劳工和妇女权利保护等，都会制约本国政策的实施和实施的有效范围。特别是一向为国内管辖的金融、保险、基础电信等服务行业，也要受制于《服务贸易总协定》及其他专门协定。由此可见，世贸组织的协定所触及的大量政策领域，是过去一直被认为的国内政策的排他领地，其范围延伸到一向为国内专属管辖的行业。其结果必然导致由国家主权原则得出的国内独立权受到侵蚀。中国加入世贸组织以来，曾清理、修改和完善了3000多个法律法规和部门规章，就是证明。

第三，在金融全球化的背景下，各国实施货币法定升值与贬值的主权权利也要受到一定的约束。

一方面，在金融自由化的趋势下，大多数国家逐步放松了对本国货币兑换的管制。这不仅是各国在金融全球化的压力下所作出的自动选择，也反映了国家行使外汇管制的权力遭到了一定的侵蚀。另一方面，在金融全球化的情况下，各国的金融联系越来越紧密，一国所采取的金融措施，特别是涉及货币对外关系的货币的升值与贬值政策，会对其他国家的经济、金融活动造成影响。因此金融全球化要求各国中央银行在制定本国货币政策时，必须考虑全球的经济和金融发展状况，而不能只顾本国的利益需求。这就削弱了传统的国家货币主权。例如近几年来西方国家要求中国人民币升值的压力，以及人民币也确有小幅升值的事实，就说明了这个问题[1]。可以预见，随着中国卷入国际经济生活的深度和广度的加强，这个问题也会越来越突出[2]。

因此经济全球化及由此引起的社会变革，已经冲击了传统民族国

----

[1] 根据中国银行外汇牌价，2006年11月25日人民币/美元的基准价为100美元/785.26元人民币，而2005年11月25日人民币/美元的基准价为100美元/808.15元人民币。http://www.bank-of-china.com/cn/common/service.jsp，上网时间：2006年11月25日12:20。

[2] 另外，一些区域性的货币联盟也对传统的国家货币主权提出了挑战。例如，从1999年开始，欧盟部分成员如法国、德国等国已不再拥有独立的货币政策，而由欧洲中央银行履行制定统一货币政策的职能；从2002年起，这些国家已使用数百年之久的、作为国家主权重要象征的本国货币法郎、马克等也被"欧元"（Euro）所取代。尽管这些成员国在加入货币联盟时自愿将这种主权权利"让渡"给联盟，但它毕竟侵蚀了传统的国家货币主权。

家主权,并改变着传统的民族国家主权观念。但是这决不是像一些人士所说的全球化就导致主权过时和民族国家消亡。

三　经济全球化并未导致主权过时和民族国家消亡

首先,民族国家是经济全球化最主要的推动者和参与者。在很大程度上民族国家的发展过程实际上也是全球化的推进过程,民族国家是全球化发展的关键推动力量。

从历史上来看,民族国家的诞生为国内市场的最终形成提供了政治保障。现代民族国家(主要是西方国家)为全球化的发展提供了最活跃的因素:资本家、资本和跨国公司,以及全球化发展的技术动力。在殖民扩张时期,民族国家是资本扩张背后的强大支持力量,为这种扩张提供了武力支持。

从现实来看,民族国家从来没有像现在这样在全球化中具有决定性的作用。一方面,各国积极支持本国企业拓展海外市场,进行全球扩展。另一方面,各国主动参与国际经济活动,不仅积极参与国际货币基金组织、世界银行和世贸组织等全球性经济组织的建设,而且尽可能参与欧盟、东盟、北美自由贸易区、亚太经合组织等区域性经济组织的建设,协调彼此在投资、关税、贸易等方面的关系,降低了国际经济交往中的成本。譬如在韩国,国家直接推动本国企业的全球化战略,其措施包括:鼓励本国企业在国外资本市场上集资;国家资助私人企业在海外拓展;资助本地企业同跨国公司建立合资企业或达成技术合作关系等。以汽车工业为例,尽管韩国的汽车工业起步很晚,但国家注意保护国内市场和引进先进技术,使其在短短20多年的时间里便在世界汽车生产的排行榜上名列第五位①。

其次,经济全球化并未从根本上改变民族国家的主权。民族国家及国家主权在国内和国际政治生活中仍然处于核心地位并起着核心作用,国家及其主权的基本功能并未消失。

在全球化的进程中,民族国家在某些情况下让渡主权权利是有条件的,即要求得到一定的回报。各国参与国际合作的目的并非为了削弱自己,而是要以此来维护本身的权利,并获得更好地发展,提升自己的综合国力。以中国的小浪底水利枢纽工程为例。该工程位于黄河中下游交界的河南省境内的黄河干流中游段上,以防洪、防凌、减淤为主,兼顾供水、灌溉、发电,在综合治理黄河的总体布局中,具有重要的战略意义。但该工程协议利用世界银行贷款 10 亿美元,因此世界银行于 1988 年开始介入该工程,曾先后组团检查小浪底达 26 次,每次都由世行官员和专家提出工作备忘录,对小浪底工程建设、移民、经济、管理、财务以及环保等方面提出评估、咨询意见和工作要求,并对该项目可持续发展方面存在的问题高度重视。根据世行要求,该工程的土建工程采取国际招标,大坝、泄洪排沙系统和引水发电系统等主要工程的施工责任方分别为意大利、德国和法国的跨国公司,而不是中国的公司。另外,世界银行还对小浪底工程机构建设给予极大关注,促成水利部于 1989 年 9 月批准成立了黄河水利水电开发总公司(YRWHDC),作为项目业主开发小浪底水利枢纽工程②。这些做法,对于传统的国际主权来说,显然是不能接受的。但这是中国为发展自

经济全球化与民族国家的主权保护

---

① 巴西是一个相反的例子。巴西的汽车工业在 20 世纪 60 年代就通过引进外资实现了零部件的本地生产,但国家对国内市场的保护和对西方大公司落后技术的转移没有采取有效措施,只能生产美欧接近淘汰的车型和部分零部件,因此到 90 年代其汽车工业已经落后于韩国。参见张碧琼:《经济全球化:风险与控制》,第 135—136 页。

② 参见《小浪底水利枢纽工程建设历程》,见小浪底网:水利枢纽工程首页:建设历程,www.xiaolangdi.com.cn,上网时间:2006 年 11 月 25 日 12:28。

己而行使国家主权的主动行为。

另外，从关贸总协定和世贸组织的发展来看，至今为止尚无一个缔约方和成员方因为加入该组织后而引起该国经济的衰退，反而是加快了其经济的发展。据《国际先驱论坛报》2005 年 11 月 7 日报道，中国在加入世贸组织近 4 年后，已经成为世界上一个举足轻重的生产大国，2001 年中国与世界其他国家的贸易额为 5098 亿美元，到 2004 年这一数字已达 1.2 万亿元，增长了 1 倍多①。事实证明，加入该组织对本国经济的继续发展具有促进作用，这正是该组织不断扩大和发展的重要原因。从这个意义上说，自愿的主权权利让渡可以看做是维护和加强各民族国家主权的一种表现形式，是利用整体优势来提升自己，并没有损害国家主权的实质。

第三，尽管对发展中国家来说，它们是被西方发达国家"裹挟着"纳入全球化进程的，但是，大多数发展中国家认为，参与全球经济是自身经济发展的不可缺少的要素，也是它们行使国家主权作出选择的结果。仅以世贸组织为例，到 2005 年 12 月 11 日，世贸组织已经拥有 149 个成员方，其中绝大部分是发展中国家这一事实，就说明了这个问题。

由此可见，尽管经济全球化从不同的角度、在不同的领域对民族国家的主权产生了一定的冲击和影响，甚至侵蚀了部分经济主权，但是民族国家主权最核心的部分——国家独立自主地处理其内外事务的权利仍然没有发生根本改变。

当前，经济全球化的进程明显加快，于是一些人认为经济全球化和民族国家的主权在基本的价值取向上具有异质性和互相排斥性，并认为传统的国家主权已经开始彻底崩溃，国家主权已经成为一个过时

---

① 美国《国际先驱论坛报》11 月 7 日文章。

的概念,甚至断言在全球化不断发展的过程中,"主权消亡是一种铁定趋势",国际政治的"后威斯特伐利亚"时代已经来临①。这是一种错误的认识。经济全球化并未造就"没有国界的世界",各国依然牢牢把守着国家主权。国家主权变化的实质仅仅是部分主权权力的交换与让渡,并以此换取更大价值的国家利益。但这并不是对民族国家主权的否定。

第四,民族国家在参与经济全球化的过程中实施对国家主权与核心利益的保护。

实际上,随着经济全球化的发展,各国更加注意保护经济主权。例如:在关贸总协定临时生效的 47 年中,各成员国之间有过 8 次关于互相减税的谈判,前四次谈判的时间分别是 6 个月、6 个月、8 个月、4 个月,时间不长;但后来谈判的时间越来越长,分别为 3 年、4 年、7 年和 8 年,这说明各国都要对自己的关税政策进行保护。中国从"复关"到"入世"的谈判曾经讨价还价 15 年(1986—2001),正是我们既行使国家主权,又保护经济主权并发展国家根本利益的表现。又如:中国于 1980 年恢复了在国际货币基金组织和世界银行中的合法席位。尽管受到一些限制,但获得了利益。截止到 2005 年 6 月 30 日,世界银行对中国的贷款总承诺额累计近 391 亿美元,共支持了 263 个发展项目,其中有 81 个项目还在实施中。世行贷款项目目前主要集中在交通(32%)、城市发展(22%)、农村发展(22%)、能源(14%)和人力开发(4%)等领域②。在 2000 年世界银行进行的项目评价中,90% 以上

---

① 德国著名全球化研究学者乌尔里希·贝克和当代思想家尤尔根·哈贝马斯都多少持有这种看法。前者认为国家主权现在遇到了困境:"在全球性时代,国家主权只有通过放弃国家主权才能实现。"后者也认为传统的国家主权多少已经过时了。参见贝克:《全球化时代民主怎样才是可行的?》和哈贝马斯:《超越民族国家?》,载乌尔里希·贝克、哈贝马斯等:《全球化与政治》,王学东、柴方国等译,中央编译出版社 2000 年版,第 14、78—79 页。

② 吉喆:《世界银行与中国》,《财经界》2006 年第 3 期。

的中国项目被评为"满意"。中国被认为是世界银行贷款使用和偿还情况最好的借款国之一①。

实际上，发达国家同样相当重视经济主权的保护，甚至表现为经济民族主义和贸易保护主义。例如最爱讲全球化并标榜自由贸易的美国，对技术出口抓得特别紧，经常为所谓的技术泄密而大动干戈。克林顿总统任期内发生的美国华裔科学家李文和被诬告私取美国核武器机密资料的案件，就从一个方面反映了这个问题。区域一体化程度最高的西欧各国也是一样，丹麦全民公决不支持加入欧元，英国也拒绝加入欧元，2003 年 9 月 11 日主张加入欧元的瑞典外交大臣安娜·林德遇刺身亡。9 月 14 日，瑞典就是否加入欧元区举行全民公决。人们尽管对林德事件义愤填膺，但公决的结果仍然是拒绝加入欧元。而挪威当年没有加入欧共体，现在也没有加入欧盟。对国家主权的警惕，显然是导致这些国家对欧元和欧盟态度的重要原因之一。2006 年 7 月 24 日，世贸组织多哈会谈失败，几乎所有的矛头都对准了美国，认为正是美国在农产品补贴问题上的强硬态度才造成了当前的局面。然而，美国的做法实际是依据自身情况做出的最优决策②。

四　在参与国际经济秩序的
重构中维护国家主权

对包括中国在内的发展中国家来说，承认并因势利导地积极迎接经济全球化及其对国家主权的挑战，而不是消极地对抗和躲避这种挑战，是国家主权的唯一正确方向。

---

① 参见祝宪：《中国与世界银行合作关系的回顾与前瞻》，载《国际金融研究》1997 年第 10 期。作者当时是财政部世界银行司司长。
② 韩燕：《多哈会谈无果而终：谁动了谁的蛋糕》，载《世界知识》2006 年第 16 期。

首先，必须想方设法增强综合国力，提高国家的国际竞争力。这是强国之本，也是维护国家主权的根本途径。综合国力的竞争，是全球化时代国家间竞争的根本所在。促进经济的发展，增加国家的经济总量，提高人民的生活水平，巩固国防力量，是增加综合国力的基本途径。但是，在全球化时代，综合国力的其他要素也同样重要。例如：国家的科学技术水平，国家的人才资源和战略人才储备情况，国民的文化、教育、心理和身体素质，民族文化的优越性和先进性，政府的凝聚力和社会的稳定程度，经济和社会发展的可持续性等等。应当清楚地认识到，在全球化时代，要有效地维护国家的主权，仅有经济和军事力量是远远不够的，还必须有政治的、文化的和道义的力量。

其次，同样重要的是，必须继续加大对外开放，主动参与国际合作，积极参与国际经济秩序的重构。

在全球化的过程中，有与之配套的国际组织、国际协议、国际规则和国际惯例，这就是国际经济秩序。迄今为止的国际经济秩序是由发达国家主导的，对发展中国家不够公平，仍然属于旧秩序。这种旧秩序说到底是由经济力量决定的，谁的综合国力强大谁的发言权就大，因而使发达国家享有实际否决权。改变并非易事。

对发展中国家来说，在积极参与经济全球化过程中，首先是要按照现行的国际规则和国际惯例办事，与国际规则接轨，而不是改变规则。即使要对旧的秩序和规则加以改变，也要通过参与，才能取得发言权，才能参与国际规则的制订，在全球治理中发挥更加重要的作用，从而有效地抗衡单边主义、霸权主义和新帝国主义，维护国家利益和捍卫国家的主权。

实际上，中国在不断融入国际经济的过程中对世界经济的影响已经显现。2001 年 11 月中国正式成为 WTO 的成员方。中国的进口关税已经从 20 世纪 90 年代初的 40% ，下降到 2005 年的 9.9% ，2006 年维持这个水平;2004 年中国已经成为世界第三大进出口国。根据经济学家的统计,2004 年中国对全球经济增长的拉动达到了 23.6%。

2003 年 11 月 6 日,在中国珠海召开世界经济发展宣言大会,来自全球各地的经济学家、学者、政府官员及工商界企业代表 2000 人,见证了世界上第一个全球性经济发展宣言的发表;中国首次以组织、策划、发展者的身份参与世界经济规则的制定。宣言的主要参与制定者、诺贝尔经济学奖的获得者劳伦斯·罗·克莱因说:"中国第一次在世界经济舞台上扮演领导者的角色"①。此话虽然过誉,但说明了中国从服从规则、实行规则到参与制定规则的角色的转变。

参考书目

1.《马克思恩格斯选集》第 1 卷,人民出版社 1972 年版。

2. David Held, Anthony McGrew, David Goldbott and Jonathan Perraton, Global Transformations: Politics, Economics and Culture, Stanford University Press, 1999.

3. David Held & Anthony McGrew, Governing Globalization, Polity Press, 2002.

4. Paul Hirst & Grahame Thompson, Globalization and the Future of the Nation State, Economy and Society, Vol. 24, No. 3 (August 1995).

5. 乌尔里希·贝克、哈贝马斯等:《全球化与政治》,王学东、柴方国等译,中央编译出版社 2000 年版。

6. [日]星野昭吉:《全球化时代的世界政治——世界政治的行为主体与结构》,刘小云、梁云祥译,社会科学文献出版社 2004 年版。

---

① 刘箴、杨连成:《全球化需要全球性规则》,载《光明日报》2003 年 11 月 6 日。

7. 约瑟夫·A.凯米莱里、吉米·福尔克:《主权的终结？——日趋"缩小"和"碎片化"的世界政治》,李东燕译,浙江人民出版社2001年版。

8. 俞可平总主编:《全球化译丛》(全7册),中央编译出版社1998年版。

9. 吉喆:《世界银行与中国》,载《财经界》2006年第3期。

10.《全球化与全球史观》(笔谈),载《史学理论研究》2005年第1期。

11. 刘力、刘光溪主编:《经济全球化丛书》(全5册),中国社会出版社1999年版。

12. 沈丹阳:《居安思危:全球FDI流动新趋势下我国引资策略创新思考》,载《中国外资》2003年第7期。

13. 徐蓝:《试论第二次世界大战后国际秩序的建立与发展》,载《世界历史》2003年第6期。

14. 俞可平:《论全球化与国家主权》,载《马克思主义与现实》2004年第1期。

15.《经济全球化:风险与控制》,中国社会出版社1999年版。

16.《中国与世界银行合作关系的回顾与前瞻》,载《国际金融研究》1997年第10期。

(作者徐蓝,首都师范大学历史学院教授;本文发表于《世界历史》2007年第2期)

文明交流的限度

王燕平

历史上的诸文明并不是封闭的,而是开放的系统,文明间不断地进行着交流。文明交流是组成文明的诸要素在横向上的互动,是文明间互通有无的过程,交流中的每一方都处于传播和接受中。交流的目的或许相去甚远,交流本身却是"历史的主要驱动轮"。[①] 文明交流可以使各文明创造的物质和精神成果在短期内为人类共享,而不必再去重新发现,人类文明的前进步伐因此大大加快。[②]

文明交流作为人类活动的重要内容,是在客观的物质世界中由"现实中的个人"进行的,"这些个人是从事活动的,进行物质生产的,因而是在一定的物质的、不受他们任意支配的界限、前提和条件下活动着的。"[③]文明交流不是随意展开的,它受到诸多限制。文明交流的物质条件和交流中介对交流有明显的制约作用,这种制约是文明与其客观物质基础之间关系的一个方面,并非文明之间的相互限制,可以由交流的一方或双方共同努力去改变甚至克服。事实上,人类文明的进程也是人类不断克服文明交流障碍的过程。近代以来,交通和通讯工具的改进就极大地促进了文明的交流。在文明交流的历史中,我们

[①] McNeill, W. H. , *A History of the Human Community : Prehistory to the Present* , 3rd ed. Prentice Hall, 1990, p. XV.

[②] 马克垚主编:《世界文明史》(上),《导言》,北京大学出版社 2004 年版,第 15 页。

[③] 《马克思恩格斯选集》第一卷,人民出版社 1995 年版,第 71—72 页。

还常常看到，文明在向外传播时有所保留、在接纳的同时也有所拒绝，文明交流受到交流双方的共同限制。相对于前一种限制而言，这种限制是内在的，是不能克服甚至是很难改变的。文明交流因此具有有限性，文明交流的限度就是对此种有限性的具体说明。

文明交流的限度是文明交流中文明自主的必然结果。处于文明交流状态的文明，首先是在文明的空间维度上作为某一地理区域内的人类群体生活方式的总和而出现的，这些文明相对独立，具有强有力的结构。文明的基本结构就是在转瞬即逝的文明图景背后更简单的实在："由地理条件、社会等级、集体'心理'和经济需求等因素所施加的无尽无休的约束。"①这一结构具有主体间性，预示着文明间的互动和沟通，是文明交流的前提之一。② 这是文明的结构在共性层面上所具有的意义。具体到各文明，文明的结构要素在内容上显示出鲜明的差异："这些实在、这些结构通常都是历史悠久、长期存在的，而且它们总是各具特色、与众不同的。正是它们赋予了文明基本轮廓和典型特征。"③这些长时段的实在各具特色地存在充分体现了文明的自主发展，"我们确切地知道，特定的文明，都是在其特定的环境中，根据内外各种条件的变化而自主发展。"④特定的文明相对独立和长存是基于文明的自主发展，每个文明的典型特征也正是在文明的自主发展中得到维护和延续。文明的结构与文明的自主发展是相统一的。在文明交流中，每个文明在接纳的同时也拒斥外来物，这是文明自主性的展

---

① 费尔南·布罗代尔：《文明史纲》，肖昶等译，广西师范大学出版社 2003 年版，第 47 页。
② 关于结构要素的主体间性的论述参见 Robert W. Cox, "Civilization and the Twenty-first Century：Some Theoretical Consideration", *Globalization and Civilization*, ed. Mehdi Mozaffari, London：Routledge, 2002, pp. 7 - 14.
③ 费尔南·布罗代尔：《文明史纲》，肖昶等译，广西师范大学出版社 2003 年版，第 48 页。
④ 马克垚：《为什么要编写〈世界文明史〉》，载《北大史学》(5)，北京大学出版社 1998 年版，第 16 页。

现。每个文明做出决定性选择的理由则出自文明的基本结构，尤其是结构中的集体心态要素，它支配着人类群体的态度、选择甚至偏见，而且往往是无意识的。一个文明如果是在多次试验反复验证之后拒绝和排斥某个外来因素，其选择就是决定性的，被拒斥的对象就是质疑、颠覆或瓦解文明最深层面的外来因素。每个文明的最深层面恰恰就是文明的基本结构所孕育出的不可替代的核心价值。一个文明自主地维护其核心价值和特性，对外来因素中特定内容的拒绝和排斥即构成其文明交流的限度。

这种因维护文明的特质而形成的交流限度在具体的交流中常常清晰可辨，尤其是特色鲜明的文明相互间进行交流时，其交流的限度更是分外分明。明清之际持续了一百多年的"礼仪之争"就非常典型地展示了中西文明交流的限度。那场争执发生在西方基督教文明与中华文明之间，其焦点是天主教的教义和礼仪是否可以和中国传统的敬天、拜祖、祭孔的礼俗并行不悖。1611 年在中国的耶稣会会长龙华民致函耶稣会中国日本省区，反对利玛窦先前推行的结合儒家学说和中国礼俗的传教方式，争论随之而起，并逐渐从耶稣会内部扩大到天主教多个会派，甚至在西方局部地区蔓延到社会其他团体和阶层。这场争论最终演变为中国的最高统治者与罗马教廷的尖锐冲突。1704 年 11 月罗马教皇克莱蒙特十一世颁布禁令，不许中国的教徒以"天"或"上帝"称天主，不许在教堂中悬挂"敬天"的牌匾，禁止教徒拜祖祭孔。此前，康熙帝已明确表示："敬天及事君亲、敬师长者，系天下通义……"在得知教皇禁令后，康熙帝重申：允许遵守"利玛窦的规矩者"继续传教。康熙帝还在晚年 13 次接见教皇的特使嘉乐，向他讲解中国礼俗传统的由来。但罗马教廷一再坚持禁令，1723 年雍正皇帝即位之初便下令全面禁教，"礼仪之争"方才落下帷幕。

奥斯曼文明曾是伊斯兰文明的中心，以土耳其人为核心的奥斯曼文明在其成长过程中与其周边的文明广泛交流,其开放性在同一时期的东方文明中相当突出。"奥斯曼政府是东方因素和西方因素、传统因素和创新因素、宗教因素和世俗因素奇特的结合。"①我们可以从奥斯曼文明与西方文明的交流中清楚地看到交流限度所发挥的效用。奥斯曼文明很早就与西方文明接触,土耳其人从西方不仅引进了许多技术,而且将欧洲的封建制度和法律作为制定法规的重要参照。但是土耳其人视基督教为异教,他们长期排斥西方的基督教文明,这种态度甚至影响了技术的引入和使用。比如:1494 年以后经犹太人传入奥斯曼文明的印刷术就因为被认定为与基督教文化有关而被限制使用,奥斯曼政府禁止印刷土耳其文和阿拉伯文。虽然政府在1727 年允许建立土耳其文印刷厂,但仍然禁止印制古兰经和伊斯兰其他经文。

各个文明在发展程度上的差异,即文明交流的双方在历时性的方向上所处的相对位置,是文明交流限度的另一个来源。在每个特定的时间,每个文明在文明演进的序列中都有一个相应的位置。人们习惯于按照不同的标准,比如社会的组织化程度、技术、精神和道德,将文明归入不同的发展阶段,文明之间的层级差异便表现得更加明显。不过,选取的标准不同,排出的序列也会各个不同,有时甚至会出现让人惊讶的结果,马克·布洛赫曾经承认:"存在着由不文明的人组成的'文明'。"② 我们认为生产力标准与其他标准相比更具有科学性。依据生产力标准,到目前为止的人类文明进程可以分为农业文明和工业文明两个阶段。

---

① 菲利普·李·拉尔夫、罗伯特·E.勒纳等:《西方文明史》(上),赵丰等译,商务印书馆1998 年版,第 701 页。

② 马克·布洛赫:《为历史学辩护》,张和声、程郁译,中国人民大学出版社 2006 年版,第159 页。

　　一般说来，人类的文明进程是不可逆的过程，相互影响的各个名副其实的文明对生产力的先进或落后都能有一个相似或相同的判断，拥有更加先进的生产力常常成为它们的前进目标，19世纪以来，众多文明先后跨入工业化进程就是一个典型的例证。当生产力发展处于不同阶段的文明进行交流时，生产力水平之间的差异会相对缩小。但我们同时也看到，文明交流双方在生产力水平上的差距很难在短时间内消除，交流的不对称性并不容易很快扭转。这一方面是因为生产力水平的高低一般是与发展能力的强弱相对应的，文明交流并不是在静止的环境中而是处于文明不断演进的过程展开，在文明双方进行交流的同时，生产力水平高的一方更有可能大步向前迈入更高的台阶。另一方面的原因在于，生产力水平较高的一方在实际的交流中，并不能将己之所长和盘托出，在文明交流史上它们通常极力维持自己的优势，在传播时是有所保留、有所不予，转让技术也常要附加各种政治经济条件。正是这种"保留"使处于不同发展阶段的文明之间的交流也具有了限度，文明交流的这种有限性常常又反过来成为不对称的文明交流得以延续的重要原因。其实，这种有限性不仅存在于在发展程度上具有阶段性差异的文明的交流中，而且也在那些占据某方面或某部分优势的文明与其他文明交流时一再重现。随着人类文明的不断发展和文明交流日益频繁，尤其是工业文明自19世纪末20世纪初以来在全球的快速扩张，文明之间的层级差异在总体显著缩小，文明间纯粹的单向传播越来越少见，不同文明间你来我往则更加普遍。

　　为了从宏观上了解不同层级间的文明进行交流时形成的限度，我们在此引入沃勒斯坦对现代世界体系的分析。沃勒斯坦认为世界体系是具有广泛劳动分工的实体，这种分工不仅仅是功能上的，而且是地理上的。以劳动分工为基础，世界经济体可以划分为核心区、边缘区和半边缘区三个部分。① 核心区就是生产技术含量高、资本密集、高工资产品所在的地区，而边缘区刚好相反，其技术含量低、劳动密集、生产低工资产品，介于它们之间的地区就是半边缘地区。现代世界体系对三者之间的不平衡有很强的"自我维持之势"。特定国家留在中心部分内的能力并不是没有受到挑战，但"中心国家的各种优势一直在扩大"，体系的"发展进程趋向于在本身的发展过程中扩大不同地区间的经济和社会差距。"②

学者们对 20 世纪 60—80 年代世界工业生产和技术传播的概括让我们更直接地观察到上面所说的那种限度。20 世纪后半期，在世界范围内高技术生产地点和低技术生产地点的分离日益明显。学者们认为其内在的原因在于："研究与开发活动和高技术生产地点主要由核心区的跨国公司和核心区国家来垄断，尽管半边缘国家在努力追赶核心区的领先地位。如果核心区跨国公司允许半边缘区和边缘区进口它们的先进技术，那肯定不是最先进和最好的技术，只有较低水平的技术被转移给边缘区和半边缘区。即使一个核心区的跨国公司将其高技术产品，像先进的电子产品的生产装配线转移至半边缘地区，关键零部件诸如集成电路或微处理器等的生产仍会留在核心区。"③

我们从文明的两个维度上都发现了文明交流的限度。我们可以这样认为，倾囊相赠的传播和照单全收式的吸纳并不见于文明的交流中。两个不同来源的交流限度，一个是坚守特质而有所不取，一个要

---

① 沃勒斯坦把"劳动分工"作为划分世界体系 3 个部分的基础曾引起激烈争论。庞卓恒先生依据马克思和恩格斯在《德意志意识形态》中的有关论述，认为决定分工最根本的因素应该是生产力发展的水平，而"生产力、分工和内部交往的发展程度"决定着一个民族在世界体系中的角色和地位。

② 伊曼纽尔·沃勒斯坦：《现代世界体系》第一卷，尤来寅、路爱国等译，高等教育出版社 1998 年版，第 464 页。

③ 特伦斯·K. 霍普金斯、伊曼纽尔·沃勒斯坦等：《转型时代世界体系的发展轨迹：1945—2025》，吴英译，高等教育出版社 2002 年版，第 61 页。

维持优势而有所不予。前一个限度的出现本身无可厚非,后者则带有明显的负面作用,其消极影响弥漫到前一限度出现的空间,常常形成以各种面目招摇过市的强者中心论,有时甚至扭曲前一限度,文明交流的空间被严重挤压。

文明交流的限度是客观存在的,但决非一成不变,而是无时不在变动。文明的结构和它在文明演进序列中的位置都会随文明的自主发展而改变,文明也在交流中不断修正和更新自身。因此,盲目地固守某个交流的限度,或者过分夸大交流限度的可变性,都会显得荒唐可笑。在我们这个时代,文明交流的频率显著增加、交流的广度和深度也是远胜往昔。文明交流中达成的共识不断扩大,现代文明作为一种新的文明形态为越来越多的国家和民族所接受,文明间的相似程度也明显提高。在另一方面,各文明通过创造和再创造"自我认同",突出和强化了自己的特质。认识和把握文明交流的限度也就成为保持各个独特文明和统一发展之间平衡的关键环节。

参考书目

一、专著

1. Greaves, Richard L. , *Civilizations of the world: the human adventure*, New York: Longman, 3rd ed. , 1997.

2. Quigley, Carroll. , *The evolution of civilization: an introduction to historical analysis*, New York: Macmillan, 1961.

二、论文

3. Dixon Ryan Fox, "Civilization in Transit", *The American Historical Review*, Vol. 32, No. 4. (Jul. , 1927), pp. 753 - 768.

4. Jay Newman, "Two Theories of Civilization", *Philosophy*, Vol. 54,

No. 210. (Oct. ,1979), pp. 473 - 483.

5. Robert Erwin, "Civilization as a Phase of World History", *The A-merican Historical Review*, Vol. 71, No. 4. (Jul. ,1966), pp. 1181 - 1198.

6. Vytautas Kavolis, *Civilization Analysis as a Sociology of Culture*, *Sociological Theory*, Vol. 3, No. 1. (Spring, 1985), pp. 29 - 38.

(作者王燕平,首都师范大学历史学院讲师;原文发表于《史学理论研究》2007 年第 3 期,收入本文集时作者修改了部分内容。)

文明交流的限度

20世纪中叶以来西方历史研究若干新视角

何 平

  20世纪初以来,社会学和人类学等社会科学对历史学的影响和渗透催生了新的历史研究范式和视角。早在1900年法国《综合历史评论》的创刊号上,法国著名历史学家亨利·贝尔就号召社会学向历史学靠拢,研究历史上的社会,并对历史事实采用实验的,精确的和比较的分析方法。贝尔在1920年主编一套名为《人类的演化》多卷本丛书,马克·布洛克为这套丛书撰写了《封建社会》。二战以后,社会学和人类学对历史研究的影响使历史研究更具理论性。1958年到1978年,美国有关社会史研究的博士论文数量翻了4倍,80年代的初期,在主要的社会学期刊上,1/4的文章涉及历史内容。

  同时,许多历史学家也以社会学尤其是人类学的观点和方法去研究历史上的人类社会。研究者们各以不同方式命名之。肯德里克称之为"历史社会学",认为这门新的学科把人类学和社会学的理论倾向同历史学的详尽而深入地考证和利用史料结合起来。丹尼斯·史密斯也称之为历史社会学,而保罗·韦纳则称之为"社会学史学",雅克·勒高夫用"历史人类学"来命名。勒高夫在70年代预见史学、人类学和社会学这三门最接近的社会科学将合并成一门新学科。法国的心态史尤其显示人类学的倾向。

  另一方面,20世纪语言学的影响使历史学家们日益认识到对历史文献进行考证，并在此基础上做出某种描述或判断也是一种诠释活动，后现代语境下，古老的诠释学对历史研究发生了影响。后现代主义把人类精神思维的许多构造物，包括文化和历史文献都看成是文本。诠释学深刻地影响了 20 世纪下半叶的史学认识。

一　历史社会学

在年鉴派史学实践的同时，历史社会学就出现了。历史社会学探讨人类社会延续和转型的机制，以及人类社会行为和制度的原因及模式。韦伯对中国和欧洲宗教意识形态与其向现代理性资本主义转变的关系的研究，以及他对儒教、道教和新教的比较研究是历史社会学的早期名著。年鉴学派的马克·布洛克也是历史社会学的重要学者，其他还有：帕森斯（Talcot Parsons）、艾森斯塔德（S. N. Eisenstadt）、爱因哈德·本迪克斯、巴林顿·摩尔、西达·斯科克波（Theda Skoopol）、佩里·安德森和伊曼纽尔·沃勒斯坦等等。E. P. 汤普森（《英国工人阶级的形成》）和布罗代尔的历史著述因带有很强的社会学方法论也可以算作是在历史社会学领域内实践的学者。

帕森斯（T·Parsens，1902—1979 年）是结构功能主义社会学的代表学者。① 他于 1963 年发表的《帝国政治体系》，对中国、埃及、罗马、拜占庭等历史上的 27 个官僚化社会，以及蒙古与加洛林帝国等 5 个前官僚社会进行比较研究，试图探讨专门化的政治体制得以发展并长期存在的条件，以及官僚帝国内部的结构性冲突。在帕森斯看来，官

---

①　帕森斯在伦敦经济学院受业于人类学家马林诺夫斯基，后在海德堡大学研究经济学与社会学。获博士学位后，成为哈佛大学社会学教授，社会系系主任，曾任美国社会学会主席。他的主要著作有：*The structure of social action*（1937），*Economy and Society*，*The social system*（1951），*Essays in Sociological Theory*（1954），*Social Structure and Personality*（1964）和 *Politics and Social Structure*（1969）等。

僚政体的出现必须满足以下几个条件：（1）社会和经济生活的分化形成了超越狭隘地域和宗族界限的社会群体和社会角色；（2）资本、劳动、政治支持和文化认同以及商品从自我封闭中游离出来，导致封闭的社会和经济体制解体和更广泛的社会结构的建立；（3）存在保证资源，信息和劳务流通的技术和组织机构；（4）存在统一的规范和规则。官僚帝国处于传统和现代政治体制之间，它们包含某些现代政治特征，如中央集权的政体和官僚化管理等等。官僚帝国中，统治者与各种社会集团的关系是复杂的，统治者总试图限制后者的独立性，并夺取他们创造的制余价值，从而引起他们的反抗。官僚承担使社会资源有序流动的责任，同时又总是倾向中饱私囊和形成独立权势集团，这些冲突形成持久的社会变革压力。帕森斯区分了三种政治变革：整体性变革是在起义和夺权后对现存政治体系的框架作根本性调整以容纳发生位移的集团；边缘性变革是对现存秩序的某些方面的否定性重塑；最后是适应性变革。①

英国学者 T. H. 马歇尔（T. H. Marshall）1950 年发表的《公民权和社会阶级》（Citizenship and Social Class），研究公民权利发展的轨迹及其对社会生活和经济活力的影响。在欧洲中世纪，权利是与个人在社区中的地位相连的。地方社区解体过程中，分离出公民权、政治权和社会权利，它们分别由诸如皇家法院、议会以及济贫法等专门的国家机构和法规来管理。在英国法院抵制了王权和议会限制个人自由从事职业的权利后，公民权利在 18 世纪取得长足发展。19 世纪政治权利逐渐扩大，虽然直到 1832 年，公民权利仍与财产和收入水平的资格连在一起。20 世纪初以来实行的各种劳动保障法规和后来的福利制

---

① 见丹尼斯·史密斯：《历史社会学的兴起》，周辉荣等译，上海人民出版社 2000 年版，第 24—27 页。参见 Parsons, T. Societies: *Evolutionary and Comparative Perspectives*, Englewood Cliffs, N. J.: Prentice-Hall, 1966.

度的推行全面发展了公民的社会权利。①

　　另一本有名的著作是埃利亚斯(Norbert Elias)1939年出版的《文明进程》。像布洛克一样,埃利亚斯的著作也是探讨中世纪欧洲社会的变化,但埃利亚斯所探讨的是欧洲社会怎样从带有暴力倾向的行为转向注重礼仪规范和富有艺术审美感的文雅举止的转变。埃利亚斯担任过英国莱斯特大学和德国法兰克福大学教授,他曾充当卡尔·曼海姆的助手,并认识帕森斯。埃利亚斯的教授资格论文是探讨影响欧洲上层文化和政治体制的路易十四时期的法国宫廷社会。埃利亚斯认为就餐的礼仪和其他发展起来的有关个人的道德规范有助于驯化中世纪社会。国家也开始作为社会秩序的调节者,这同自我控制的文明制度的出现,有助于文明的发展。埃利亚斯《文明进程》的第一卷《风俗的历史》首先探讨了德文"文化"和法文"文明"的词义差异。他认为,在很多国家,宫廷文化对社会文明的形成起到表率作用,它为那个国家的民族文化的许多方面,例如语言、艺术、礼仪和情感结构打下烙印。在法国,宫廷在法国民族文化的形成中扮演了中心角色,在德国则没有。埃利亚斯也考察了礼貌、教养和文明这三个概念及其行为实践在中世纪、集权君主制和资产阶级社会的表现和演化。第二卷讨论了人类的心理和相互行为从中世纪的相对简单而又具有暴力性向更紧密的相互依存和日益平和的模式转化。当互相竞争的领主的斗争受制于一个垄断机构,人们学会了自我控制。人们间的相互依赖加深并依赖中央政府所维护的和平局面,暴力便被边缘化了。统治机构推行文明行为又使那些有抱负的体制外的人安分守己。11世纪以后,法国宫廷拥有更文雅的行为准则,法国的贵族文化影响了欧洲社会。

---

　　① 参见 T. H. Marshall and Tom Bottomore, *Citizenship and social class*, London: Pluto Press, 1992.

法国王室宫廷是社会控制的关键性机构和对社会生活起表率作用的地方,那里表现出的心理平和和束缚性行为规范后来在资产阶级社会中首先普遍化了。中上层社会中的礼仪规范又为城市生活的秩序提供了一种模仿的范例。①

巴林顿·摩尔(Barrington Moore,1913—2005年)的《民主和专制的社会起源》也是著名的历史社会学的著作。摩尔比较研究了英、法、中、美、日本和印度6个商品化的农业社会中现代政治体系的起源。他把民主界定为"分享制定政治规则的责任和保护个人自由"。在他看来,农业的商品化和官僚制的发展,贵族、资产阶级和国家之间三角冲突和调和的结果,决定最终出现的现代政体究竟是民主还是专制政体。在法国,贵族从农民那里获取封建租税,促成王权专制主义的形成;在英国,贵族和商人联合起来限制王权;在中国和俄国,资产阶级的弱小,地主和官僚政府面对的是反抗的农民。②

20世纪是革命的世纪,从历史社会学的角度研究革命出了好几本名著,斯科克波(Theda Skocpol)1979年出版的《国家与社会革命》考察了法国、俄国和中国的革命。③ 革命在她看来是多种冲突的意外产物,不是任何群体塑造的,而是由现存的社会经济和国际条件所塑造。

---

① 诺贝特·埃利亚斯(Norbert Elias,1897—1990年):德国著名社会学家。1918年在布雷斯劳大学获哲学博士学位。纳粹上台后,埃利亚斯流亡国外,到过英国、法国、荷兰等国,战后重返德国。埃利亚斯的社会学思想对德国社会学的重建产生巨大影响。他的主要著作有《文明的进程》、《个体的社会》、《宫廷社会》、《德国人》、《垂死者的孤单》、《介入与距离》、《论时间》和《社会学和历史学》等。

② 巴林顿·摩尔(1913—2005年),美国著名历史学家,1941年获哈佛大学社会学博士学位。二战后执教芝加哥大学,自1947年起执教于哈佛大学。摩尔对当代美国社会科学的研究有着强烈的影响,Theda Skocpol和Charles Tilly都是摩尔的学生。《民主和专制的社会起源》(*Social Origins of Dictatorship and Democracy:Lord and Peasant in the Modern World*)是他一生中最有影响的著作,1968年曾获伍德罗·威尔逊奖。他的其他著作还有 *Authority and Inequality under Capitalism and Socialism* (1987), *Moral Aspects of Economic Growth, and Other Essays*(1998) 等。

③ Theda Skocpol,*The States and Social Revolutions*,Cambridge University Press,1979.

她把革命界定为一个社会的国家和阶级结构迅速而根本的改变。革命的进程受到诸如有没有可以仿效的社会革命先例,以及当时正处于世界历史那一个阶段和国际体系的结构状况。斯科克波在对三个国家的革命案例进行研究时采用"求同法"和"求异法"。她的三个革命个案因经济技术发展水平的差异而有许多不同之处,但它们共同有她想要的加以解释那种现象和一组可以识别的具有因果关系的因素。

马克思的历史著述可以说是历史社会学的最早范例,马克思关注历史上社会结构的演进和全球政治经济关系。佩里·安德森和沃勒斯坦在马克思主义的传统内对古代到封建主义的过渡以及全球资本主义世界体系进行了新的探讨。安德森相信历史社会学的研究对马克思主义的发展有重要意义,他反对把马克思主义理论探讨从政治经济学收缩进美学、解释学和思辨哲学中去。安德森的两本主要著作是《从古代到封建主义的过渡》和《绝对主义国家的系谱》。在这两本都出版于1974年的书中他试图解释从古典到君主专制的绝对主义政体这一时期,欧洲各地区生产方式和政治制度演化的差异性。前书研究封建生产方式的发展,后书研究绝对主义国家的形成。罗马帝国后期,法律秩序日益恶化,社会日益乡村化,再加上日耳曼部落的频繁侵扰,弱者便从大庄园寻求保护,而强者则建立起效忠自己的武装团伙。安德森认为作为生产方式的封建制是濒临崩溃的奴隶制生产方式和日耳曼原始公有制结合的产物。

在法兰西和诺曼征服后的英国,这种合成是均衡的;在罗马帝国未能统治过的斯堪的纳维亚地区,维京人实行的是奴隶制,很晚才采用封建制;在东欧,原始公有制与游牧生产方式的碰撞与融合形成一系列由入侵军队建立的临时帝国,而不是封建生产方式。在西欧,农民和封建地主的斗争在14世纪黑死病爆发时引起的经济和人口危机中到达一个关键阶段,农民得以摆脱农奴制的束缚。在东欧,农奴制反而强化了，这是一种从上而下的不但使农民农奴化，而且控制贵族的进程。①

在《绝对主义国家的系谱》中，安德森认为市场关系和私有财产及绝对权力的观念取代封建义务的观念时，绝对主义国家的基础便形成了。这一形成过程从文艺复兴直到 18 世纪。绝对主义是以君主的中央集权的专制权力来保护封建贵族对农民进行超经济制剥削。典型意义上的绝对主义国家是法国和德国，俄国和奥地利是残缺型，英国和波兰则是失败型。中国、日本、印度和奥斯曼帝国则没有经历这样一个从封建主义到绝对主义和资本主义的发展过程。安德森在这里显然由于不了解中国，他的分析和概括就产生了错误。②

历史社会学领域有不少著作更多的是对历史的宏观描述，它们注重归纳分析历史事件和社会演化的结构，但这种"大叙事"同黑格尔式的历史哲学是有区别的，后者从抽象原则出发，根据零碎的材料思辨，前者则多运用社会学的概念和研究方法对事件进行概括和解释。沃勒斯坦研究全球社会的结构就是一例。沃勒斯坦（Wallerstein, Immanuel）曾任纽约州立大学布罗代尔经济、历史体系和文明研究中心主任。他的《现代世界体系》第二卷是献给布罗代尔的。沃勒斯坦在他的三卷著作中论述资本主义世界经济体系的形成和结构。他认为中世纪后期的生态和人口危机促使欧洲向外寻找可开发的土地和资源，新大陆的发现和跨洋的贸易使得泛欧市场的形成。16 世纪资本主义世界体系的中心是英格兰、法国北部和荷兰，美洲和东欧是这个体系的边缘地带。

英法在长达三个多世纪中争夺世界体系的领导权。英国在 17 世纪建立了中央集权的国家，资本主义在农业中也进展较快；法国则长

① 参见 P. Anderson, *Passages from Antiquity to Feudalism*, London：Verso, 1974.
② 参见 P. Anderson, *Lineages of the Absolutist State*. London：Verso, 1974.

期困扰于是向海外发展还是面向内陆,此外,法国大革命和内部争斗也削弱她的竞争力。起初,资本主义世界体系的半边缘区是中世纪欧洲的商业中心区,包括北意大利、德意志南部、弗兰德,西班牙和葡萄牙。18世纪中期起,俄国、奥斯曼帝国、西非和印度也被纳入这个世界体系,成为边缘区。沃勒斯坦把经济和社会发展解释为是从边缘向半边缘,再向核心国家的跃进。普鲁士国家官僚联合容克,强化国家机器,保护本国工业,建立垄断性的国内区域性市场,到19世纪晚期和美国一道从半边缘区向英国的霸权发出挑战。二战以后,美、苏、日本和欧共体成为中心区主要成员,第三世界成为边缘区。①

另一本值得注意的是迈克尔·曼1986年出版的《社会权力的来源》,这本书追溯从公元前的美索不达米亚到18世纪的资本主义社会,以及欧洲的国家及社会权力的演变。迈克尔·曼是洛杉矶加州大学的社会史教授。他试图为人类社会史构筑一个宏大的理解框架。他的这部著作可以与韦伯的《经济与社会》相媲美。曼力图在"经济决定论"和"观念决定论"两者之间作一条中间道路,借鉴马克思主义的"冲突论"分析视角和韦伯的复杂的分析视角。曼相信人类社会的演化可以被抽象为四种社会权力对社会加以整合而形成的重叠复杂关系和网络的过程。在他看来,社会权力是整合民族和地域的能力,社会权力有四个主要来源:经济、意识形态、政治和军事。政治权力通过国家对公民社会进行调控,并展开地缘政治外交。意识形态权力可

---

① 参见沃勒斯坦的 *The Modern World System III : The Second Era of Great Expansion of the Capitalist World-Economy*, 1730 – 1840s, New York: Academic Press, 1989; *The Politics of the World-Economy : The States, the Movements and the Civilizations*, Cambridge: Cambridge University Press, 1984; *The Modern World-System II : Mercantilism and the Consolidation of the European World-Economy*, 1600 – 1750. New York: Academic Press, 1980, *The Modern World-System I : Capitalist Agriculture and the Origins of the European World-Economy in the Sixteenth Century*. New York: Academic Press, 1980; . *The Capitalist World-Economy*. Cambridge: Cambridge University Press, 1979。

以内在地表现在一个阶级或民族的集体风貌，也可表现在弥散在整个地区的普世宗教中。①

历史上曾反复出现两种社会权力的形式：支配性帝国和多种权力共存的分散社会，前者以军事强制为手段追求中央集权和地缘政治霸权，后者则允许不同的权力互相竞争共存。在原始村社中，人们不愿看到权力的集中，酋长变得太强大，村民宁愿废黜酋长或迁走。公元前5000年左右，美索不达米亚的灌溉系统维持的肥沃淤泥地带的农业社会打破了这种循环，大量的剩余产品使人们得以定居，社会分层，私有财产出现，少数人对多数人的持久性权力出现了。近东的第一批支配性帝国面对游牧民族的挑战，它们的生存空间只能在后勤能力能够支持其军队活动的范围内。

希腊城邦融合犁耕农业和海上贸易。罗马把广泛的公民权、部落效忠感和种族意识结合在一起。它虽然把公民权授予被兼并地区的上层，但外省庄园的上层阶级与在罗马控制政权的军人之间不合作和冲突，使帝国的财政军事体系最终瓦解。罗马帝国解体后，基督教传播开来，到公元九世纪以后，基督教的影响遍及欧洲，它为政治经济活动提供行为准则。公元1500年以后，民族国家接过了规范社会，绥靖秩序的任务。后来，国家更进一步发展了她的征税和推行法律的能力，增强了她控制社会的能力。②

二　历史人类学

20世纪60年代以来，学者们就谈到以新史学和新叙事史为代表

---

① 参见迈克尔·曼：《社会权力的来源》，刘北成译，上海人民出版社2007年版。
② 本部分参考了丹尼斯·史密斯：《历史社会学的兴起》，上海人民出版社2000年版和 P. Anderson, *Passages from Antiquity to Feudalism*, London：Verso，1974，以及 P. Anderson, *Lineages of the Absolutist State*. London：Verso，1974。

发生了所谓"人类学转向"。历史研究者从传统的上层人物的政治史转向关心普通民众的态度和信仰，尤其是下层平民的日常生活世界和当地人的看法，区分当地人的历史观和外面人的历史观、事件史和连续史。1966 年，在爱丁堡召开了主题为"历史和人类学"的学术会议。20 世纪 80 年代，当法国心态史学转向更深层次的文化研究时，许多历史学家也意识到在不同时代，社会群体和文化形态中的心态是差异和变化的，只有从人类学的角度和方法，通过分析不同人类群体的生存环境制度、信仰体系、文化习俗等才能更进一步加以解释。这个领域的研究后来被称为"历史人类学"。勒高夫当时就评论说："新史学在自己带上社会学特点后，现在已朝着文化人类学方向发展"。①

历史人类学动摇那种关注精英的传统史学话语。传统史学忽略了没有话语权的平民和日常生活世界，让知识精英去构造历史知识。艾米科认为传统史学也未能充分注意到研究者同过去的文化的间距。艾米科把历史研究视为是"基于过去的信息试图再现过去的一种解释和建构"。②伯克认为历史是对过去的他者的理解，我们对他者的文化知识帮助我们从他人的角度思考。人类学对口述史、生活史和生命史的研究，以及它注重田野调查和民族志的研究方法有助于历史学家批判性地看待精英文本，关注底层社会，诸如宗教组织、地方生活史以及文化习惯等等。

历史人类学的著名研究可以提到美国汉学家施坚雅的《中国农村的市场和社会结构》，③法国史学家勒瓦·拉杜里的《蒙塔尤》④以及弗

20 世纪中叶以来西方历史研究若干新视角

---

① 保罗·利科：《法国史学对史学理论的贡献》，王建华译，上海社会科学出版社 1991 年版，第 89 页。

② 参见埃米克：《时间中的文化：人类学视野》（Ohnuki-Tierney Emiko, *Culture Through Time, Anthropological Approaches*, Stanford University Press, 1991），第 6 页。

③ 参见 G. William Skinner, "Marketing and Social Structure in Rural China", Part 1, 2, 3, Journal of Asian Studies. vol. 24. No. 1—3（1964—1965）。

④ 参见勒瓦·拉杜里：《蒙塔尤——1294—1324 年奥克西坦尼的一个山村》，徐明龙、马胜利译，商务印书馆 2007 年版。

里德曼的《中国东南的宗族组织》等①。雅克·勒高夫 1971 年出版的《为了另一个中世纪，西方人的时间、劳动和文化》是法国历史人类学的代表作之一。在历史观和编撰内容上，历史人类学家力求对所研究社会有一种疏远感；其次，它不再重点研究人的观念和想象领域，而是与人类学关注重点有关的饮食起居、姿态服饰、风俗习惯、技艺等俗文化现象；最后它要发掘没有书面记载的历史。雅克·勒高夫给书取名"另一个中世纪"，就是为了有区别感，也是为了与专注神学和哲学思辨文化的那个中世纪的传统史学相区比，而研究俗文化和雅文化、日常生活、价值观、劳动和时间，它注重无法撰写记录自身历史的普通人的生活。它发掘新的材料，重新对许多日常观念定义，引起对文献的来源和形式的革命性新看法。②

三　诠释学对历史文献研究的影响

诠释学（Hermenutics）　是从希腊神话中的人物 Hermes 派生出来。他作为信使担当传达诸神的旨意。由于神间或人间的差异，或者神的旨意不明确，常由他先理解神仙们的旨意，然后加以转述和说明。Hermenutics 由此衍生出两个基本含义，使隐藏的东西显现出来；使不清楚的变得清楚。诠释学后来演变成为对文本的意义的理解和说明的哲学，文本被认为是以文字的形式而凝固的人类话语，意义体现了人与自然，社会和他人的复杂的关系。诠释学属于大陆唯理论的传统，某些方面显得有些晦涩。诠释学的核心概念是理解，而不是解释。诠释学被定义为是"science of interpretation"，它含有通过翻译，说明的

---

① 参见 M. 弗里德曼：《中国东南的宗族组织》，上海人民出版社 2000 年版。
② 关于历史人类学，参阅 Peter Burke，*What is Historical Anthropology?* in Peter Burke，*The Historical Anthropology of the Early Modern Italy*，Cambridge University Press，1987.

意思。解释同理解是有差异的,解释增加理解,理解包含对意义的猜测,而解释则不首先强调对意图的说明。我们理解符号,社会制度和宗教仪式的意义,但有时不一定能加以解释。"explain"含有把事物的各个部分分解,加以说明,"understand","interpret"和"explain"都含有对意义的揭示,但前两者把对意义的诠释放在首位。理解先于解释,理解含有对事物的整体的,或不太明确的把握,解释则是对事物的理解的一个明确表达。

诠释学的三个发展阶段 诠释学从古代向现代的发展经历三个阶段:(1)诠释对象由神圣作者到世俗作者,从《圣经》和"罗马法"这样的特殊文本扩展到对一般世俗文本,它是由施莱赫尔完成的;(2)从方法论到本体论诠释学,由海德格尔完成,诠释的对象不再仅是文本,而包含对诠释者的存在本身的理解;(3)从本体论诠释学到实践论,伽达默尔作出了重要贡献。诠释学的最早形态是对古代文献特别是圣经和罗马法的微言大义的诠释阐述,例如查士丁尼法典的条文含义及其运用。后来的圣经诠释学,是由中世纪的神学家发展起来的,它的主要方式是从语法上,参照基督教生活体验,以及最主要的根据圣经文本的整体形式和意向来解读一段经文。中国古代学者对儒家经典的注疏训诂,对微言大义的阐发也应该属于这种古典诠释学的范畴。

诠释学之所以必要,在于古代文献多有文字过于简略,后人无法把握其真实含义;其次,从现代思维出发往往不能充分理解文本的历史意义,例如荷马《史诗》和《圣经》中的人物在我们今天看来类似神话和虚构,然而在当时,文本的写作者却真正认为这些人物同他们居住在同一个世界的某个地方。

由特殊文本到对一般世俗文本的诠释 古代诠释学首先被用来解释自然现象的神意和圣经文本的含义,神的智慧被认为高于人的知识能力,僧侣因而总力图作多种意义的解释。认为符号或文字有两种含义,字面的意义和神秘的精神含义。中世纪宗教诠释学的核心是比喻的解释。16世纪宗教改革时期,新教学者马丁·路德提出按照文字本身的意义去理解,认为圣经的总体内容是清楚的,个别段落的含义可以在总体的意图中得到理解,因此提出不需要依靠教会,个人可以"因信称义"。他的诠释学方法论是:文本的所有段落或词句可以从上下文的前后关系和文本的总的含义和意图去加以理解。这就是后来被称之为"诠释学循环"的方法论雏形。另一位重要的诠释学家是施莱尔马赫(F. Schleiermacher,1768—1834年),他是德国哈勒大学教师,主要著作有《诠释学与批判》。① 施莱尔马赫之前,诠释学是由文献学与注释学组成,施莱尔马赫像康德一样试图考察诠释成为可能的普遍条件。他把研究的重心转到理解本身,而不是被理解的文本。批判历史哲学家狄尔泰(W·Dilthey 1833—1911年)被称为"诠释学之父",他引用施莱尔马赫的"诠释学循环"的概念来说明知识与经验的关系,认为诠释只能帮助你理解你的经验准备让你看懂的东西,换句话说,诠释总是在某种程度上与诠释者的经验联系在一起。狄尔泰把诠释学作为人文科学的一段方法论。在狄尔泰手中,诠释学的对象从文本的含义和它的所指,转到文本中所表现的活生生的人类生活经验。诠释学的任务便从理解文本过渡到理解那个用文本表现自身的他者。狄尔泰认为人是诠释学的动物,他依赖对过去遗产的诠释和对过去遗留给他的那个世界的诠释来理解自己。

施莱尔马赫和狄尔泰的诠释学传统与伽达默尔哲学诠释学是有区别的。在施莱尔马赫之前的诠释学里,圣经和希腊罗马的古典著作具有中心的作用,因为这些著作被认为是与真理具有某种特殊关系的

---

① 参见 Friedrich Schleiermacher, *Hermeneutics and Criticism And Other Writings*, translated and ed. By Andrew Bowie, Cambridge: Cambridge University Press, 1998.

权威的文本。文本的解释不仅说出某种关于文本的东西,而且也说出某种关于神圣的或人间的此在的真理。19 世纪上半叶,尤其通过施莱尔马赫,诠释学从它原来与神学,语文学的独断论的联系中"解脱出来"(狄尔泰语),并发展成一门关于文本理解、人理解或历史事件理解的普遍学说。诠释学的任务不再是使我们接近上帝和人的真理,而发展成那种有助于我们避免误解文本、他人讲话、历史事件的技术或方法。

理解文本必须深入文本背后到那个创作文本的"你"那里,这意味着我们除了语言学的入门外,还需有某种心理学的入门。借助对文本的心理学解释,解释者设身处地体验陌生作者的心理状态,并从这里重新构造文本。施莱尔马赫以这种要求导入一种新的文本概念,文本是一种心理的产品。只有把文本理解为某个生命过程的组成部分、整体教化过程的组成才理解了该文本,我们有可能比作者本人还更好地理解作者,即在他的整个生活和时代中,理解他的某个个别著作,而作者本人缺乏这种概观,因为他自己处于生活之中。

施莱尔马赫扩充了那个诠释学基本原则:必须通过部分来理解整体,部分也必须通过整体来理解。这也适合于作者的生活关系,即作者的整个生活应从他生活的个别阶段来理解,狄尔泰接受了施莱尔马赫关于诠释学循环的心理学见解,使诠释学与生命哲学相联系。①

从方法论诠释学到本体论 施莱尔马赫和狄尔泰主要探讨诠释学的方法论,海德格尔、伽达默尔、哈贝马斯和利科则以本体论取向。海德格尔(Heidegger 1889—1976 年)的重要著作有《论真理的本质》(1930 年)、《存在与时间》(1927 年)。从什么是"理解"可以看出他们

---

① 参见狄尔泰:《诠释学的起源》,载洪汉鼎主编:《理解与解释:诠释学经典文选》,东方出版社 2001 年版。

之间的理论差异：在施莱尔马赫看来，"理解"是移情达到与作者思想的一致；狄尔泰则认为，"理解"是深入到个体内心去体验，并进而重构他的精神活动；海德格尔把"理解"视为在一个人生存的世界中去把握他自己存在的可能性。海德格尔对人类意识和理解的性质及其方式的新理论被认为是哥白尼式的革命，海德格尔认为人对世界，包括对他人以及体现为文本的思想等的阐释不仅是人类意识或认识的一种活动，而是人类生存的一种基本形式。人类的生存实际上就是一个通过理解和阐释来扩大意义和寻找新的意义的过程。①

理解是一个对话的过程。海德格尔认为世界是此在和他人与其他非人的存在物的总体关系。人的存在的重要内容："理解"就是对这种关系的把握的明晰化。从本体论的路径出发，海德格尔认为读者在阅读文本时头脑不是白板一块。即使读者对所读作品没有知识，他也会对自己在社会和世界上所处的位置有些感知。因此，他在阅读时实际上会将自己的期望或先见投射到被阅读物中，诠释也是读者寻找自我的一个过程。海德格尔认为存在一个"理解的前结构"。他的另一个重要观点是："文字"也表达了撰文者的"存在"状况；阐释方法能够了解许多撰文者本人都未曾意识到的情况。

从本体论到实践论 伽达默尔（Hans Gadamer 1900—2002 年）的主要著作有《真理与方法》（1960 年）。伽达默尔把诠释文本看做是人类的世界经验，认为对于文本的理解和解释不仅是一个科学关心的问题，而且是整个人类经验的一部分。在他看来，理解的现象遍及人和世界的一切关系，发生在人类生活的一切方面，诠释学要说明一切理

---

① 参见 Martin Heidegger, *Sein und Zeit* (1927), translated as *Being and Time* by John Macquarrie and Edward Robinson, Oxford: Basil Blackwell, 1978; *Kant und das Problem der Metaphysik* (1929), translated as *Kant and the Problem of Metaphysics*, by Richard Taft, Bloomington: Indiana University Press, 1997.

解现象的基本条件和共同模式。哲学诠释学通过研究理解的条件与特点来阐述作为此在的人在传统、历史和世界中的经验以及人的语言本性,最后达到对世界、人类历史和人生意义的理解。伽达默尔已经把诠释看做是人类的一种文化活动,是人类认识自身及世界意义的基本手段,换句话说,类似一种宗教认识活动。他关心的是"人的世界经验",讨论是什么把人文科学与我们的整个世界经验相联系的。人文科学所获得的知识,指导他们立身处世,为人们的实践行为提供借鉴知识。①

对海德格尔提到的理解的前结构,伽达默尔认为应该正确地看待成见和传统观念对理解的制约和作用。我们在同过去相接触,试图理解传统时,总是同时也在检验我们的成见。在自然科学中占统治地位的英国经验论哲学排除经验中一切历史和文化的因素,通过研究的客观性保证自然科学中的"经验"事实能为任何科学家所重复,这是科学知识产生的基本方法,自然科学的这种经验观被近代哲学所接受。伽达默尔试图进一步把这种科学的经验概念置于合理的范围之内。不让它过分扩展,而被视为人类生活的最基本经验。他认为最原始和最基本的经验应是释义学经验,因为它同我们存在的历史性相一致,体现了我们的世界经验的最一般特征。

关于历史文本及其诠释的新观点　伽达默尔还提到理解的历史性问题。现代诠释者由于与文本的时间差距,而容易误读,古典诠释学探讨如何把握文本的原意。伽达默尔认为无论是理解者还是文本都具有历史性,真正的理解不是克服历史性,而是如何正确评价和适应这一历史性。在他看来一切经验都有问题的结构,历史文本成为解

---

①　伽达默尔:《逻辑学抑或修辞学——再论解释学的早期历史》,载严平编选,邓安庆等译:《伽达默尔集》,远东出版社 2003 年版。

释对象意味着它问了解释者一个问题,解释总是包括了同这个问题的关系,"理解一个文本意味着理解这个问题。"他强调文本意义的开放性和解释者的创造性。①

法国哲学家利科（Panl Ricoeur 1913—2005 年）,利科的主要著作是《解释理论》,他认为前意识的东西总是通过语言表达出来。诠释学最初就得和澄清语言的意义有关。利科吸收英美语义分析哲学的观念。利科回到文本,回到狄尔泰认为文本是由书写固定下来的生命表达形式的那种观点。利科认为通过对文本和这个文本世界的分析和解说,人们才达到了理解和自我理解。文本是由书写而固定下来的语语,任何一种可以以"文本"的形式用符号记下的活动,也都是文本,历史在这种意义上也是。文本成了人类存在的意义。

利科把意义进一步区分为含义（sense）内涵和指称（reference）外延的意义。利科认为当话语变成文本,它发生了两方面的变动,1）解除了原来的语境关系,不反映出说话者当时的声音姿态,环境及现实问题;2）重建新的语境关系,当个别的话语成了普遍的文本后,它在不同的诠释者那里又重建了新的语境关系。文本的意义不完整了,因而为不同的理解打开了可能性。利科认为文本的深层结构:文本的所指和意义具有独立性,它将随不同的理解而增值。② 海德格尔、伽达默尔和利科等对文本及诠释的理论是从又一新角度对近代客观史学认识论的解构。假如不把这种理论看做是完全否认文本史料的客观性,它确实揭示了史料文本的又一复杂的层面。

---

① 伽达默尔:《真理与方法》,洪汉鼎译,上海译文出版社 1999 年版。
② 参见 Paul Ricoeur, *Hermeneutic Phenomenology*: *The Philosophy of Paul Ricoeur*, trans. by Edward Ballard and Lester Embree, Evanston, IL: Northwestern University Press, 1971; Charles E. Reagan and David Stewart, ed. *The Philosophy of Paul Ricoeur*: *an Anthology of his Work*, Boston: Beacon, 1978.

结　语

　　20 世纪 30 年代以来,社会学、人类学、语言学和诠释学对历史学的渗透在某种程度上革新了历史研究,不论是对历史知识的性质或者对人类文明的进程,历史学家们的认知都更为复杂了。诠释学揭示了对文本理解的非实证主义层面,它否认文本的单义性,认为存在多重诠释的可能性,每一种诠释同权力结构和诠释者的意识形态倾向有关,这种理论的对与否值得我们思考。实际上,后现代主义诠释学关于文本的制作和诠释与当事者话语的语境、话语者的具体位置和当时的权力和意识形态结构有关的理论并不是原创,马克思主义理论家特别是毛泽东同志早已对人类思维和意识形态的社会历史性进行了相当深入的探讨。

参考书目

　　1. Charles E. Reagan and David Stewart, ed. *The Philosophy of Paul Ricoeur: an Anthology of his Work*, Boston: Beacon, 1978.

　　2. Friedrich Schleiermacher, *Hermeneutics and Criticism And Other Writings*, translated and ed. By Andrew Bowie, Cambridge: Cambridge University Press, 1998.

　　3. G. William Skinner, "Marketing and Social Structure in Rural China", Part 1, 2, 3, Journal of Asian Studies. vol. 24. NO. 1—3 (1964—1965).

　　4. Immanuel Maurice Wallerstein , *The Modern World System III: The Second Era of Great Expansion of the Capitalist World-Economy*, 1730 –

1840*s*, New York: Academic Press, 1989.

5. *The Politics of the World-Economy*: *The States*, *the Movements and the Civilizations*, Cambridge: Cambridge University Press, 1984.

6. *The Modern World-System II*: *Mercantilism and the Consolidation of the European World-Economy*, 1600 – 1750. New York: Academic Press, 1980.

7. *The Modern World-System I*: *Capitalist Agriculture and the Origins of the European World-Economy in the Sixteenth Century*. New York: Academic Press, 1980.

8. *The Capitalist World-Economy*. Cambridge: Cambridge University Press, 1979.

9. Martin Heidegger, *Kant und das Problem der Metaphysik* (1929), translated as *Kant and the Problem of Metaphysics*, by Richard Taft, Bloomington: Indiana University Press, 1997.

10. Martin Heidegger, *Sein und Zeit* (1927), translated as *Being and Time* by John Macquarrie and Edward Robinson, Oxford: Basil Blackwell, 1978.

11. Ohnuki-Tierney Emiko, *Culture Through Time*, *Anthropological Approaches*, Stanford University Press, 1991.

12. Paul Ricoeur, *Hermeneutic Phenomenology*: *The Philosophy of Paul Ricoeur*, trans. by Edward Ballard and Lester Embree, Evanston, IL: Northwestern University Press, 1971.

13. Parsons, T. Societies: *Evolutionary and Comparative Perspectives*, Englewood Cliffs, N. J.: Prentice-Hall, 1966.

14. Peter Burke, "What is Historical Anthropology?" in Peter Burke, *The Historical Anthropology of the Early Modern Italy*, Cambridge Universi-

ty Press，1987.

15. P. Anderson，*Lineages of the Absolutist State*. London：Verso，1974.

16. *Passages from Antiquity to Feudalism*，London：Verso，1974.

17. T. H. Marshall and TomBottomore，*Citizenship and social class*，London：Pluto Press，1992.

18. Theda Skocpol，*The States and Social Revolutions*，Cambridge University Press，1979.

19. 保罗·利科：《法国史学对史学理论的贡献》，王建华译，上海社会科学出版社 1991 年版。

20. 丹尼斯·史密斯：《历史社会学的兴起》，周辉荣等译，上海人民出版社 2000 年版。

21. 狄尔泰：《诠释学的起源》，载洪汉鼎主编：《理解与解释：诠释学经典文选》，东方出版社 2001 年版。

22. 伽达默尔：《逻辑学抑或修辞学——再论解释学的早期历史》，载严平编选，邓安庆等译：《伽达默尔集》，远东出版社 2003 年版。

23. 伽达默尔：《真理与方法》，洪汉鼎译，上海译文出版社 1999 年版。

24. 勒瓦·拉杜里：《蒙塔尤——1294—1324 年奥克西坦尼的一个山村》，徐明龙、马胜利译，商务印书馆 2007 年版。

25. M. 弗里德曼：《中国东南的宗族组织》，上海人民出版社 2000 年版。

26. 迈克尔·曼：《社会权力的来源》，刘北成译，上海人民出版社 2007 年版。

（作者何平，首都师范大学历史学院教授）

中国高等学校世界通史
教学状况调查报告

夏继果

　　1949 年中华人民共和国成立以来，特别是 1978 年改革开放以来，中国的世界通史教育取得了令世人瞩目的成就。为了解我国高等院校"世界通史"课程的教学现状和师生的评价，了解大学生世界历史知识和意识的主要来源渠道，从而为高等学校世界通史从业者提供一些切实可用的资讯，推动我国高校世界通史的教学改革，我们在 2005 年上半年以"教师问卷"和"学生问卷"的形式对我国高校世界通史的教学情况进行了调查，获取了丰富的第一手资料，其中许多信息令人深思。

一　"教师问卷"的统计情况

　　本次调查中，我们只向每所高校发放一份教师问卷，由一位从事世界史教学与研究的教师填写所在学校世界史学科的总体情况和本人进行世界通史教学的情况。共发放教师问卷 50 份，收回有效答卷 37 份，分别来自以下学校：华东师范大学、山东大学、武汉大学、复旦大学、北京师范大学、四川大学、人民大学、南京大学、南开大学、东北师大、吉林大学、内蒙古大学、郑州大学、上海大学、南京师范大学、湖南师范大学、河北师范大学、西南师范大学、上海师范大学、曲阜师范大学、山西大学、宁夏大学、黑龙江大学、安徽师范大学、华中师范大学、淮北煤炭师范学院、华南师范大学、首都师范大学、聊城大学、湖北师范学院、湖南科技大学、西华师范大学、延安大学、鞍山师范学院、广西民族学院、内蒙古包头师范学院、江西科技师范大学。这些高校中有17所属于"211工程"建设学校,19所是省属重点师范院校,4所是省属一般师范院校(有重复计算),分布在全国的各个地区。在被调查的37人中,从事世界史教学与研究的学院院长、系主任5人,世界史学科负责人14人,世界史普通教师18人。总之,我们认为,"教师问卷"能够反映全国高等学校世界通史教育的基本情况。

在所调查的37所学校中,共有世界史从业人员366人,其中152人有出国留学、考察的经历,占42%。从年龄结构看,年龄在20—30岁之间的有43人,占总人数的12%,31—40岁之间的135人,占37%,41—50岁之间的112人,占31%,51—60岁之间的68人,占19%,60岁以上8人,占2%。从学历结构看,拥有本科学位的共59人,占16%,拥有硕士学位的共107人,占29%,拥有博士学位的200人,占54%。从职称结构看,拥有高级职称的共263人,占72%。以上数据,特别是出国留学考察人数、拥有博士学位的人数和拥有高级职称的人数,充分反映了近年来世界史学科发展所取得的成就。但是,如果我们按照各学校世界史教学与研究的总体水平把37所学校分成三类来统计,可以发现学校之间存在着巨大的差异。第一类的11所学校共有世界史从业人员143人,其中有出国留学考察经历的98人,占69%,拥有博士学位的101人,占71%,拥有高级职称的118人,占83%;第二类的17所学校共有世界史从业人员158人,其中有出国留学考察经历的49人,占31%,拥有博士学位的79人,50%,拥有高级职称的106人,占67%;第三类的9所学校共有世界史从业人员65人,其中有出国留学考察经历的5人,占8%,拥有博士学位的20人,占 31%,拥有高级职称的 39 人,占 60%。

关于世界通史教学的总课时量的构成及使用教材的情况,有 36 所学校填写了此项内容。从世界通史教学的学期分布来看,分布在 6 个学期的有 1 所学校,分布在 5 个学期的有 9 所,分布在 4 个学期有 13 所,分布在 3 个学期的有 12 所,分布在 2 个学期的有 1 所。从世界通史教学的总课时来看,400 课时以上的学校有 3 所,400—301 课时的学校有 12 所,300—251 课时的学校有 12 所,250—201 课时的学校有 4 所,200—151 课时的学校有 4 所,150 课时以下的学校有 1 所。从使用教材的情况来看,有 23 所学校使用吴于廑、齐世荣先生主编的六卷本《世界史》。除"世界通史"外,80% 的学校开设 10 门以上的世界史选修课程。在所调查的 37 所学校中,非历史专业开设世界通史课程的有 14 所,占调查学校的 38%,不开设的 18 所,占 49%,未做回答的 5 所,占 15%。

关于被调查教师自己讲授世界通史的情况,我们设计了一些选择题。如,您授课时是否采用多媒体教学?经常用:13 人,占 35%;有时用:20 人,占 54%;基本不用 2 人,占 5.5%;根本不用 2 人,占 5.5%。您授课时是如何处理世界通史教材的(可多选)?全部内容详细讲解:1 人,占 3%;重点难点突出,其他内容简略:14 人,占 38%;除重难点外,还能补充课外知识,紧跟国际学术前沿:21 人,占 57%;教材上的内容略讲,指导学生自学,补充课外知识,紧跟国际学术前沿 7 人,占 19%;其他:1 人,占 3%。从该项选择来看,大多教师注意到了世界通史教育的基础性,同时也能根据具体知识,紧跟学术前沿,结合现实问题,以拓宽学生的视野。在"针对学生的听课情况,您建议采取哪些改进措施?"一题中,老师们提出了很多良好的建议,主要集中在以下方面。在多媒体教学问题上,有 12 位教师建议增加多媒体教学手段的应用,并且加强多媒体教学的资料建设,提供校际间的资料共享,组织人员统一编辑适合高校历史教学的多媒体素材、课件,但也有老师认为多媒体只是一个直观性的教学手段,不宜倡导太多,否则会把史学引入歧途。有9位教师提出,教师讲授应当与课堂讨论相结合,调动学生学习的自主性。至于世界通史教材,教师们认为,教材要不断修订,补充研究新成果,每一章后都应当有参考书目,教材中应当有历史地图,应当尽快修订六卷本《世界史》。非常可贵的是,有多位教师认识到提高自身理论素质和知识修养的重要性,指出,鉴于当前教师过于专业化,要拓宽教师知识面,打破专业界线,培养大历史观、全球史观,教师要熟悉相关资料和研究状况,加强教师间的交流,教师要注重语言训练,包括中文和英文的表达能力。

20世纪80年代以来,全球史的蓬勃兴起成为国际史学界关注的焦点。国内专业历史教师对全球史的看法如何,是本次教师问卷调查的中心内容之一。我们设计了以下几个问题。您对全球史观是否了解? 很了解:5人,占15%;了解:28人,占75%;听说过:4人,占10%。您是否按全球史观授课? 是:24人,占67%;否:4人,占11%;未答8人,占22%。您是否读过全球史方面的书籍? 经常读:6人,占16%;有时读:29人,占78%;没读过:2人,占6%。教师们所读过的全球史方面的书籍主要有:斯塔夫里阿诺斯的《全球通史》,彭慕兰的《大分流》,沃勒斯坦的《现代世界体系》,弗兰克的《白银资本》,巴勒克拉夫的《当代史导论》,斯宾格勒的《西方的没落》,汤因比的《历史研究》等。以上情况可以证明,教师们对国际学术前沿有着一定程度的了解。

不仅如此,对于全球史观,教师们见仁见智地进行了评价,在被调查的37位教师中,有30人提出了自己的见解,很多见解非常具有启发性。首先,有些教师对全球史观给予了高度的评价,其中代表性的观点是:1. 全球史是崛起中的中国必须进行的史学研究领域,是摆脱意识形态的束缚后,重建世界通史体系的有益尝试。全球史观的关键在于主体评价,全球史观既不能是传统通史的改头换面,也不能是各个地区均衡用力,必须是有重点,有非重点,重点与非重点的选择应是大地区,而非国度。全球史观应从国内政治、民族种族、地理气候、文化传统、国际外交等方面将全球作为一个整体,既发现它发展的规律或特征,又阐明人、民族、地区、国家间如何相互制约、互相促进的关系。全球史观要彻底摆脱欧洲中心论,表达中国人对世界历史发展的认识和观点。这里所说的欧洲中心论不仅指学科体系,同时也指研究活动的欧洲中心论,贩卖欧洲的思想、理论和学术成果,甘做思想上的矮子,没有自己的新领域、新思想、新方法。2. 全球史观能宏观地把握全球历史发展的主要脉络,整体感强,避免了"欧洲中心论"。3. 全球史观作为一种有代表性的史学研究方法,便于我们从总体上去把握纷繁复杂的世界,是避免把世界通史讲成国别史的最有效途径。4. 全球史是当代自然科学的大转折在史学界的反响,是系统思维方法在历史学领域应用的成果。5. 在"全球化浪潮"的时代背景下,全球史观开拓了世界史研究的新领域,是世界史研究的一种新方法,而且也预示了世界史研究的未来走向。6. 全球史观对世界发展进程进行整体性考察,有助于表明这个整体的结构和发展动态,其现实意义也显得很重要。

在教学的过程中如何运用全球史观,教师们表达出了自己的困惑与忧虑。1. 全球史观是一种认识历史、研究历史的有效理论方法。全球史观重视的是历史发展的纵横联系,有助于破除欧洲中心论或中国中心论。但不适合以此种史观编撰教材、进行课堂授课。目前在世界古代史教学和教材编写中,有一种人为地制造、夸大古代各国历史联系的做法,给教学带来了很多困惑,不宜在世界古代史教学中倡导。2. 全球史观很好,但授课时,由于学生世界史知识比较贫乏,若按照全球史观去讲,很难使学生掌握系统知识,讲授难度也很大。所以,还是按地区讲,学生容易掌握。只是在讲课时,时刻贯穿全球史观就可以了。只有学生了解、掌握了世界史的基本内容,才能深刻体会、领悟全球史观。3. 全球史观应是每个世界史教师以至每个中国史教师应当掌握与充分理解的,但全球史观如何在教学中贯穿好,如何将其理论与实际结合好仍然是一个有待解决的问题。4. 全球史观是一种客观、科学的历史观,但它是建立在微观史学的基础上的,必须在把基本史实交代清楚的基础上方可向学生讲授这种史观。5. 全球史观有助于人们把握世界历史发展的总体线索,有助于人们去认识和把握国际间的重大历史事件,但用全球史观授课则难于驾驭。

还有教师对"全球史观"这一术语直接提出质疑,认为它严格说来算不上"史观",而只是看待问题的一种视角,因为一种史观应具有两个基本点:严密完整的体系;比较明确的价值判断。

二 "学生问卷"的统计情况

本次调查中,我们向南开大学、山东大学、四川大学、华东师范大学、华中师范大学、天津师范大学、曲阜师范大学、聊城大学、首都师范大学的同学发放了 340 份调查问卷,共收回有效答卷 313 份。通过这些问卷,可以清楚地看出在校的历史专业本科生对目前世界通史教学的评价及对全球史的了解程度。

我们试图通过学生对教师授课的评价和对现行教科书的评价来反映他们对目前世界通史教育的满意程度。主要问题如下。1. 你喜欢世界通史课吗?喜欢:188 人,占 60%;一般:114 人,占 37%;不喜欢:10 人,占 3%。2. 你的世界通史教师使用多媒体手段的情况如何?经常使用:87 人,占 28%;有时用:101 人,占 32%;很少使用:78 人,占

25%；从不使用：48人，占15%。3. 你的世界通史教师经常使用的教学方法主要是哪些（可多选）？讲授法：284人；讨论探究法：125人；比较法：105人；演示法：63人；其他：15人。4. 你最喜欢的教学方法主要是哪些（可多选）？讲授法：99人；讨论探究法：189人；比较法：130人；演示法：138人；其他：33人。5. 你的教师是如何处理世界通史教材的（可多选）？全部内容详细讲解：31人，占10%；重点难点突出，其他内容简略：194人，占62%；除重难点外，还能补充课外知识，紧跟国际学术前沿：150人，占48%；教材上的内容略讲，指导学生自学，补充课外知识，紧跟国际学术前沿：75人，占24%；其他：22人，占7%。6. 你的 世界通史教师评价学生成绩的主要方法是什么（可多选）？ 提问：50人；书面测试：262人；课外作业：93人；撰写课程论文：182人；其他：27人。从以上情况可以看出，大多同学还是喜欢或比较喜欢世界通史的。联系前述"教师问卷"还可以发现，随着近年来经济的发展，高校的教学设施得到普遍改善，多数学校的教师在教学时如果需要可以使用多媒体教学手段。近一半的教师授课时"除重难点外，还能补充课外知识，紧跟国际学术前沿"，而且这一点与"教师问卷"的调查结果一致，这一情况说明随着研究生教育，特别是博士生教育的发展，教师的科研和教学水平得到提高，视野得以开阔。但是，在教学方法方面，教师大多还采用传统的"讲授法"，而学生最喜欢的教学方法是"讨论探究法"，教师评价学生成绩的主要方式还是传统的"书面测试"，这些方面都需要深入研讨、改善。

针对目前的教学状况，同学们对改进世界通史教学提出了一些建议，主要集中在以下方面。第一，增加外国史学名著的阅读。同学们建议，教师要帮助学生阅读外国史学名著，最好能精读一些名篇，对于初学世界史者，教师应介绍较易理解的史学著作，并经常组织学生交流读书心得。同学们还建议，教师应多向学生推荐与世界史有关的书籍,以便有选择地阅读。第二,增加世界通史的感性认识。如使用多媒体教学,播放声像资料和经典电影,介绍国外的风土人情。教材要图文并茂,特别是要有历史地图,以增强学生的空间观念。第三,世界通史的讲授应联系现实。教学最好要联系世界的热点问题,融会古今。第四,考试方式要多样化。如,可以用论文作为学期考核成绩的依据。第五,开设专业外语课程,增加外文资料的阅读。另外,同学们还提议加强史学理论和史学方法的学习,增加世界通史课时等。

除课堂教学外,我们还注意了解学生自主获取知识的情况。我们的题目是:你在世界通史的学习中,是否阅读课外书籍?经常阅读:67人,占21%;有时阅读:221人,占70%;根本没读过:24人,占9%。如果阅读过课外书籍,请写出一些自己喜欢的书名。阅读人数比较多的书目如下:《伯罗奔尼撒战争史》(17人)、《文明的冲突与世界秩序的重建》(17人)、《历史》(14人)、《菊与刀》(11人)、《拿破仑传》(10人)、《圣经》(10人)、《资本主义与二十一世纪》(9人)、《蒙塔尤》(7人)、《西方世界的兴起》(7人)、《日耳曼尼亚志》(6人)、《罗马帝国衰亡史》(6人)、《君主论》(6人)、《西方的没落》(6人)、《荷马诗史》(6人)、《亚历山大远征记》(5人)、《意大利文艺复兴时期的文化》(4人)、《路易十四时代》(3人)、《英语国家史略》(3人)。

我们还调查了同学们对全球史的了解情况。问题主要是:(1)你的对全球史观是否了解?很精通:2人,占0.6%;基本了解:154人,占50%;听说过:138人,占44%;根本不了解:20人,占5.4%。(2)你是否读过与全球史相关的书籍?经常读:9人,占3%;读过:119人,占37%;基本没读过:150人,占49%;根本没读过:35人,占11%。读过的有关书籍主要是:《全球通史》(73人)、《现代世界体系》(12人)、《白银资本》(12人)、《世界史纲》(7人)、《历史研究》(12人)、《大分流》(4人)。

综合"教师问卷"和"学生问卷"的统计情况，我们可以对目前我国高校世界通史的教学状况形成一些总体性的认识。随着改革开放以来经济的快速增长，国际国内交流机会的增多，特别是研究生教育的飞速发展，教师的学历层次有了极大提高，视野得以开阔，教学设施有了较大改善，图书资源日益丰富。所有这些都为深化教学改革、提高教学水平创造了条件。但是，世界通史教育也存在着许多亟待解决的问题。第一，随着全球史的兴起，传统的世界通史教学面临着巨大的挑战。我国传统的世界通史在很大程度上是地区史、国别史的拼凑，而全球史注重世界各地区之间的联系与互动，随着国际史学研究的发展，传统的世界通史教学正向"全球史"视野下的世界史教学转变。这种转变引起了教师们的困惑与彷徨，认为用全球史观授课难以驾驭，如何在教学中贯穿好全球史观，如何将其理论与实际结合好仍然是一个有待解决的问题，甚至认为不适合以这种史观编撰教材、进行课堂教学。我们认为，造成这种困惑的主要原因是：全球史是一种宏观的世界史，或者说是一种"新世界史"，是在总结地区史、国别史的基础上，综合运用各种史学理论与方法升华而成的，而我们的世界通史课程一般安排在大学的一、二年级，学生地区史、国别史的基础薄弱，并且缺乏史学理论与方法的素养；担任世界通史教学的往往是刚参加工作不久的年轻教师，驾驭全球史有些力不从心。面对问题，我们不能满足现状，畏葸不前，走出困境的方法其实很简单，那就是，把世界通史放在第三学年由资历较深的教师讲授，第一、二年级主要讲授中国史、世界地区国别史、史学理论与方法，为学习世界通史奠定基础。第二，教材体系有待改革。"教师问卷"和"学生问卷"说明，教师和学生都有改革教材内容的愿望。但如果前述设想能够实施，需要改革的就不仅仅是教材内容，而是教材体系。应当编写专门的地区国别史教材，去除世界通史中有关地区国别史的知识性内容，重点教授世界各地区之间的联系与互动,在全球的视野中加深对地区国别史的认识。第三,世界通史教学的课时需大致统一。调查显示,各高校世界通史教学的课时数从420到120不等。如果上述设想得以实施,则世界通史的课时数可以基本取得一致。第四,教学方式尚需改进。应当变传统的"讲授法"为"讨论探究法",让学生在读书中自主解决问题,这样,评价学生成绩的"书面测试"也会得到相应的改变。

（注:在本次调查的过程中,得到了所调查学校的有关教师和同学以及首都师范大学的部分教师的大量协助,在此深表谢意）

（作者夏继果,首都师范大学历史学院教授;本文发表于《世界历史》2006年第3期）

编写一部简明的世界通史是时代的需要

齐世荣

    人类已经进入 21 世纪。各个国家之间在经济、政治、文化等方面的联系日益密切,出现了一种所谓"地球村"的崭新现象。在这样一个新世纪,中国作为在世界上有举足轻重影响的大国,它的国民必须具有广阔的世界眼光,不仅要了解世界的今天,还要了解今天的世界是如何演变而来的,这也就是说,我们需要具备世界史的知识。

    世界史之成为古老的历史学中一门自成体系的、独立的分支学科,严格来讲,是从 20 世纪五六十年代才开始的。人类历史是从原始、孤立、分散的人群最终走向全球一体化的过程。与此相适应,历史学也是先有国别史、地区史,然后才有世界史。人类进入十五六世纪以后,发生了重大的历史变化,从此才有可能产生近代意义的世界史著作。十五六世纪是历史发展为世界历史的转折时期。新航路的发现以及由它直接诱发的商业革命和西欧诸国的海外殖民扩张,对于西欧国家的资本主义工业化起了有力的催化作用。近代资本主义大工业的出现,创造了世界市场,从而"首次开创了世界历史,因为它使每个文明国家以及这些国家中的每一个人的需要的满足都依赖于整个世界,因为它消灭了各国以往自然形成的闭关自守的状态。"①人们的交往日益扩大,人们的地理知识也因而日益增长,于是历史学家开始

---

    ① 《马克思恩格斯选集》第一卷,人民出版社 1995 年版,第 114 页。

自觉地认识到需要撰写世界历史了。18世纪法国启蒙思想家伏尔泰所著《风俗论——论各民族的精神与风俗以及自查里曼至路易十三的历史》，是近代意义上的第一部世界通史。此书在纵的方面，以古代中国为世界历史的起点，而不以上帝创世为起点。在横的方面，不再限于独蒙神恩的、狭隘的基督教世界，而扩大到亚、非、美几大洲的广阔天地。伏尔泰的世界史观念有相当大的进步性。但是，他的世界史叙事虽然不再囿于西欧，实质上却仍以欧洲发展模式为主题，旨在说明欧洲模式在世界框架下的胜利。

由于两次工业革命，欧洲的经济、政治地位日益上升，19世纪的欧洲在世界取得了领先的地位。在这样的背景下，西方史学有两个明显的特征：一是以欧洲（确切说是西欧）为整个世界的中心；二是以民族国家为历史撰述的最基本、最重要的单位。在19世纪具有影响的德国史学家兰克在这两方面都具有代表性。他的《世界史》（生前仅完成7卷，死后由其弟子续成，共9卷）对创造优秀文化的东方诸民族视若无睹，说印度与中国虽有"漫长的纪年，但甚至最聪明的编年史学家也不能理解它。"①他对于欧洲的另一半——东欧甚至也不屑一顾。这是一种典型的以西欧为中心的世界史观，而君主制则是他心目中的最好的国家组织形式。他的《普鲁士史》、《法国史》、《英国史》等著作，几乎无不以西欧国家政治史为主题。在兰克的影响下（当然时代的影响是更重要的），撰写民族国家的历史，便成为19世纪欧洲史学界的风尚。

第一次世界大战震撼了欧洲。德、奥战败，沙俄被革命推翻。英、法虽胜，不过表面风光，实则走向衰落。不仅如此，还出现了第一个社

---

① Ranke, *The Character of Historical Science*, in Georg G.. Iggers and Konrad von moltke (eds.), *The Theory and Practice of History*, New York, 1983, p.46.

会主义国家和第一次民族解放运动的高潮。第二次世界大战后，世界更是出现了翻天覆地的变化。美、苏成为超级大国，先前的西欧列强沦为二等国家。社会主义越出一国范围，世界殖民体系土崩瓦解。更引人注意的是：全世界在经济、政治、文化各个方面日益密切地联系在一起。20世纪80年代以后，经济全球化已成为不可逆转的趋势。于是，在第二世界大战后，特别是最近30年来，世界史的撰写越来越受到重视，成为时代的需要。兰克史学的两个范式：民族国家历史的框架和西欧中心论便不能不受到挑战。

在2000年举行的第19届国际历史科学大会上，有3个主题，第一个主题就是："全球史观：概念和方法论"。英国史学家奥布赖恩做了"普世史可能吗？"的学术报告。他说："世界风云急剧变化，一次次的事件，一个个问题过后，民族框架无论对于采取政治行动还是学术探索，都已经被广泛认为不能令人满意。"①撰写世界通史的必要性，今天已成为许多历史学家的共识。英国史学家巴勒克拉夫说："每一时代都需要它自己对过去的看法，在今天这个全球政治和全球文化的时代，则需要对历史的全球看法。"②另一英国历史学家霍布斯鲍姆认为优秀的历史著作必须着眼于整个人类社会，"历史学家，不论微观到什么程度，必须以普遍性为目的，这不是出于对一种 我们许多人依然执著的理想的忠诚，而是因为这是理解人类历史包括人类任何特殊部分的必要条件。一切人类集体都 必须是并曾经是一个广阔的和更复杂的世界的组成部分③。近年来致力于全球史研究的美国学者本特立写道："在一个全球化的世界里，有一点对所有人来说都是非常重要的，

---

① 《第19届国际历史科学大会记录：报告、摘要和圆桌会议导言》（奥斯陆，2000年），第10页。

② 杰弗里·巴勒克拉夫：《世界史》，见 H. P. R. 芬贝格编：《探索历史》（伦敦，1962年），第108页。

③ E. J. Hobsbawm, *On History*, New York, 1977, p. 277.

那就是,要理解别人,尊重近邻,同时也尊重距离遥远的社会的权益和事务,在具有不同政治、社会和文化传统的人们之间,应该促进交流和协商,而不是以暴力和冲突来解决争端。学习世界史,是在不同民族之间建立理解、尊重和交流的最好的方式之一。"①总之,到今天,人们逐渐把世界史看做历史大学科下面的一门子学科了。

对于"西欧中心论"的世界史体系,20世纪的历史学家们越来越感到不符合时代的精神。第一次世界大战震撼了西方的一些历史学家,对资本主义前景的忧虑使他们开始以新的眼光看待欧洲历史以外的历史。第二次世界大战以后,欧洲的地位显著降低,从而使"西欧中心论"的世界史体系遭到了更严厉的批评。斯塔夫里阿诺斯说:"我们自己这一代人是在西方主导的历史观中成长的,我们也生活在一个西方主导的世界里。19世纪和20世纪早期是西方享有政治、经济和文化霸权的时代。但是第二次世界大战和之后的殖民地革命很快结束了这种霸权";"我们渐渐不情愿地认识到,在今天这个世界上,传统的西方导向的历史观是落后于时代潮流并有误导性的。为了理解变化了的情况,我们需要一个新的全球视角。"②西方各国编写的历史教科书,不仅受到第三世界学者的谴责,甚至引起了来自各国内部的批评。由于认识到这类"西欧中心论"的历史教科书严重不符合"一个世界"的现实,西德尼·H.泽贝尔教授在美国历史学会1950年年会上大声疾呼说:"我们必须重新评价我们的课程,重新组织我们的教学大纲,并必要的话,重写我们的教科书,以便我们对待的是世界上一切伟大的民族,而不单单是西欧的那些民族。"③

为了破除"西欧中心论"，各国学者做了不少的尝试，近年来甚至出现了"中国中心论"或"东方中心论"。贡德·弗兰克的《白银资本——重视经济全球化中的东方》、约翰·霍布森的《西方文明的东方渊源》等著作就属于这类性质。针对"西欧中心论"而提出的"中国中心论"或"东方中心论"为人们研究世界历史提供了一种新的视野，但是过分夸大中国或东方的作用，以偏代偏，仍然不能正确说明世界历史的形成过程。客观地说，世界历史确实存在过这样或那样的"中心"，但"中心"不是专属于某个地区或国家的，更非某个地区或国家所能永恒占有的。在人类历史的长河中，在一个时期里，某个国家或某几个国家走在前面，对周边地区产生较大影响，于是便成为"中心"。例如，在古代，存在过埃及文明、两河流域文明、中国文明、印度文明，它们各自形成一个对周边地区产生辐射作用的"中心"。又如，19世纪是欧洲力量的鼎盛时期，西欧自然成为一个具有世界影响的"中心"。还有另一种情况，某个国家在某个方面居于"中心"的地位。例如，19世纪的世界金融中心在伦敦，20世纪转移到纽约。恩格斯在谈到法国历史时，曾说："法国在中世纪是封建制度的中心，从文艺复兴时代起是统一的等级君主制的典型国家。"①我们反对"欧洲中心论"，只是反对用欧洲价值观念衡量一切，反对那种认为只有欧洲历史才具有推动全人类进步的意义的观点，但并不抹杀自工业革命以来欧洲在世界历史上曾经占有的领先地位和起过的重大作用。

总之，要写好一部世界史，我们应当如实地反映各个国家、民族在人类世界上做过的贡献，如实地反映它们之间的相互关系，当然这是很困难的，必须各国学者抛弃国家、民族的偏见，通力合作，经过长期的努力才能做到。两次大战之间，特别在第二次世界大战后，出版了

---

① 《马克思恩格斯选集》第一卷，人民出版社1995年版，第582页。

一批世界通史著作。但由于世界史是历史学中一门新兴的分支学科，迄今为止对它的研究对象、内容和方法等，只是进行了一些初步探讨。当前，不少历史学家都认为世界史有其独特的研究对象和限定的内容。首先，要排除一种十分容易产生的误解，即把世界史当做国别史、地区史的总和或集成。巴勒克拉夫说："世界史不仅仅是它的各个部分的总和；如果将它分割再分割，就会改变其性质，正像水一旦分解成它的化学成分，就不再成其为水，而变成了氢和氧一样。"[①]

世界史不是一个包罗万象的大口袋，而有其自己的特定的研究对象和内容。我国历史学家吴于廑明确指出世界史是一门有特定研究对象的历史学分支学科，它既不是把中国史除外的外国史，也不是囊括一切国家、民族和地区的历史汇编。"世界历史是历史学的一门重要分支学科，内容为对人类历史自原始、孤立、分散的人群发展为全世界成一密切联系整体的过程进行系统探讨和阐述。"[②]他还说："世界史是宏观历史。宏观历史的特点之一就是视野要比较广阔，把国别史、地区史、专史的内容加以提炼、综合、比较……做到一和多的统一，来阐明世界历史的全局发展……是长卷的江山万里图，而非团团宫扇上的工笔花鸟。国别史、地区史、专史的精密研究成果，必须要理解、吸收，而且不足的还要作认真的补充研究。但是超越国别史和地区史，绝不是把国别史、地区史以一定的结构汇编在一起就是世界史了。""世界历史之所以成为世界历史，有一个发展的过程，光靠研究这样一个国，那样一个国，这样一个地区，那样一个地区，拼凑不起来一个全过程。不对若干重要课题进行综合比较研究，不在这种研究上超越国别史和地区史的局限，并且取得合乎科学的成果，要编成一部有

编写一部简明的世界通史是时代的需要

---

① Geoffrey Barraclough, *History in a Changing World*, Oxford, 1955, p. 18.
② 吴于廑：《中国大百科全书·外国历史卷》"世界历史"条，载《吴于廑学术论著自选集》，首都师范大学出版社 1995 年版，第 52 页。

特色的、好的世界史是困难的。"①

明确了世界史的研究对象以后，就面临着如何编写世界史的问题。实施起来，当然有很大困难。世界上从古至今有这么多国家和民族，数不清的事件和人物，如何去综合，把它们有机地联系在一起，这便不能不建立一个体系，或者最低限度说也得有一个"框架"。一谈到体系，有人就会说：这是办不到的，即便勉强建立起来，这个体系必然是千疮百孔，经不起推敲。但体系是能够建立的，这要看我们对体系作什么样的理解。如果要建立一个"包罗万象"的体系，那当然是办不到的。恩格斯在《社会主义从空想到科学的发展》1892 年英文版导言中写道："大家知道，我们德国人有一种非常严肃的 Gründlichkeit，即彻底的深思精神或深思的彻底精神，随你怎么说都行。当我们每个人在阐述他认为是新学说的那种东西的时候，他首先要把它提炼为一个包罗万象的体系。他一定要证明，逻辑的主要原则和宇宙的基本规律之所以存在，历来就是为了最后引到这个新发现的绝妙理论上来。在这方面，杜林博士已经完全达到这种民族标准了。"②针对杜林的这种"包罗万象"的体系，恩格斯专门写了《反杜林论》一书，对他进行了批判。但是，如果我们不抱杜林那样的野心，而把世界史体系作为一种大体上能够说明世界历史的一种比较有系统的、全面的看法，那还是可以建构起来的。事实上，一些作者已经提出了自己的世界体系，例如斯宾格勒、汤因比的比较文化形态体系；罗斯托、布莱克的现代化体系；沃勒斯坦、弗兰克的世界体系；麦克尼尔、斯塔夫里阿诺斯的全球史体系，等等。③ 我认为还必须提出吴于廑以马克思主义理论指导的

① 吴于廑：《关于编纂世界史的意见》，载《吴于廑学术论著自选集》，首都师范大学出版社1995 年版，第 28—29 页。

② 《马克思恩格斯选集》第三卷，人民出版社 1995 年版，第 695 页。

③ 杰里·H. 本特利：《20 世纪的世界史学史》，载《史学理论研究》2004 年第 4 期。

从纵横两方面交叉说明世界史的体系。① 有人会说:上述的这些体系都有这样或那样的缺点,甚至漏洞,没有一个令他满意。但是,已有的世界史体系只要能成一家之言,确有某些真知灼见,就有在一定时间内存在的价值,并可供后人提出新的世界史体系时作为参考。历史认识的相对性很大②,但在人类历史认识的长河中是会逐步深化的。十全十美的世界史体系,现在没有,将来也不会有。恩格斯说:"关于自然和历史的无所不包的、最终完成的认识体系,是同辩证思维的基本规律相矛盾的;但是,这样说决不排除,相反倒包含下面一点,即对整个外部世界的有系统的认识是可以一代一代地取得巨大进展的。"③

　　一些人之所以反对撰写世界通史,不仅是由于体系的原因。逃避困难,也是一个潜在的原因。世界通史包含的内容很多,许多专业历史学家害怕自己的知识不足(任何历史学家都不可能对所有历史问题从第一手材料入手进行研究,撰写世界通史必不可免地要利用他人的研究成果),宁愿撰写自己熟悉的、已经研究多年的国别史、专题史,走老路既可取得明显的成绩,又可避免出现累累的"硬伤",受人讥笑。韦尔斯说得好:"现今的历史学者大多是些学究气十足的人;他们唯恐有微小的错误,而宁可使历史互不连贯;他们害怕写错一个日期,遗人笑柄,甚至害怕作出可以争论的错误评价。……从他们那里可以得到的只是积累起来的资料,而不是装配和聚集好了的成品。"④这些人害怕有微小的史实错误,而不怕犯更大的错误,即把读者引入无穷无尽的具体事实的原始密林之中,始终不见天日。另一个原因就是民族主

　　① 吴于廑:《世界历史——为〈中国大百科全书·外国历史卷〉作》、《关于编纂世界史的意见》等文,参见《吴于廑学术论著自选集》,首都师范大学出版社 1995 年版。
　　② 恩格斯认为要在历史科学中"猎取最后的终极的真理,猎取真正的、根本不变的真理",是不可能的。参见《马克思恩格斯选集》第三卷,人民出版社 1995 年版,第 429—430 页。
　　③ 《马克思恩格斯选集》第三卷,人民出版社 1995 年版,第 737—738 页。
　　④ 赫·乔·韦尔斯:《世界史纲》导言部分,人民出版社 1982 年版。

义对历史学家的影响。民族国家至今仍然是各个国家公民生活的最基本的单位，因此即便在今天，"许多历史学家也不会同意，'不受边界的限制才可能写出最优秀的世界史'的这种观点"，他们的根据是"民族性格、民族发展和民族权力"，是历史上最终起作用的因素。① 总之，撰写世界史确实有实际的困难，同时还要面对不少专门历史学家的反对，但是无论如何我们不能在面临编写世界史的任务时止步不前，而满足于把一批又一批的专题论文和国别史、地区史堆集在读者面前。如果这样做，读者关于世界史的局部的、具体的知识虽然会不断增加，但将永远不会知道"世界史"是什么样子。在历史正在日益走向全球化的今天，"细节"固然需要了解，但"总画面"更需要让人们清楚。否则，就会只见树木，不见森林。弗兰克批评说："几乎所有的历史学家只喜欢观看具体的历史树木；他们忽视、甚至否认树林的存在，尤其是全球树林的存在。但是，树木是在树林里生长的，必须在树林里才能存活和繁殖。"②

马克思说："万事开头难，每门科学都是如此。"③中国的世界史学家应当知难而进，一方面继续加深国别史，区域史和专史的研究，另一方面对世界史的理论、方法和内容进行开拓性的研究，以期二者互相促进。吴于廑说得好："世界史所要求的历史全局的综合，比之断代或国别，更难一举而尽善。不能尽善，则唯有求其逐步接近于尽善。接近之关键何在？曰：在于综合考察与专门研究间的密切结合。两者分工，不可分道。"④

---

① 杰弗里·巴勒克拉夫：《当代史学主要趋势》，北京大学出版社 2006 年版，第 189—190 页。

② 贡德·弗兰克：《白银资本——重视经济全球化中的东方》中文版前言，中央编译出版社 2000 年版，第 18—19 页。

③ 《马克思恩格斯选集》第二卷，人民出版社 1995 年版，第 99 页。

④ 吴于廑：《吴于廑学术论著自选集》，首都师范大学出版社 1995 年版，第 351—352 页。

今天,人类已经进入 21 世纪。世界多极化和经济全球化的趋势不可逆转。国与国之间相互依存日益紧密,中国的前途命运也日益紧密地同世界的前途命运联系在一起。在这样一个新时代里,中国人民必须了解世界,既要了解它的今天,还要了解它的昨天,以便知道今天的世界是如何演变而来的。为此,编写一部供广大读者阅读的简明的世界通史,就成为时代的需要了。

参考书目

1. Barraclough, Geoffrey, *History in a Changing World*, Oxford, 1955.

2. Hobsbawm, E. J. , *On History*, New York, 1977.

3. Ranke, "The Character of Historical Science", in Georg G. Iggers and Konrad von moltke (eds.), *The Theory and Practice of History*, New York, 1983.

4. 《第 19 届国际历史科学大会记录:报告、摘要和圆桌会议导言》,奥斯陆,2000 年。

5. 《马克思恩格斯选集》第一卷,人民出版社 1995 年版。

6. 《马克思恩格斯选集》第二卷,人民出版社 1995 年版。

7. 《马克思恩格斯选集》第三卷,人民出版社 1995 年版。

8. L. S. 斯塔夫里阿诺斯:《世界史教学》,载《近代史杂志》1959 年第 31 卷。

9. 本特里:《20 世纪的世界史学史》,载《史学理论研究》2004 年第 4 期。

10. 贡德·弗兰克:《白银资本——重视经济全球化中的东方》,中央编译出版社 2000 年版。

11. 赫·乔·韦尔斯:《世界史纲》,人民出版社 1982 年版。

12. 杰弗里·巴勒克拉夫:《当代史学主要趋势》,北京大学出版社 2006 年版。

13. 杰弗里·巴勒克拉夫:《世界史》,见 H. P. R. 芬贝格编:《探索历史》(伦敦,1962 年)。

14. 杰里·本特里、赫伯特·齐格勒:《新全球史》,北京大学出版社 2007 年版。

15. L. S. 斯塔夫里阿诺斯:《全球通史·从史前史到 21 世纪》,北京大学出版社 2005 年版。

16. 吴于廑:《吴于廑学术论著自选集》,首都师范大学出版社 1995 年版。

(作者齐世荣,首都师范大学历史学院教授;本文发表于《世界历史》2008 年增刊)